助力经济高质量发展研究丛书

企业绿色投资效率研究：
度量、影响因素及印象管理

Research on green investment efficiency of enterprises:
Measurement, influencing factors
and impression management

陈羽桃　著

受贵州财经大学学术专著出版资助基金资助

西南财经大学出版社
Southwestern University of Finance & Economics Press

图书在版编目(CIP)数据

企业绿色投资效率研究:度量、影响因素及印象管理/陈羽桃著.—成都:西南
财经大学出版社,2022.7
ISBN 978-7-5504-5458-3

Ⅰ.①企… Ⅱ.①陈… Ⅲ.①企业—投资效率—研究—中国
Ⅳ.①F279.23

中国版本图书馆 CIP 数据核字(2022)第 128300 号

企业绿色投资效率研究:度量、影响因素及印象管理

QIYE LÜSE TOUZI XIAOLÜ YANJIU DULIANG YINGXIANG YINSU JI YINXIANG GUANLI

陈羽桃 著

责任编辑:李特军
责任校对:陈何真璐
封面设计:星柏传媒
责任印制:朱曼丽

出版发行	西南财经大学出版社(四川省成都市光华村街55号)
网　　址	http://cbs.swufe.edu.cn
电子邮件	bookcj@swufe.edu.cn
邮政编码	610074
电　　话	028-87353785
照　　排	四川胜翔数码印务设计有限公司
印　　刷	成都市火炬印务有限公司
成品尺寸	170mm×240mm
印　　张	14
字　　数	257 千字
版　　次	2022 年 7 月第 1 版
印　　次	2022 年 7 月第 1 次印刷
书　　号	ISBN 978-7-5504-5458-3
定　　价	88.00 元

前言

　　生态环境如水，经济发展似舟，而水能载舟，亦能覆舟。党的十八届五中全会提出了"创新、协调、绿色、开放、共享"新发展理念并明确指出"坚持绿色发展，必须坚持节约资源和保护环境的基本国策"。习近平总书记在党的十九大报告中强调，"建设生态文明是中华民族永续发展的千年大计"。现阶段，我国的污染排放量已远超环境容量，我们必须加快推进高质量绿色发展取得新突破，走出一条经济发展与环境改善的双赢之路。否则，纵有"金山银山"也换不回"绿水青山"。

　　企业是资源的主要消耗者与环境问题的主要制造者，理应发挥环境治理的主体作用。Pearce 等（1989）认为，将环境因素融入资本投资等企业重大财务决策当中可以解决盈利增长与环境保护之间的矛盾。绿色投资，作为一种特殊的企业社会责任活动（Martin & Moser, 2016），正是将环境目标和环境战略转换为企业实际行动与更高环境绩效的一种财务资源和无形资源的分配（Ateş et al., 2012），是企业实现可持续发展和社会价值最大化的关键。就本质而言，企业绿色投资的目标应是减少企业环境污染，而现实中企业管理层进行绿色投资的动机则包括被动迎合监管、树立绿色形象和节约生产成本等（唐国平 等，2013；Maxwell & Decker, 2006）。基于此，值得讨论的是，企业的绿色投资真的有效提升了企业环境绩效吗？投资后的具体效果在多大程度上是"事与愿符"抑或"事与愿违"呢？这是企业绿色投资的重要经济后果，即企业绿色投资效率问题。考虑到企业的资源有限且绿色投资无法产生直接经济效益，因此可以说在某种程度上，绿色投资是将企业资源转移给了其他外部利益相关者，从而导致了企业传统绩效目标与绿色价值目标之间的冲突。根据利益相关者理论，企业需要在股东利益和非股东利益相关者的利益之间取得平衡（Carroll，1991）。一方面，股东不愿承担绿色投资的机会成本；另一方面，大多数利益相关者却希望企业投入大量资金来减少环境污染。因此，企业是否能够优化绿色投资的投入产出效率显得非常重要。以往研究主要关注绿色投资而非绿色投资效率，且受限于企业环境数据的可获得性，此外已有关于绿色投资效率的研究也多集中于宏观层面或中观层面。可见，对于微观企业层面的绿色投资效率的研究还比较匮乏。

政府监管是企业环境行为的主要决定因素，而企业绿色投资效率作为企业环境实践效果的反馈，势必会受到政府环境规制的影响。我国实行的是环境规制权限在中央政府和地方政府之间进行分配的监管方式，即中央政府制定的各项环境政策和监管规定主要由地方政府负责具体执行（Zheng，2007；金刚和沈坤荣，2018；Zhang et al.，2018），且环境规制的实际效果好坏取决于执法强弱（包群 等，2013）。我国进入绿色发展新时期后，在对地方政府官员的政绩考核中不断提升环保因素所占的比例，并实施了环境保护"党政同责、一岗双责"、建立"生态环境损害责任终身追究制"等举措（宋献中和胡珺，2018），彻底摒弃了过去"唯GDP"的政绩评价倾向。这些改革措施使得各地方政府对于环境规制的执行情况也发生了变化，然而，鲜有研究涉及地方政府环境规制的具体执行力度如何影响企业对投入的各类绿色资源的利用效率。

企业绿色投资效率是企业污染防治效果的一种真实反馈，衡量的是企业的"行"。如果企业的绿色投资效率较低，管理层极有可能产生强烈的动机来通过企业的"言"进行印象管理，而大多数企业外部利益相关者正是通过企业环境信息披露了解其环境治理状况。面对当下公众强烈的环保诉求和政府严格的环境监管，企业披露包括环境信息在内的社会责任信息的主要目的是影响投资者及社会公众对企业的感知、提升企业形象并建立良好的企业声誉（Deegan et al.，2000；Guthrie & Parker，1990；Hooghiemstra，2000；吉利，2016），这使环境信息披露成为企业进行印象管理的一种有效途径和载体，导致绿色投资效率不能被客观公允地反映到企业的环境信息披露中。虽然政府不断加大对企业环境信息披露的监管力度，但企业的环境治理真的"言行一致"吗？已有文献主要关注了企业财务信息披露的印象管理模式,较少探讨企业在非财务信息披露方面实施印象管理的动机与策略。

鉴于此,本书以"效率"为切入视角,运用数据包络分析中的SBM-DEA方法将企业绿色投资的财务信息与各种污染物排放量的环境信息相结合,实现对企业层级绿色投资效率的非参数化度量与评价,并在此基础上按照"地方政府环境规制执行→企业绿色投资效率→企业环境信息披露"的基本逻辑,实证考察地方政府环境规制执行下的微观企业环境行为规律以及重污染企业如何在环境信息披露中对其污染防治行为进行印象管理,为企业建立绿色投资效率优化机制和政府构建多元共治的现代环境治理体系提供经验证据与决策支持。

本书的研究创新主要包括:

第一,运用数据包络分析方法实现了对微观企业层级绿色投资效率的量化。采用数据包络分析这种非参数方法来度量企业绿色投资效率,能够将财务信息与环境信息相结合,并克服传统效率评价方法在进行权重设置时的主观因素影响,避免传统计量模型设定可能存在的误差问题,从而更加客观地测度出企业绿色投资效率,并深化对企业绿色资源配置与生态效益创造过程的认识,为污染防治中的企业财务问题研究提供新观点。

第二,从执行力度的视角探讨了地方政府环境规制与企业绿色投资效率的关系。政府环境监管不仅需要完善的环境立法与健全的环境制度,更需要各地方政府的严格执行。本书从环境规制执行力度的视角探讨地方政府的环境监管影响,很大程度上克服了已有多数研究基于环境法规或单一规制角度而忽略了政策制定与实际执行之间的偏差问题,使研究更加贴近现实。同时,区别于以往文献多数探讨政府环境规制如何影响企业进行"事前"的绿色投资决策,本书的特色在于系统研究地方政府环境规制执行的变化怎样影响企业在"事后"对已投入的各类绿色资源的有效利用,深化了环境规制与微观企业行为的研究。

第三,基于印象管理理论探索了企业如何在环境信息披露中对其污染防治行为进行印象管理。环境信息披露是企业实施印象管理的一种途径但不易被察觉。本书结合中国证券监督管理委员会(以下简称"中国证监会")对上市公司披露环境信息的新要求,检验企业绿色投资效率与环境信息披露水平之间的关系，揭示了企业环境治理的印象管理（并非"言行一致"）的动机与策略，从而扩展了微观企业层面非财务信息披露印象管理的研究。

本书的研究贡献主要体现在以下几个方面：

第一，本书拓展了对企业绿色投资经济后果的研究。区别于以往文献更多地关注绿色投资及其影响因素，本书重点考察了绿色投资效率，并通过手工搜集相关数据，使用数据包络分析方法对微观企业层面的绿色投资效率进行量化分析，揭示了我国重污染企业当前的绿色投资效率水平整体偏低，且主要是由企业绿色投资存在投入冗余的问题造成的。这为企业管理层提升资源的有效分配和价值创造指明了具体改进方向，有助于企业实现财务与非财务管理的相互平衡，提升企业绿色竞争力。

第二，本书丰富了企业社会责任理论、利益相关者理论和印象管理理论的研究视角。环境因素是企业社会责任的重要组成部分，本书对企业绿色投资效率的衡量能够将环境绩效整合到企业绿色投资决策中，这不仅能反映企业社会责任的履行情况，也为企业解决股东与广大非股东利益相关者之间的利益冲突问题提供了有效思路，即优化企业绿色投资效率。此外，本书通过验证企业的环境信息披露中存在印象管理，能让利益相关者更有效地识别企业的环境信息并做出更好的决策，这也延展了企业印象管理研究领域学术文献的深度与广度。

第三，本书的研究结论为更深入广泛地探索我国环境监管变革之路提供了有益的经验证据。本书考察了地方政府环境规制执行对企业绿色投资效率的影响，这有助于监管部门更有针对性地调整监管重点、措施及力度，并对不同特点的企业实施差异化的环境规制执行来优化其绿色投资效率，这对我国现阶段的经济增长、绿色转型具有非常重要的现实意义。同时，本书关于企业环境信息披露中存在印象管理的研究发现也为监管部门制定更有效的环境信息披露制度和政策提供了依据。

本书是由笔者的博士学位论文修改而成的，虽几经修改，但仍存在一些局限与不足，恳请各位专家、学者和广大读者批评指正。

陈羽桃

2021 年 12 月于贵阳

目录

1 导论

1.1 研究背景

生态环境如水，经济发展似舟。水能载舟，亦能覆舟。随着中国经济发展进入新常态，资源环境承载力已经达到或者接近上限，通过透支资源、生态和环境红利获得经济增长的传统发展方式已经难以为继，中国亟需寻求绿色转型的新路径，突破和解决经济新常态下环境保护与经济增长之间的困局（俞海等，2015）。党的十八届五中全会提出了"创新、协调、绿色、开放、共享"的新发展理念，明确指出"必须坚持绿色发展，坚持节约资源和保护环境"的基本国策。2017年国务院的《政府工作报告》指出，绿色发展将成为驱动我国经济转型发展、金融体制改革和区域协调发展等战略目标的重要力量。同时，习近平总书记在党的十九大报告中强调，"建设生态文明是中华民族永续发展的千年大计"。我国当前的污染物排放量早已远超环境容量，持续恶化的生态环境不仅严重影响社会公众健康，也对社会经济的可持续发展提出了极大挑战。现阶段，环境污染治理已是刻不容缓，我们必须推进高质量绿色发展取得新突破，下决心走出一条经济发展与环境改善双赢之路。否则，纵有"金山银山"也换不回"绿水青山"。

企业是资源的主要消耗者与环境问题的主要制造者，我国社会总污染中的80%是由企业的生产经营活动所导致的（孙玉娟 等，2010）。近年来，在公众环保呼声日益激烈的情况下，我国颁布了新的《中华人民共和国环境保护法》并密集出台了多项环保政策、法律法规，以及各类规划和行动方案等，对污染企业进行越来越严格的环境监管。Pearce 等（1989）认为将环境因素融入资本投资等企业重大财务决策当中可以解决盈利增长与环境保护之间的矛盾。绿色投资，作为一种特殊的企业社会责任活动（Martin & Moser，2016），正是将环境目标和环境战略转换为企业实际行动与更高环境绩效的一种财务资源和无形资源分配（Ateş et al.，2012），是企业实现可持续发展和社会价值最大化的关键。从本质上而言，企业绿色投资的目标应该是减少企业的环境污染，而现实中企业管理层进行绿色投资的动机则包括监管优先、绿色形象树立和生产成本节约等（Maxwell & Decker，2006），且大多数企业在环境方面的投资行为更多地体现出"被动"迎合政府环境管制需要的特征（唐国平 等，2013）。基于此，值得讨论的是，企业的绿色投资真的有效提升了企业环境绩效吗？投资后的具体效果在多大程度上是"事与愿符"抑或"事与愿违"呢？这是企业绿色投资的重要经济后果，即企业绿色投资效率问题。考虑到企业的资源有限且绿色投资无法产生直接经济效益，可以说在某种程度上，绿色投资是将企业资源转移给了其他外部利益相关者，从而导致了企业传统绩效目标与绿色价值目标之间的冲突。根据利益相关者理论，企业需要在股东利益和非股东利益相关者的利益之间取得平衡（Carroll，1991）。一方面，股东不愿承担绿色投资的机会成本；另一方面，大多数利益相关者却希望企业投入大量资金来减少环境污染。因此，企业是否能够优化绿色投资的投入产出效率就显得非常重要。在以往的研究中，其主要关注的是绿色投资而非绿色投资效率（毕茜和于连超，2016；董正信 等，2016；张济建 等，2016；Eyraud et al.，2013；Martin & Moser，2016；Schaltenbrand et al.，2016），且受限于企业环境数据的可获得性，已有关于绿色投资效率的研究也多集中于宏观层面或中观层面（王娜 等，2017；Kim et al.，2015）。可见，对于微观企业层面的绿色投资效率的研究还比较匮乏。

如何客观度量企业绿色投资效率是对其进一步展开深入研究的前提。2016年12月，中国证监会修订了上市公司披露年度报告的内容与格式，要求属于环境保护部门公布的重点排污单位的上市公司必须在其年报中披露详细的污染物排放信息，包括各类污染物名称、排放总量等环境信息。这些强制披露要求的变化为本书量化企业绿色投资效率提供了所需的企业环境绩效原始数据。笔者手工收集了重污染行业上市公司的各种主要污染物年度排放量，将其作为企业环境绩效的代理变量，这种衡量是更加直接且准确的。进一步，通过应用数据包络分析方法将企业绿色投资的财务指标与各种污染物排放量的环境指标相结合，就能实现对企业绿色投资效率的非参数化度量。

已有大多数研究一致认为政府监管是企业环境行为的主要决定因素（吉利和苏朦，2016；Delmas & Toffel，2004；Henriques & Sadorsky，1996；Porter & van der Linde，1995；Wang et al.，2018；Zhao et al.，2015），而企业绿色投资

效率作为企业环境实践效果的一种反馈，势必会受到政府环境规制的影响。我国实行环境规制权限在中央政府和地方政府之间进行分配的监管方式，即中央政府制定的各项环境政策和监管规定，主要由地方政府来负责具体执行（Zheng，2007；金刚和沈坤荣，2018；Zhang et al.，2018），并且环境规制的实际效果关键取决于执法力度的强弱（包群 等，2013）。尽管自改革开放以来，我国陆续出台了大量环境政策并不断加强对环境污染治理的重视程度，但在现实中却存在着环境政策执行不到位、为地方经济发展让步的问题。这主要是由于我国长期以来对地方政府官员的考察存在以经济指标为基础的"政治晋升锦标赛"，地方领导干部的政绩要通过 GDP 的增长来体现，因此，地方官员倾向于放松环境管制、以牺牲环境为代价来优先发展地方经济（И. А. 什米廖娃和王冠军，2011；Chang & Wu，2014；Cull et al.，2017；Jia，2017），对一些营利性企业的环境污染行为提供庇护（Morduch & Sicular，2010；Shi & Zhang，2006），并且对存在政治关联的企业施行环境"软约束"（方颖和郭俊杰，2018）。不过，在我国进入绿色发展新时期之后，我国对生态环境监管体制进行了持续改革，生态文明建设也在不断加强。与此相呼应，在对地方政府官员的政绩考核中开始不断提升环保因素所占的比例，并且实施了环境保护"党政同责、一岗双责"、采取"生态环境损害责任终身追究制"等举措（宋献中和胡珺，2018），彻底摒弃了过去"唯 GDP"的政绩评价倾向。除此之外，中央全面深化改革领导小组第十四次会议审议通过了《环境保护督察方案（试行）》，在全国范围内如火如荼地开展了严厉的中央环保督察。这些改革措施使得地方政府对于环境规制的执行情况也发生了变化。由于我国各地区所处的发展阶段和改革进程存在差异，地方政府在环境规制的执行力度上也具有异质性，这会对企业绿色投资效率产生不同的影响。然而，已有文献中针对地方政府环境规制的执行效果对企业绿色管理的直接影响的分析却并不多见（龙文滨 等，2018）。

加强企业环境信息披露是我国近年来进行环境监管变革的一项重要内容，而环境信息披露也是企业进行印象管理的一种直接渠道。企业绿色投资效率作为企业污染防治效果的真实体现，是否能被客观公允地反映到企业的环境信息披露中呢？信息在本质上是一种收敛反映行为和事物的信号（沈弋 等，2014）。从信息经济学中的信号传递理论来看，企业的污染防治行为是其私有信息，通过将这些环境行为信息进行披露，可以对外传达出企业积极开展环境管理的信号，从而与其他企业区别开来，这将有助于企业价值的评估（Al-Tuwaijri et al.，2004；Clarkson et al.，2008；Dawkins & Fraas，2011）。除此之外，高质量的环境信息披露还能显著降低股权资本成本（沈洪涛 等，2010；叶陈刚 等，2015），这说明企业环境信息已经逐渐成为投资者决策信息集的一部分（崔恺媛，2017），并会影响投资者的行为与态度。但是，随着大数据时代的到来，企业愈发重视对企业形象的塑造与维护，时常通过强调正面好消息、抑制负面坏消息的方式来进行印象管理（McDonnell & King，2013；Pan et al.，2018；Ravasi & Schultz，2006；Zavyalova et al.，2012；黄静 等，2010）。面对现阶段公众愈发强烈的环保诉求和政府愈发严格的环境监管，在企业的环境信息披露中，这种印象管理行为也可能大量存在，即企业披露包括环境信息在内的企业社会责任信息的主要目的是影响公众对企业的感知、提升企业形象并建立良好的企业声誉（Deegan et al.，2000；Guthrie & Parker，1990；Hooghiemstra，2000；吉利，2016）。当环境污染问题被高度关注时，环境信息披露作为管理投资者印象的直接途径，能够调解环境绩效不佳对企业环境声誉的负面影响（Cho et al.，2012）。所以，环保表现较差的企业反而往往表现出较高的环境信息披露水平（Clarkson et al.，2011；Rockness，1985；沈洪涛 等，2014），且这种增加环境信息透明度的印象管理策略也不容易被信息使用者识别出来。虽然政府不断加强对企业环境信息披露的监管强度，但企业的环境治理真的"言行一致"吗？企业绿色投资效率是企业污染防治效果的一种客观、真实的反馈，衡量的是企业的"行"。在企业绿色投资效率较低时，极有可能产生强烈的动机通过企业的"言"来进行印象管理，使绿色投资效率不能被有效反映到企业的环境信息披露中。而已有关于企业层面印象管理的实证研究主要集中于财务信息披露方面，较少关注企业的非财务信息披露印象管理（张正勇和邱佳涛，2017）。

鉴于此，本书以"效率"为切入视角，针对以下三个方面的问题展开深入研究：第一，企业的绿色投资是否真的有效提升了企业的环境绩效，以及如何度量企业层面的绿色投资效率呢？第二，在我国环境监管日益严格的制度背景下，地方政府环境规制的执行力度怎样影响企业的绿色投资效率？第三，企业绿色投资效率作为企业绿色管理与污染防治效果的一种真实反馈，是否能被客观公允地反映到企业的环境信息披露中呢？

1.2 研究意义

1.2.1 理论意义

本书在现有研究成果的基础上，进一步拓展了绿色投资领域的研究范畴并丰富了企业环境治理、社会责任以及环境信息披露方面的文献。其理论意义主要体现在：

第一，有助于拓展企业绿色投资的经济后果的理论研究。绿色投资作为企业的一种特殊投资，其直接经济后果是对企业环境绩效的影响。根据具体项目是否影响企业的实际生产过程，本书将企业的绿色投资划分为预防型绿色投资和治理型绿色投资，使企业绿色投资的内涵与外延更加清晰。在此基础上，以"效率"作为企业绿色投资经济后果的切入视角，通过数据包络分析方法量化并全面评估微观企业层面的绿色投资效率，不仅使研究对象、研究角度更加丰富，也能为企业绿色投资理论的后续深入研究提供经验证据。

第二，有助于深化绿色公司治理体系和企业环境战略的理论研究。将环境因素纳入公司治理和战略规划是现代企业实现可持续发展和构建环境治理框架体系的关键。通过数据包络分析方法将财务指标与环境指标相联系，能够让企业的财务决策与环境治理有机结合起来，使企业的整体价值创造过程和战略规划得以协调，从而为企业的长期绿色发展提供财务保障机制并推动公司绿色治理体系以及企业环境战略研究的理论创新。

第三，有助于丰富企业社会责任与利益相关者的理论研究。环境作为重要的企业社会责任要素使绿色投资的研究应该落脚于利益相关者理论。企业绿色投资通过提升企业环境绩效能够给广大利益相关者带来社会福利和可持续价值，也是平衡传统财务目标与社会责任目标的关键。本书通过研究企业绿色投资效率能够为利益相关者理论的应用提供新的视角，并拓展企业社会责任的研究内容。

第四，有助于延伸企业非财务信息披露中印象管理的理论研究。已有关于企业层面印象管理的研究主要集中于财务信息方面，对于非财务信息的印象管理关注较少。环境信息披露是企业非财务信息披露的重要内容，本书通过研究企业绿色投资效率与环境信息披露水平之间的关系，能够验证企业环境信息披露中是否存在印象管理，从而拓展非财务信息披露印象管理的研究视角。

1.2.2 现实意义

第一，推动企业开展绿色管理，实现生态效益创造的资源分配。本书通过数据包络分析量化企业的绿色投资效率，可以使重污染企业客观认识自身的污染防治效果，尤其是为绿色投资效率低下的企业识别出绿色管理中的薄弱环节，为企业今后锁定重要的环境风险节点、确定改进方向提供详细依据，以确保更需要进行节能减排的污染物指标得到更多的财务资源分配，从而通过财务与非财务管理的相互平衡提升企业绿色竞争力，实现正的社会外部性。与此同时，也可以为监管部门及其他外部利益相关者提供不同企业之间的绿色投资效率可比信息，帮助他们更加深入地了解并评估企业真实的环境治理水平，由此更好地发挥对企业绿色管理的外部监督作用。

第二，推动企业重树自身的价值观念，向社会价值创造型企业的方向发展。企业的绿色投资不能产生直接的经济利益，可以说是将企业有限的资源转移给了非股东的利益相关者。这类特殊的投资是否能为股东创造财富，其关键在于是否能够提高企业绿色投资效率。本书通过全面研究企业绿色投资效率并在此基础上提出多视角的改善建议，不仅有利于缓解企业短期盈利目标与长期可持续发展之间的矛盾、解决股东与广大非股东利益相关者之间的利益冲突，更能使企业从绿色投资驱动转向绿色投资效率驱动，真正实现高质量的绿色发展，这对于我国现阶段的经济增长绿色转型具有非常重要的现实意义。

第三，推动环境监管的变革以及多元共治的现代环境治理体系的构建。党的十九大报告指出，我国社会主要矛盾已经转化为人民日益增长的美好生活需要和不平衡不充分的发展之间的矛盾。本书通过研究地方政府环境规制执行对企业绿色投资效率的影响，能够为监管部门实施差异化环境管制提供直接依据，以确保各项环保政策得到针对性落实，同时也有助于构建内部与外部相结合、主动与被动相协调的企业绿色投资效率优化机制，实现多元共治的环境治理。此外，通过检验企业绿色投资效率与环境信息披露水平之间的关系来验证企业是否存在印象管理行为，能够进一步为相关部门制定更有效的企业环境信息披露政策提供经验证据，并为监管机构调整环境监管思路和方向提供有益的参考。这些环境监管变革必将有助于我国探索以生态优先、绿色发展为导向的高质量发展路径并全面改善环境污染状况。

1.3 研究思路与研究方法

1.3.1 研究思路

本书具体的研究思路如下：

首先，系统梳理本书的理论基础并对相关问题进行文献综述。

其次，回顾我国环境政策与环保监管体系的演进过程，在充分了解制度背景的基础上，结合理论与实际对企业绿色投资的内涵与外延进行清晰的界定，并从理论和方法上了解企业绿色投资效率的度量。

再次，按照"地方政府环境规制执行→企业绿色投资效率→企业环境信息披露"的基本逻辑，开展本书的实证研究，具体分三步进行：

第一步，对企业绿色投资效率进行度量。基于我国重污染行业 A 股上市公司的绿色投资及主要污染物排放量的详细手工数据，应用基于松弛度量（SBM）方法的数据包络分析（DEA），将企业绿色投资的财务数据与污染物排放的环境数据相结合，从而量化微观企业层级的绿色投资效率并进行全面的评价分析。

第二步，从执行层面分析地方政府环境规制对企业绿色投资效率的影响。政府环境监管是我国实现绿色发展的重要环节，也是影响企业开展绿色管理的主导因素。环境监管不仅需要完善的环境立法与健全的环境制度，更需要各地方政府的严格执行。换言之，即使环境政策设计得科学合理、精细巧妙，若不能得到彻底的执行，也将只是形同虚设。因此，本书重点考察地方政府环境规制的执行力度对企业绿色投资效率的影响。

第三步，检验企业绿色投资效率与环境信息披露水平之间的关系。企业绿色投资效率是企业污染防治效果的一种真实反馈，当绿色投资效率较低时，企业是否会对此进行印象管理以树立绿色企业形象呢？而环境信息披露不仅是政府进行环境监管的重要内容之一，还是企业进行印象管理的一种直接渠道。通过研究企业绿色投资效率与环境信息披露之间的关系，可以考察企业的绿色投资效率是否被客观公允地反映到企业的环境信息披露中，由此检验出重污染企业的绿色管理活动是"言行一致"抑或进行印象管理，以期为地方政府如何更有效地监管重污染企业在环境方面的"言"与"行"提供有益的经验证据作为参考。

最后，结合研究发现分别从企业、政府和其他利益相关者的角度提出改善企业绿色投资效率的对策建议。图1-1系统展示了本书的研究思路。

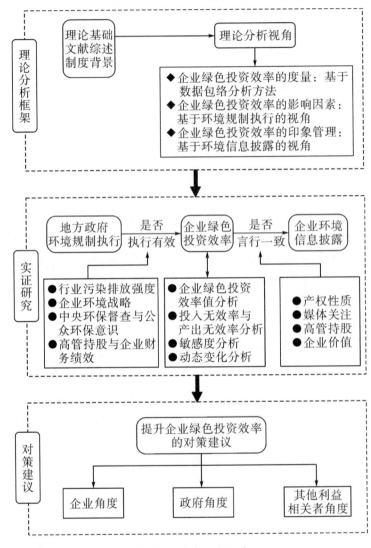

图1-1　本书研究思路

1.3.2　研究方法

本书的研究整体上运用了理论分析与实证检验相结合的方法。具体来说，在进行理论分析时本书主要运用了归纳法和演绎法来进行逻辑推导、对比分析和归纳总结。在实证检验部分，第 4 章运用了非参数的实证研究方法，通过数据包络分析中的 SBM-DEA 方法对企业绿色投资效率进行了全面量化和深入分析；第 5 章的实证分析中主要使用了 Tobit 回归和 OLS 回归来检验地方政府环境规制执行对企业绿色投资效率的影响；第 6 章的实证分析则主要采用了排序 logit 回归和 OLS 回归来检验企业绿色投资效率与环境信息披露水平之间的关系。本书的实证研究主要通过 MaxDEA Ultra 7、Stata15.1 和 Excel 2013 等软件完成。

1.4 研究内容与结构

本书总共包括八章内容。第 1 章，导论；第 2 章，理论基础与文献综述；第 3 章，制度背景与理论分析；第 4 章，企业绿色投资效率的度量与评价；第 5 章，地方政府环境规制执行对企业绿色投资效率的影响；第 6 章，环境信息披露视角下的企业绿色投资效率印象管理；第 7 章，提升企业绿色投资效率的对策建议；第 8 章，研究结论与研究展望。具体研究内容如下：

第 1 章，导论。导论部分主要介绍本书的研究背景、提出研究问题，并指出本书的研究意义；在此基础上，围绕几个主要研究问题提出可行的研究思路并规划适宜的研究方法；最后总结本书的研究创新与研究贡献。

第 2 章，理论基础与文献综述。本章首先运用归纳法和演绎法系统地梳理了企业绿色投资效率研究的理论基础。其中，外部性理论提供了企业绿色投资效率问题的理论来源与理论依据；资源基础观理论和环境战略管理理论为深入理解和分析企业绿色投资效率提供了理论支持；制度理论、利益相关者理论以及社会责任理论为研究地方政府环境规制执行对企业绿色投资效率的影响提供了分析思路；信号传递理论和印象管理理论则为企业绿色投资效率与环境信息披露印象管理之间的关系提供了理论支撑。其次，本章围绕绿色投资、绿色投资效率、地方政府环境规制执行、印象管理与企业环境信息披露进行了文献综述，发现已有研究多集中于绿色投资而非绿色投资效率。与此同时，文献中针对地方政府执行环境规制来推动企业积极开展绿色管理的直接效应分析也比较匮乏，且鲜有研究讨论企业的环境行为实践是否言行一致。最后，在总结研究现状的基础上进行简要述评。

第 3 章，制度背景与理论分析。本章首先系统梳理了我国环境政策与环保监管体系的演进过程及不同时期的特点。在充分了解制度背景的前提下，结合理论与实际对企业绿色投资的内涵与外延进行了清晰的界定，并将其划分为预防型绿色投资和治理型绿色投资，进而根据投入产出原理和资源配置有效性定义了企业绿色投资效率的具体概念。此外，本章还回顾了我国绿色投资的发展进程且在此基础上分析了其中存在的问题。进一步，本章详细介绍了企业绿色投资效率度量的理论与方法，并分别基于环境规制执行的视角和环境信息披露的视角对企业绿色投资效率的影响因素和印象管理进行了理论分析。

第4章，企业绿色投资效率的度量与评价。企业是实现绿色经济发展的基本细胞，在当前愈发严峻的环境治理形势下，企业的绿色投资是否真的有效提升了企业的环境绩效呢？本书第4章以"效率"为研究视角，基于我国重污染行业A股上市公司的绿色投资及主要污染物排放量的详细手工数据，应用基于松弛度量（SBM）方法的数据包络分析（DEA），对微观企业级的绿色投资效率进行了量化以及全面的评价分析。研究发现，虽然重污染企业的绿色投资效率获得了动态增长并取得技术进步，但平均效率水平仍然较低，且主要是由企业绿色投资存在投入冗余问题造成的，这说明我国在绿色投资总体规模不足的情况下未能充分利用绿色投资。这也表明企业管理层在面对日益严格的环境监管时，只是粗放地对环境维度进行了投资，忽视了资源的有效分配和价值创造使用。进一步分析发现，相较于污染物排放量，企业绿色投资对于绿色投资效率值呈现高度敏感性，尤其是治理型绿色投资的影响力最强。本章的研究结论有助于企业识别环境管理中的薄弱环节和风险节点，为企业实现财务与非财务管理的相互平衡提供了依据。

第5章，地方政府环境规制执行对企业绿色投资效率的影响。政府监管是企业环境行为的主要决定因素，将监管方向从绿色投资驱动转向绿色投资效率驱动是引导企业实现高质量绿色发展的关键。在第4章使用数据包络分析对我国重污染企业的绿色投资效率进行量化的基础上，本书第5章从执行层面分析了地方政府环境规制与企业绿色投资效率的关系。研究发现：①地方政府环境规制执行力度对企业绿色投资效率具有显著的倒"U"形影响，并且根据污染排放强度不同，企业绿色投资效率对地方政府环境规制执行的反应存在差异；②相较于采取反应型环境战略的企业，实施前瞻型环境战略的企业绿色投资效率受到地方政府环境规制执行的倒"U"形影响更为显著，这表明企业环境战略是地方政府环境规制执行影响企业绿色投资效率的作用机制；③中央环保督察与高管持股加强了地方政府环境规制执行与企业绿色投资效率之间的倒

"U"形关系，而公众环保意识和企业财务绩效则对此产生了削弱作用；④地方政府环境规制执行力度对企业绿色投资冗余具有显著的"U"形影响。本章的研究结论为我国当前的环境监管变革提供了有益参考，表明地方政府应该通过实施差异化的环境规制执行来优化企业绿色投资效率。

第6章，环境信息披露视角下的企业绿色投资效率印象管理。环境信息披露是企业进行印象管理的一种直接渠道和载体。企业绿色投资效率作为企业污染防治效果的真实反馈，是否能被客观公允地反映到企业的环境信息披露中呢？本章通过研究企业绿色投资效率与环境信息披露之间的关系，考察了重污染企业的绿色管理活动是否"言行一致"。研究发现，重污染企业的绿色投资效率与环境信息披露水平显著负相关，这说明企业在进行环境信息披露时存在印象管理，并且主要是通过提升排污信息透明度的方式来获得信息使用者对其环境责任履行的好印象，从而建立绿色企业形象和环境声誉。与国有企业相比，企业绿色投资效率对企业环境信息披露水平的负向影响在非国有企业中更为显著。进一步分析发现，企业绿色投资效率与环境信息披露水平之间的负相关关系在媒体关注度较高、高管持股比例较高、企业价值较高的企业中更为显著。本章的研究结论表明，环境监管部门在评价企业的绿色绩效时不能只依赖于企业环境信息披露，除了监管"言"，更要监管"行"。

第7章，提升企业绿色投资效率的对策建议。本章分别从企业、政府和其他利益相关者的角度提出了提升企业绿色投资效率的对策建议。对企业而言，其需要重树企业价值观念、变革绿色管理模式、优化企业资源分配。对政府而言，其应该积极推进以绿色投资效率驱动的生态文明建设、维持中央环保督察的常态化、加强差异化环境监管、引导重污染企业实施前瞻型环境战略，并构建多元共治的现代环境治理体系。对其他利益相关者而言，公益环保组织应该深度参与到环境监管中来，而媒体和公众则可以分别发挥舆论监督作用和社会监督作用。

第8章，研究结论与研究展望。本章归纳总结了全文的主要研究结论，并指出了研究中存在的局限与不足，最后探讨了未来可能的研究方向。

本书具体的研究框架与结构如图1-2所示。

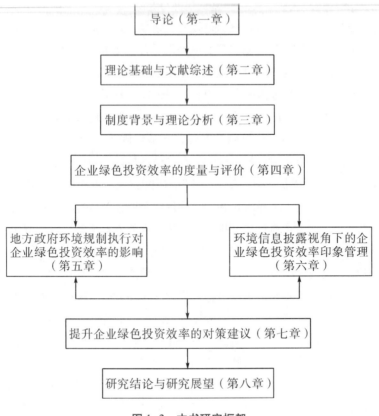

图 1-2　本书研究框架

1.5　研究创新与贡献

1.5.1　研究创新

本书的研究创新主要包括:

第一,运用数据包络分析方法实现了对微观企业层级绿色投资效率的量化。采用数据包络分析这种非参数方法来度量企业绿色投资效率,能够将财务信息与环境信息相结合,并克服传统效率评价方法在进行权重设置时的主观因素影响,避免传统计量模型设定可能存在的误差问题,从而更加客观地测度出企业绿色投资效率,并深化对企业绿色资源配置与生态效益创造过程的认识,为污染防治中的企业财务问题研究提供新观点。

第二，从执行力度的视角探讨了地方政府环境规制与企业绿色投资效率的关系。政府环境监管不仅需要完善的环境立法与健全的环境制度，更需要各地方政府的严格执行。本书从环境规制执行力度的视角探讨地方政府的环境监管影响，很大程度上克服了已有多数研究基于环境法规或单一规制角度而忽略了政策制定与实际执行之间的偏差问题，使研究更加贴近现实。同时，区别于以往文献多数探讨政府环境规制如何影响企业进行"事前"的绿色投资决策，本书的特色在于系统研究地方政府环境规制执行的变化怎样影响企业在"事后"对已投入的各类绿色资源的有效利用，深化了环境规制与微观企业行为的研究。

第三，基于印象管理理论探索了企业如何在环境信息披露中对其污染防治行为进行印象管理。环境信息披露是企业实施印象管理的一种途径却不易被察觉。本书结合中国证监会对上市公司披露环境信息的新要求，检验企业绿色投资效率与环境信息披露水平之间的关系，揭示了企业环境治理的印象管理（并非"言行一致"）的动机与策略，从而扩展了微观企业层面非财务信息披露印象管理的研究。

1.5.2 研究贡献

本书的研究贡献主要体现于以下三个方面：

第一，本书拓展了对企业绿色投资经济后果的研究。区别于以往文献更多地关注绿色投资及其影响因素，本书重点考察了绿色投资效率，并通过手工搜集相关数据，使用数据包络分析方法对微观企业层面的绿色投资效率进行量化分析，揭示了我国重污染企业当前的绿色投资效率水平整体偏低，且主要是由企业绿色投资存在投入冗余的问题造成的。这为企业管理层提升资源的有效分配和价值创造使用指明了具体改进方向，有助于企业实现财务与非财务管理的相互平衡，提升企业绿色竞争力。

第二，本书丰富了企业社会责任理论、利益相关者理论和印象管理理论的研究视角。环境因素是企业社会责任的重要组成部分，本书对企业绿色投资效率的衡量能够将环境绩效整合到企业绿色投资决策中，这不仅能反映企业社会责任的履行情况，也为企业解决股东与广大非股东利益相关者之间的利益冲突问题提供了有效思路，即优化企业绿色投资效率。此外，本书通过验证企业的环境信息披露中存在印象管理，能让利益相关者更有效地识别企业的环境信息并做出更好的决策，这也延展了企业印象管理研究领域的学术文献。

第二，本书的研究结论为更深入广泛地探索我国环境监管变革之路提供了有益的经验证据。本书考察了地方政府环境规制执行对企业绿色投资效率的影响，这有助于监管部门更有针对性地调整监管重点、措施及力度，并对不同特点的企业实施差异化的环境规制执行来优化其绿色投资效率，这对于我国现阶段的经济增长、绿色转型具有非常重要的现实意义。同时，本书关于企业环境信息披露中存在印象管理的研究发现也为监管部门制定更有效的环境信息披露制度和政策提供了依据。

2 理论基础与文献综述

本章首先运用归纳法和演绎法系统梳理了企业绿色投资效率研究的理论基础。其中，外部性理论提供了企业绿色投资效率问题的来源与重要性的理论依据；资源基础观理论和环境战略管理理论为深入理解和分析企业绿色投资效率提供了理论支持；制度理论、利益相关者理论以及社会责任理论为研究地方政府环境规制执行对企业绿色投资效率的影响提供了分析思路；信号传递理论和印象管理理论则为企业绿色投资效率与环境信息披露印象管理之间的关系提供了理论支撑。其次，本章围绕绿色投资、绿色投资效率、地方政府环境规制执行、印象管理与企业环境信息披露进行了文献综述，发现已有研究多数集中于探讨绿色投资而非绿色投资效率。与此同时，文献中针对地方政府执行环境规制来推动企业积极开展绿色管理的直接效应分析也比较匮乏，且鲜有研究讨论企业的环境行为实践是否言行一致。最后，在总结研究现状的基础上进行简要述评。

2.1 理论基础

2.1.1 外部性理论

Marshall（1890）在其著作 *Principles of Economics* 中首次提出了"外部经济"的概念，意指使用资源会带来两方面的作用，其一是资源能够被用来进行生产或改造以满足人们的各种需要，具有经济外部性；其二是资源在被使用的过程中及被利用后会产生废弃物从而对自然环境造成污染并进而威胁到人类的生存与发展。受到 Marshall 的外部经济理论的影响，英国福利经济学家庇古（Arthur Cecil Pigou）和美国新制度经济学家科斯（Ronald H. Coase）的研究进一步丰富和完善了外部性理论。具体来说，外部性（externality）也称为外部效应，是指一个人或一群人的行动与决策无意识地影响了另一个人或一群人，并使之受益或受损的情况。因此，外部性可以进一步分为正外部性和负外部性。正外部性是指行为主体的某些行为会对其他人产生有益的影响，但行为主体本身却不会因此而获得补偿或补贴，表现为私人边际收益低于社会边际收益。与之相反，负外部性则是指行为主体的一些活动对其他人造成了有害或不利的影响，但行为主体本身并不会因此承担任何成本或支付补偿费用，表现为私人边际成本低于社会边际成本。

环境污染问题的根源就在于明显的负外部性。在外部性理论下，针对自然环境污染的治理，Pigou 和 Coase 分别提出了两种将负外部性内部化的方法。Pigou（1920）从边际分析的角度，提出了强调政府干预的征收"庇古税"的治理方式，即通过政府征税或补贴来将环境污染的负外部性内部化。进一步来说，当出现负外部性时，政府就对私人边际成本低于社会边际成本的部分征税；若出现正外部性，政府就对私人边际收益低于社会边际收益的部分补贴。"庇古税"的思想在实际经济活动中也得到了具体运用，例如，《中华人民共和国环境保护法》确立的"谁开发谁保护，谁污染谁治理"的环保原则，以及经济合作与发展组织（OECD）提倡的"污染者付费"原则。不过，"庇古税"理论在实际运用的过程中也存在着一些局限。由于政府无法获得制定最优税率和补贴的完全信息，并且政府干预也会产生相应的成本，这会使实际执行效果与理论产生较大的偏差，加之在政府干预的过程中可能出现的寻租现象，这些都会造成资源配置发生扭曲或浪费现象。Coase（1960）则提出了基于产权路径的治理方法。他认为外部性并非单向的，而是体现出了相互性。在不存在交易成本并且产权明确的情况下，双方可以通过协商或依赖市场的力量达成一致，实现资源分配的帕累托最优；而存在交易成本时，不论是采用政府干预还是依赖于市场调节，双方都需要进行"成本—收益"分析，并且其关键在于产权是否明晰，双方需要在综合权衡比较之后才能确定最好的方式。在实际的环境治理中，排污权交易和排污许可证都是科斯理论的具体应用。但值得注意的是，科斯的产权路径对市场的健全和完备程度的要求较高，且需要考虑产权界定的难易程度以及交易成本的高低。就我国现阶段的国情和市场发展情况而言，我们可以有效结合"庇古税"路径和科斯的产权路径来治理环境污染的负外部性，在完善政府环境监管的同时重点采用市场经济手段来有效发挥市场机制作用。而企业作为产生环境污染负外部性的经济主体，不论面临政府的何种治理方式，都应当承担环境责任并发挥环境治理的主体作用，采取相应的措施将自身的负外部性内部化。

2.1.2 资源基础观理论

资源基础观（Resource-Based View，RBV）理论最早可以追溯到亚当·斯密提出的通过劳动分工能够实现生产效率提升、国民财富增长的劳动分工理论（唐国平和李龙会，2017）。资源基础观理论关注的重点是组织内部的资源与能力。Penrose（1959）提出的企业增长理论认为，企业是各种资源形成的集合，并且这些资源都能转化为企业成长的推动力。Wernerfelt（1984）也持有同样的观点，指出企业是不同资源所组成的实体，且每种资源都具有异质性并能够进一步转化为独特的能力，他强调这些异质性和能力有助于企业形成竞争优势。构成企业的资源不仅包括企业的有形资产，还包括如知识、管理技能、专利、商标、关系等在内的无形资产（Caves，1980）。不同的企业所拥有的资源是存在差异的，而这些资源之间的差异性就决定了企业的绩效之间也必然会出现差异（Barney，1986），这是因为能够给企业带来可持续竞争优势的战略性资源通常具有价值性、稀缺性、不可替代性、难以复制性的特征（Barney，1991）。因此，保持资源差异是企业维持竞争优势的关键（Peteraf & Bergen，2003；Rumelt，1991）。

全球工业化进程的加快，不仅让生态环境受到了极大的破坏，还造成了资源的过度消耗甚至枯竭。与此同时，这些自然资源和环境因素也反过来对企业的生产过程产生了一定限制。Hart（1995）就将自然环境资源纳入了传统的资源基础观理论框架之中并进行扩展，提出了自然资源基础观（Natural-Resource-Based View，NRBV）理论，认为企业应该创造新的资源以及能力来应对环境变化带来的挑战，处理好其与自然环境之间的关系，从而维持自身的可持续竞争优势。具体而言，企业的环境行为是一种企业选择的结果，而这种结果会受到很多资源的综合影响。这些资源包括企业的财务能力、污染预防能力、污染治理能力、管理技能、技术水平、创新能力，以及利益相关者关系等，而每种资源的可支配程度与对特定环境战略的支持程度直接影响着企业的环境行为。值得注意的是，并非全部的资源都可以成为企业竞争优势的来源（刘亚军和陈国绪，2008），当企业想要通过绿色创新行为来获得环境竞争优势时，对一些资源领域进行投资是非常关键的。Hart（1997）对此提出了五种类型的关键资源领域，包括：①纳入环境问题的战略规划；②正式的环境管理流程或环境管理系统；③企业内部跨职能的绿色组织能力；④在环境治理方面的员工参与或对员工进行与环境保护相关的培训；⑤对产品、生产流程或制造工艺投资所带来的常规性绿色竞争力。Buysse 和 Verbeke（2003）则通过实证研究检验了 Hart（1997）提出的这五种类型的关键资源是否能够有助于企业的绿色创新。他们的研究结论表明，企业通过投资这些关键性资源确实可以正向促进企业的绿色创新行为。此外，我们还应该认识到，资源不是独立的，并且单一的某种资源也难以为企业带来竞争优势，企业只有通过对不同的资源进行合理、有效的配置才能将它们转换为企业的竞争力，这样的资源整合与配置过程才是企业获取可持续竞争优势的源泉（刘亚军和陈国绪，2008；Madsen，2009）。

2.1.3　环境战略管理理论

从 20 世纪中后期开始，一些发达国家在实现了经济的飞速增长与工业兴起之后，陆续爆发出严重的环境公害事件，例如 1943 年的美国洛杉矶光化学烟雾事件，1948 年的美国宾夕法尼亚州多诺拉烟雾事件，1952 年的英国伦敦烟雾事件，日本的水俣病事件、富山骨痛病事件、四日市气喘病事件和米糠油事件等，对人体健康造成了巨大的危害，甚至导致很多人患病死亡。这些"环境之殇"使世人警醒，各国政府和国际组织纷纷开始采取措施抑制环境污染。至 20 世纪 90 年代，许多国家已经制定出了一系列严格的针对企业污染问题的环境政策并开展了严密的环境监管，这给企业带来了极大的合规性压力。因此，企业战略管理中开始出现对环境因素的战略规划。并且，这些将环境问题纳入考量的战略规划也是企业进行绿色创新的关键资源之一（Hart，1997）。

关于企业环境战略的内涵与外延，学者们并没有统一的定义。西方学者认为，由于企业面临严格的环境监管，为了减少企业的经营活动产生的环境污染以遵循环境规制并降低遵循成本，企业对此会采取战略规划，而这些规划就是企业环境战略（Sharma，2000）。我国学者认为，企业环境战略是企业为了协调其生产经营活动对环境产生的负面影响而进行的战略规划（赵领娣和巩天雷，2003），其实施的主要目的是帮助企业通过开展环境管理来获取更大的竞争优势（徐建蓉，2008）。

关于企业环境战略的具体内容，Hart（1995）从自然资源基础观的角度，指出企业环境战略主要包括污染预防、污染控制、产品管理以及可持续发展等方面的内容，且每个方面的内容都应该具有独特的稀缺性资源，这样才能避免被模仿或替代，并为企业带来持续的竞争优势。进一步展开来讲，污染预防和污染控制的本质目标是要最小化企业的污染物排放量，产品管理则是指要将环境保护理念融入企业的产品设计、开发及生产过程中去，可持续发展意为企业应该具备能够实现可持续发展的能力。

关于企业环境战略的分类，学者们依据不同的标准和角度进行了不同的分类：①按照企业对于环境保护行为所持的态度，Sharma 和 Vredenburg（1998）将企业环境战略分为两种类型，一种是前瞻型（proactive）环境战略，指企业会积极主动地采取措施预防或解决自身的环境污染问题，通过全过程的环境战略管理来建立竞争优势、提高生产效率；另一种是反应型（Reactive）环境战略，指企业对于开展环境管理比较消极或是被动遵循政府的环境监管，通常采用末端治理的方式来减少企业排污量。一些研究在此基础上对企业环境战略进行了拓展分类。Henriques 和 Sadorsky（1999）将企业环境战略分为四种类型，包括前瞻型环境战略、防御型环境战略、适应型环境战略和反应型环境战略。Murillo-Luna 等（2011）将环境战略分为被动反应型、关注环境规制反应型、关注利益相关者反应型以及关注全面环境质量反应型环境战略。②按照企业对于制定和执行环境战略的关注点差异，Hart（1995）提出将环境战略分为关注过程的环境战略与关注产品的环境战略。Christmann（2000）则考虑将环境战略划分为关注过程的环境战略与关注结果的环境战略。Sharma 和 Henriques（2005）围绕企业的生产环节，将企业环境战略划分为六种类型，分别是控制污染战略、生态系统管理战略、生态设计战略、生态效率战略、业务再定义战略和循环设计战略。崔震宇（2008）在中国情境下探究了适合于中国企业的绿色环境战略，提出了绿色竞争优势环境战略、绿色战略联盟、可持续环境战略以及遵循型环境战略。③按照环境战略对企业竞争力的影响，马中东等（2010）提出可以将企业环境战略划分为三种类型，分别是风险规避型环境战略，指企业重点考虑的是如何满足政府环境监管的要求，其以规避环境违规风险为主要战略目标，对于环境技术创新的投资很少；规制应对型环境战略，指企业对于政府环境规制采取较为消极的态度应对，只期望达到环境规制的最低基本要求即可；机会追求型环境战略，指企业以环境技术创新及产品管理为主要战略内容，以期能够在提高生态效率的同时降低生产成本，从而获得产品的差异化优势和低成本优势，实现提升企业竞争力与保护环境的双赢局面。

2.1.4 制度理论

制度理论涉及经济学、社会学、政治学等学科的研究领域，其核心思想是强调制度对组织的行为与决策会产生影响（Meyer & Rowan，1977），这是因为组织的根源嵌在社会与政治环境之中（Zukin & DiMaggio，1990），也是指组织是存在于制度环境当中的，是制度化的组织。Scott（1995）提出制度环境是由三大支柱所组成的，包括规制性支柱、规范性支柱与认知性支柱。具体而言，规制性支柱是指维系社会秩序和社会稳定所需的系列法律和规则；规范性支柱是指社会价值观、社会规范和社会文化；认知性支柱则是指社会中已经建立并得到广泛承认的认知结构。

随着当代世界发展进程的加快，经济、社会和政治制度也变得愈发复杂，并对组织和集体产生了更为显著的影响（March & Olsen，1984），而其中影响组织的行为与决策最关键的因素就是组织在经济社会中的"合法性"（Dimaggio & Powell，1983；Scott，1995），这使"合法性"成了制度理论中的重要概念。合法性是由 Parsons（1960）引入组织社会学研究领域的，他也首次提出了具有现代意义的组织合法性概念，认为组织合法性指的就是对组织的行为是否符合社会特定的规范、价值观或信念做出评价。企业要获得组织合法性就必须符合公众或社会认同的制度规范或者共识（Meyer & Rowan，1977），并且要能够被利益相关者认可（Deephouse，1996；Zimmerman & Zeitz，2002）。因此，组织在制度化的过程中，为了获得合法性就必须与社会规范、传统以及社会价值观等保持一致，从而造成了组织行为与结构的同质化，这在制度理论中被称为"制度性同形（institutional isomorphism）"（Hawley，1986）。

Dimaggio 和 Powell（1983）将制度性同形分为三类，分别是强制性同形（coercive isomorphism）、规范性同形（normative isomorphism）和模仿性同形（mimetic isomorphism），并分别能够作用于 Scott（1995）所提出的三种制度环境支柱，即规制性支柱、规范性支柱与认知性支柱（汪秀琼 等，2011）。这三类制度性同形也对应给企业带来了规制压力、规范压力和模仿压力。其中，企业的规制压力来源于能够对其合法性做出判定的机构或组织，以及社会中的文化期待所施加的正式压力与非正式压力，例如政府对企业设定的污染防治目标、对企业进行的环境监督（魏泽龙和谷盟，2015），或是企业因环境违规所面临的环境处罚及环境违规成本（曹春辉 等，2013）。规范压力是指企业会面对来自职业化网络、客户、消费者、供应商或行业协会等带来的合法性压力，进而会促使企业开展绿色管理以获得这些利益相关者的合法性认可（Zhu & Geng，2013）。企业的模仿压力则来自企业感知到的竞争者或网络中其他组织的行为。由于绿色创新能够有助于企业建立差异化的竞争优势（Genchev，2009），当竞争企业重视环境治理并进行绿色创新时，企业会感知到威胁从而采取相同的行为以维持自身的合法性并避免丧失竞争优势（徐建中 等，2017）。由此可见，这些制度压力已经成为驱动企业实施环境管理和前瞻性绿色行为的主要决定因素（Delmas，2002；Schaefer，2007）。

2.1.5 利益相关者理论

利益相关者（Stakeholder）这个词语在管理学文献中最早于 1963 年出现在斯坦福研究院（Stanford Research Institute）的内部备忘录中，他们认为利益相关者是某些群体，包括股东、员工、供应商、债权人、客户和社团，且企业在这些群体的支撑下才能发展存续。虽然这个概念的定义比较狭窄，但说明人们已经开始意识到利益相关者的存在。由此，关于利益相关者的研究开始逐步发展。至 1984 年，Freeman 在其著作《战略管理：利益相关者方法》中首次提出了较为全面且准确的利益相关者的定义，指出利益相关者是所有能够对企业目标的制定及实现过程产生影响的个人或群体，且企业的各个目标与利益相关者之间的互动是一种博弈（Freeman，1984）。显然，Freeman 对于利益相关者的界定是更为广义的，他认为根据不同利益相关者所拥有的资源异质性，可以进一步将利益相关者进行分类，包括所有权利益相关者，例如企业的股东和高管等；经济依赖性利益相关者，例如债权人、消费者、员工、代理商、供应商、社区等；社会利益相关者，例如政府、媒体等。在此之后，一些学者也从其他的视角对利益相关者进行了划分。Clarkson（1995）认为可以按照各类利益相关者与企业联系的紧密程度，将利益相关者划分为主要利益相关者和次要利益相关者。Wheeler 和 Maria（1998）则在此基础上加入了社会性维度，将利益相关者划分为四类，分别是主要的社会性利益相关者、主要的非社会性利益相关者、次要的社会性利益相关者以及次要的非社会性利益相关者。Mitchell 等（1997）提出了著名的米切尔评分法，即从权力性、合法性和紧急性的属性出发来对利益相关者进行评分，进而将利益相关者分为确定型利益相关者、预期型利益相关者和潜在型利益相关者。其中，确定型利益相关者同时具有权力性、合法性和紧急性，主要包括股东、员工和消费者；预期型利益相关者拥有三个属性中的任意两个，包括投资者、政府等；而潜在型利益相关者只拥有其中的任意一个属性。并且，根据企业内部环境和外部环境的发展变化，这三类利益相关者还可以相互转化。

利益相关者理论的思想对于传统的"股东利益至上"的观点是极大的冲击，其呼吁企业采用利益相关者共同治理的方式而非股东单边治理。这不仅在学术界引发了研究热潮，也在实践中得到了积极响应。在利益相关者理论下，企业的存续和发展与广大利益相关者的参与和支持密不可分，因此，企业不能只追求股东的利益，而应该顾及所有利益相关者的整体利益并尽量满足或平衡各类利益相关者的不同需求。由于近年来生态环境的持续恶化，利益相关者逐渐揭高了对企业环境管理的要求（Sharfman & Fernando，2008），并且利益相关者对环境保护的诉求越强烈就会对企业造成越大的环境压力，从而促使企业采取积极的环境战略来改善其环境管理能力（Baker & Sinkula，2005）。可见，利益相关者已经成为驱动企业应对环境污染问题、履行环境责任的重要因素之一（Bansal & Roth，2000；王京芳 等，2008）。

2.1.6　企业社会责任理论

企业社会责任文献中具有里程碑意义的开端通常可以追溯到 Howard R. Bowen 在 1953 年出版的著作《商人的社会责任》，他在书中指出企业应该在其能力范围内主动承担相应的社会责任，由此引发了学者们对企业社会责任的广泛讨论。不过到目前为止，企业社会责任的定义尚未统一。Davis（1960，1967，1973）的系列研究都涉及了对企业社会责任概念的界定。Davis 认为，商人的决定和行为中至少有一部分是超越了企业直接经济利益的内容而做出的，并且这些超越了法律规定之外的社会责任会推动企业发展，因此，他将企业社会责任定义为企业超越了狭隘的经济、法律和技术要求之外的考虑和反应。Davis 的研究中已经出现了利益相关者理论的萌芽，体现在他认为企业除了对股东负有义务之外，还有着更为广泛的义务。Post（1978，1981）则从战略的角度出发，提出企业社会责任是企业未来能够成功应对不断发展变化的社会、经济和政治环境，以及其他不确定性的一项必备的企业战略。他还认为企业与社会之间会相互影响和渗透，且这种影响和渗透的程度会决定企业对于利益相关者做出回应的必要程度。由此可见，利益相关者理论的出现极大地推动了企业社会责任理论的发展。已有研究发现，企业通过履行社会责任能够有助于获得利益相关者的支持并进而取得各种资源，这会帮助企业提升竞争优势且带来企业价值创造（Jensen，2002；高汉祥，2012）。

从企业社会责任具体包含的内容来看，接受最为广泛的是 Carroll（1979）的观点，他认为企业社会责任是在一定的时代背景和条件下，对企业在经济、法律、道德和慈善等方面的愿景，并进一步提出企业所承担社会责任首先在经济层面的责任，其次分别是社会、道德和慈善方面的责任。从利益相关者的角度来看，企业的社会责任就是对各类利益相关者的责任。因此，各类利益相关者对企业的期望和要求也理应是企业社会责任的具体内容（冯臻，2010）。针对如何履行企业社会责任的问题，企业也愈发意识到利益相关者的认可和支持对于企业发展的重要性，故而企业应该努力维护与保障各类利益相关者的合理权益（Freeman，1984），并及时对各类利益相关者的需求做出反应，否则，就会对企业的存续和发展带来不利影响（Donaldson & Dunfee，1995）。环境是企业社会责任的重要组成部分（Huang & Watson，2015），对于广大利益相关者的环境诉求，企业必须积极回应并采取实际行动进行环境污染治理，这样才能实现企业的可持续发展。

2.1.7　信号传递理论

从本质上来说，信息是收敛反映行为和事物的一种信号（沈弋 等，2014），而且是影响决策的重要因素。由于信息的搜集会花费成本，市场经济活动中的双方或多方所拥有的信息往往不平衡，导致了信息不对称情况的出现。例如，企业内部管理者与外部投资者之间，生产者与消费者之间，企业与竞争对手之间，监管部门与被监管企业之间都存在着信息不对称。而其中拥有较多信息的一方往往处于有利地位，这样的信息不对称会造成"逆向选择"问题（Akerlof，1970）。信号传递（signaling）则被视为解决信息不对称问题的有效途径（范培华和吴昀桥，2016）。具体来说，信号传递是指具有信息优势的一方，即拥有私人信息的一方，通过可观察的行为来向信息劣势方发送或传递关于商品价值或质量、企业发展前景或业绩、个人能力等方面的信息，从而规避逆向选择的发生。

信号传递理论（signaling theory）最早可以追溯到 Spence（1973）在其著作 *Job Market Signaling* 中研究的就业市场上的信号传递。由于企业在招聘时与应聘者之间存在信息不对称，无法有效判断应聘者的实际工作能力，就有可能导致不公平的薪资待遇。因此，Spence 在构建信号传递模型（Signaling model）时将应聘者教育水平的呈现视为一种"信号传递"的手段，研究了这个信号在就业市场上的作用，并深入分析了具有信息优势的应聘者是如何在市场上通过"信号传递"来将信息可信地传递给处于信息劣势的招聘方，从而实现工作能力较强的应聘者与工作能力较差的应聘者之间的有效区分，避免招聘过程中出现不公平的薪资待遇。Spence 提出的这个就业市场信号传递模型也成为信号传递理论中最经典的模型，并推动了信息经济学的进一步发展。用信号传递理论来分析企业的环境行为，即将企业的污染防治措施和效果视为其私有信息，企业通过将这些环境行为信息进行较多的披露，可以对外传达出积极开展环境管理的信号，由此与其他不披露或较少披露环境信息的企业区别开来，这也有助于企业价值评估的提升（Al‑Tuwaijri et al.，2004；Clarkson et al.，2008；Dawkins & Fraas，2011）。

2.1.8 印象管理理论

印象管理（impression management）的概念最初起源于社会心理学领域，又称为自我呈现（self presentation），由 Erving Goffman 在其著作 *The Presentation of Self in Everyday Life* 中首次提出，该著作最初于 1956 年在苏格兰出版，后于 1959 年在美国出版（Goffman, 1959）。印象管理指的是个人在进行人际交往互动时，会通过语言信息或非语言信息等不同的呈现形式来操纵、控制或引导自己在别人心目中留下好印象或有利归因的过程。自 1980 年以来，印象管理逐渐受到了学术界的广泛关注，并被引入了不同的学科领域开展研究。就企业层面而言，印象管理主要是指企业及其高管、董事等操纵、控制或影响他人对企业印象的过程（金婧, 2018）。当企业的实际状况与其希望向外界树立的形象存在差距时，企业就会产生印象管理的动机（Leary & Kowalski, 1990）。所以，企业印象管理的目标人群包括任何会对企业产生直接或间接影响的广大利益相关者。已有关于企业印象管理的文献针对不同的目标对象展开，包括股东（Carberry & King, 2012; Clapham & Schwenk, 2010; Graffin et al., 2011; Melloni et al., 2016）、消费者（Conlon & Murray, 1996; McDonnell & King, 2013）、投资者（Chen et al., 2009; Nagy et al., 2012）、分析师（Busenbark et al., 2017; Westphal & Graebner, 2010）、媒体（Delmas et al., 2010; Zavyalova et al., 2012），以及更广泛的利益相关者（Boiral, 2016; Stevens et al., 2005）。

在关于企业印象管理的研究中，人们发现企业会采用多种策略和途径来进行印象管理，包括进行利己归因，即将较差的表现归因于外部环境因素而把好的成绩归因于内部因素（Bettman & Weitz, 1983; Carpenter & Golden, 1997）；在进行表达时加强感情色彩或者使用多种修辞手法来影响他人的感知（Patelli & Pedrini, 2014）；通过第三方来证实自己的能力（Desai, 2011）；积极承担社会责任（黄艺翔和姚铮, 2016; Wickert et al., 2016）；发布战略噪声，即在关键事件的前后发布其他无关消息（Graffin et al., 2011; Graffin et al., 2016）；为负面事件进行辩解或提供解释（杨洁和郭立宏, 2017; Garrett et al., 1989），或者积极为负面事件提供解决方案（Kim et al., 2004; Risen & Thomas, 2007）等。在环境污染问题日益严重和环境监管愈发严格的背景下，企业的环境行为逐渐成为监管部门和社会公众关注的焦点，这让企业产生了建立绿色企业形象的需求。为了建立这样的环境友好形象，企业就必须通过某种方式传达出相关的信息，因此，环境信息披露就成为企业实施印象管理的一种有效途径。

2.2　文献综述

2.2.1　绿色投资

（1）绿色投资的内涵与外延界定

关于绿色投资的概念目前学界尚无统一界定标准。从宏观经济学的角度，Eyraud 等人（2013）认为绿色投资是指为减少温室气体和大气污染物排放所必需的投资，并且不会显著减少非能源产品的生产和消耗。他们分析了过去十年间 35 个发达国家及发展中国家的绿色投资趋势及其影响因素，发现绿色投资的快速增长主要是由中国所驱动的。在微观企业行为领域，绿色投资总是与绿色管理和企业环境保护主义等相关（Murillo-Luna et al., 2008），其本质是企业为了对环境产生友好影响的支出（Doval & Negulescu, 2014），可以被视为一种特殊的企业社会责任活动（Martin & Moser, 2016），并兼顾社会、经济和环境三重绩效（董正信 等，2016）。王瑾（2017）认为企业的绿色投资是为了促进环境治理而进行的研发投资以及对那些有利于环境保护的服务所进行的投资。王娜等（2017）将绿色投资界定为以可持续发展理念为指导、环境资源保护为核心、三重盈余为原则，从而实现经济、社会、环境可持续发展的一种新型投资模式。而对于证券投资基金而言，中国证券投资基金业协会在2018 年 7 月发布的《绿色投资指引（试行）》征求意见稿中，针对公募和私募证券投资基金的证券投资业务，界定了绿色投资的定义，即绿色投资是指以促进企业环境绩效、发展绿色产业和减少环境风险为目标，采用系统性绿色投资策略，对能够产生环境效益、降低环境成本与风险或直接从事环保产业的企业或项目进行投资的行为[①]。

就企业绿色投资概念的内涵与外延而言，在不同的研究中也存在着差异。孟耀（2006）认为环境保护投资、环境产业投资、发展循环经济的投资，及以承担企业社会责任为目的的社会责任投资都属于绿色投资。Ateş 等（2012）将绿色投资视为涉及环境设计、生产和物流领域的企业内部投资与外部投资的结合。Voica 等（2015）认为绿色投资包括企业在气候变化、可再生能源和清洁技术等领域所进行的气候适应性或低碳投资。孟耀和张启阳（2005）提出

---

① 中国证券投资基金业协会. 绿色投资指引（试行）征求意见稿 [EB/OL]. http：//www. amac. org. cn/xhdt/zxdt/393245. shtml, 2018-07-13

绿色投资的范畴与计量口径相关。从小口径，即微观企业层面来看，绿色投资主要是用于治理环境污染的投入，包括对减少污染排放的设备的投资以及相关的费用支出；从中口径，即中观层面来看，绿色投资就是在小口径所包含的内容上再纳入对资源开发及资源节约的投资；从大口径，即宏观层面来看，绿色投资则包括所有能够提高"绿色GDP"的投资。陈志国等（2014）则从狭义和广义两方面界定绿色投资，认为狭义的绿色投资指低碳和环境保护方面的投资，而广义的绿色投资则是基于可持续发展理念所建立的一种兼顾环境、经济和社会因素的投资制度安排。

随着全球经济增长的绿色转型和企业实现可持续发展的商业模式转变，绿色投资的内涵与外延也应该相应变得丰富，涵盖更广泛的内容，既应包含传统环保投资针对污染物排放处理的相关项目，也要囊括企业为改进清洁生产技术、节约资源、降低能耗、使用可再生能源、清洁能源和高效新材料等所进行的投资，以及企业对绿色科技和高效节能技术的研发投入等，是企业为实现绿色发展所付出的所有努力的财务具体化。

（2）企业绿色投资的相关研究

以往文献中关于绿色投资的研究内容主要涉及绿色投资的趋势、范式和结构（唐国平和李龙会，2013b；Eyraud et al.，2013；Karásek & Pavlica，2016），绿色投资行为或策略的影响因素（毕茜和于连超，2016；胡珺 等，2017；唐国平和李龙会，2013a；唐国平 等，2013；张济建 等，2016；Bahn et al.，2012；Costa-Campi et al.，2017；Eyraud et al.，2013；Maggioni & Santangelo，2017；Schaltenbrand et al.，2016），以及投资者对企业绿色投资的反应（Martin & Moser，2016）等。绿色投资的实施大多数是通过建设一个个具体项目，而这些项目基本都在企业展开，故企业是绿色投资的主体和基本单元（董正信 等，2016）。但是，鲜有研究讨论企业绿色投资的一个重要直接经济后果——在多大程度上有效减少了企业污染物排放，即企业绿色投资效率问题。

2.2.2 绿色投资效率

（1）绿色投资效率的概念

由于已有研究多数集中于探究绿色投资而非绿色投资效率，故现有文献中直接研究绿色投资效率的并不常见，也尚未发现统一且明确的企业绿色投资效率概念。相关研究中涉及一些较为相近的概念，包括环保投资效率，即企业的环保投资所带来的产出与环保资金投入的比值（颉茂华 等，2010；乔永波，

2014；唐国平和李龙会，2017；张亚斌 等，2014；朱浩 等，2014）；环保投资效益，即企业的环保投资能够带来的环境效益、社会效益和经济效益（袁明和周明山，2007；张红军 等，1995）；环境效率，即对企业的潜在污染排放和实际污染排放的测度（沈能，2012；王兵 等，2010；Chang et al.，2013；Jiang et al.，2016；Li et al.，2013；Song & Zhou，2016）；生态效率，意指生态资源的投入在满足人类需求方面的效率（Burnett & Hansen，2008；Figge & Hahn，2013；Hua et al.，2007；Yu et al.，2018）等。

（2）绿色投资效率的相关研究

已有关于绿色投资效率的相关研究多集中于利用宏观或中观层面的数据作为研究样本；在研究方法上主要包括构建相关指数（Höh et al.，2002；袁明，2004）、建立评价指标体系（乔永波，2014，2015；唐国平和李龙会，2017；张红军 等，1995）、数据包络分析方法（颜伟和唐德善，2007；王娜 等，2017；张亚斌 等，2014；Chang et al.，2013；Kim et al.，2015；Li et al.，2013；Wang et al.，2014），以及构建计量模型（Cortazar et al.，1998；颉茂华 等，2010；孙冬煜，2002；Burnett & Hansen，2008）等。在具体直接涉及绿色投资效率的研究中，Kim 等（2015）使用数据包络分析对韩国政府在新能源和可再生能源领域的绿色投资效率进行了研究，发现战略选择和重点绿色投资有助于以更少的资源和预算实现政策目标。王娜 等（2017）使用三阶段数据包络分析对我国各省份的绿色投资效率进行了测算，发现省级层面的绿色投资效率整体呈现上升趋势，但还未达到有效水平，且主要是源于低下的规模效率。除此之外，还有研究对行业层面的绿色全要素生产率（李斌 等，2013；李玲和陶锋，2011，2012）、区域层面的环境全要素生产率（王兵 等，2010），以及企业层面的绿色技术效率（何枫 等，2015）进行了分析。由此可见，直接针对微观企业层级绿色投资效率的研究还比较缺乏。

2.2.3 地方政府环境规制执行

大多数国家采用分权的方式来进行监管，但地方政府在进行政策的制定或执行时通常会表现出策略性行为（Besley & Case，1995；Brueckner & Saavedra，2001；Case et al.，1993；Fredriksson & Millimet，2002），这种行为特征在地方政府的环境规制执行上也同样存在（李永友和沈坤荣，2008）。政府的环境规制是企业环境行为的决定因素（吉利和苏朦，2016；Delmas & Toffel，2004；Henriques & Sadorsky，1996；Porter & van der Linde，1995；Wang et al.，2018；

Zhao et al.，2015），已有文献基于不同的研究期间和研究样本对地方政府如何执行环境规制得出了三种不同的结论。其一，地方政府为了避免"邻避效应"（即当地居民或单位对污染严重的建设项目进行强烈的集体反对甚至抗议）的出现，会提升环境规制的执行力度、更加偏好环境友好要素，呈现出环境规制竞相向上（Race to the Top）的执行水平（Fredriksson & Millimet，2002；Vogel，1996）；其二，地方政府出于对流动性要素的竞争，在环境规制的执行上表现出了逐底竞赛（Race to the Bottom），即不断降低对环境规制的执行力度（Woods，2006）；其三，不同地区在经济发展状况、自然条件、环境资源等方面都存在差异，这使地方政府在执行环境规制时具有异质性，即可能出现竞相向上，也可能表现为逐底竞赛（Konisky，2007）。

在我国的环境规制权限分配框架下，中央政府主要负责制定环境政策，并在环境信息披露和监管方面发挥重要作用，地方政府则主要负责具体环境规制政策的实施并在执行层面上有较大的自由裁量权（Zheng，2007；金刚和沈坤荣，2018；Zhang et al.，2018）。从我国的实际情况来看，在过去很长一段时间内，这种环境监管的权力下放却没有带来真正的环境质量改善（Lo et al.，2006；Wang et al.，2003）。包群等（2013）考察了自1990年以来我国各省份地方人大通过的84件环保立法的实际监管效果，发现仅仅只有环保立法并不能有效抑制当地的污染排放，其关键取决于地方政府环境规制的执行力度。但是，我国各个地方政府在执行环境规制时更多地表现出逐底竞赛的现象（李胜兰 等，2014），造成环境规制的执行不彻底，环境污染问题未能得到有效控制（张华，2016）。究其深层的原因，主要是地方政府在发展经济和保护环境之间的权衡以及监督职能的缺位降低了环境规制的执行效果（И. А. 什米廖娃和王冠军，2011；胡珺 等，2017）。一方面，我国长期以来对地方政府官员的考察主要依赖于其管辖区域的经济业绩，存在以经济指标为基础的"政治晋升锦标赛"，因此，地方官员倾向于以牺牲环境为代价来优先考虑经济增长（Chang & Wu，2014；Cull et al.，2017；Jia，2017）；另一方面，地方政府主要依靠其地方财政收入来发展地方经济（Lin & Liu，2000），故出于增加当地财政收入、稳定地方就业等动机，地方政府会对一些营利性企业的环境污染行为提供庇护（Morduch & Sicular，2010；Shi & Zhang，2006），并且对存在政治关联的企业也施行的是环境"软约束"（方颖和郭俊杰，2018）。但是，随着近年来我国对地方领导干部政绩考核的不断改进，过去"唯GDP"的评价倾向已经被彻底摒弃，而环保考核所占的比重却在持续上升①。与此同时，生态环境损害责任终身追究制的建立、环保部门的环保约谈以及中央环境保护督察等新政的施行都对地方政府环境规制的执行情况带来了改变。从总体上看，地方政府之间对于环境规制的执行力度开始从逐底竞赛转变为竞相向上（张文彬 等，2010）。而已有文献中针对地方政府环境规制执行的变化是否能推动企业采取积极行为来提升环境绩效的直接效应分析并不多（龙文滨 等，2018）。鉴于此，本书通过研究地方政府环境规制执行对企业绿色投资效率的影响，将能够提供这种直接效应的分析证据。

2.2.4 印象管理与企业环境信息披露

伴随着大数据时代的到来，企业愈发重视对企业形象的塑造与维护，时常通过强调正面好消息、抑制负面坏消息的方式来进行印象管理（McDonnell & King，2013；Pan et al.，2018；Ravasi & Schultz，2006；Zavyalova et al.，2012；黄静 等，2010）。这使得企业信息披露也成为企业进行印象管理的一种途径，且往往显得更为隐蔽而不易被察觉（孙蔓莉，2004；赵敏，2007）。面对现阶段公众愈发强烈的环保诉求和政府愈发严格的环境监管，企业披露的环境信息已经逐渐成为投资者决策信息集的一部分（崔恺媛，2017），并会影响投资者的行为与态度。但是，企业披露的包括环境信息在内的企业社会责任信息的主要目的是影响公众对企业的感知、提升企业形象并建立良好的企业声誉（Deegan et al.，2000；Guthrie & Parker，1990；Hooghiemstra，2000；吉利，2016），其中可能也存在着大量的印象管理行为。

近年来，环境污染问题被持续高度关注，环境信息披露作为管理投资者印象的一种直接渠道，能够调解环境绩效不佳对企业环境声誉造成的负面影响（Cho et al.，2012）。并且，在具体的印象管理方式上，比较清晰、透明的企业社会责任信息和环境信息披露也会让投资者对企业的社会责任履行产生好印象，从而对企业的价值做出更高的评价，提升对企业进行投资的可能性（孙岩，2012）。所以，当企业的环境绩效较差时，这些企业的环境信息披露水平相反越高（Clarkson et al.，2011；Rockness，1985；沈洪涛 等，2014），而这种提升环境信息透明度的印象管理方式也不容易被信息使用者察觉。已有文献

---

① 中央近年来陆续印发了《关于改进地方党政领导班子和领导干部政绩考核工作的通知》《生态文明建设目标评价考核办法》《绿色发展指标体系》和《生态文明建设考核目标体系》等。

中，直接检验企业的环境信息披露中是否存在印象管理的实证研究还比较匮乏。而企业绿色投资效率可以衡量出企业的真实污染防治效果，我们通过检验其与环境信息披露水平之间的关系，可以考察企业是否通过环境信息披露进行印象管理。

2.2.5 文献述评

环境污染的治理需要将负外部性影响进行内部化，而绿色投资就是这个过程中不可或缺的重要环节。很多学者对企业进行绿色投资的动因展开了研究，不论是出于环境监管合规的要求，还是迫于广大利益相关者给予的压力，抑或企业想要主动承担社会责任，进行绿色投资的企业已经越来越多。由于企业的资源具有异质性，对于投入企业绿色管理中的资源是否以及如何进行整合与配置，将会直接影响企业环境污染治理的有效性。但是，鲜有研究对企业进行绿色投资以后的具体效果进行讨论。换言之，绿色投资的一个重要直接经济后果——绿色投资效率被忽略了。在以往的研究中，主要关注的是绿色投资而非绿色投资效率，且受限于企业环境数据的可获得性，已有关于绿色投资效率的研究也多集中于宏观层面或中观层面。可见，对于微观企业层面的绿色投资效率的研究还比较匮乏。

已有大多数文献一致认为政府监管是企业环境行为的决定性因素，而企业绿色投资效率作为企业环境实践效果的一种反馈，势必会受到政府环境规制的影响。长期以来，我国中央政府的环保目标与地方政府的经济发展目标之间时常发生冲突，造成了一些国家级的环境规制难以在地方得到彻底的执行的现象。但是，在我国进入绿色发展新时期之后，在对地方政府官员的政绩考核中开始不断提升环保因素所占的比例，并且实施了环境保护"党政同责、一岗双责"、建立"生态环境损害责任终身追究制"等举措后，这些改革措施使得地方政府对于环境规制的执行情况也发生了变化。由于我国各地区所处的发展阶段和改革进程存在差异，地方政府在环境规制的执行力度上也具有异质性，这会对企业绿色投资效率产生不同的影响。然而，已有研究集中探讨的是政府环境规制对企业在污染治理投资环节的影响，缺乏针对地方政府环境规制的执行效果如何直接影响企业对于绿色管理中投入的各类资源的利用效率的深入分析。

在环境污染问题日益严重和环境监管愈发严格的背景下，企业的环境行为逐渐成为监管部门和社会公众关注的焦点，让企业进一步产生了建立绿色企业形象的需求。为了建立这样的企业形象，企业就必须通过某种方式传达出相关的信息，因此，环境信息披露就成为企业进行印象管理的一种直接途径，且往往显得更为隐蔽而不易被察觉。企业绿色投资效率作为企业污染防治效果的一种真实体现，又是否能被客观公允地反映到企业的环境信息披露中呢？已有关于企业层面印象管理的实证研究主要集中于财务信息披露方面，较少关注企业的非财务信息披露印象管理。

　　鉴于此，本书将以"效率"为切入视角，试图回答以下三个方面的研究问题：第一，企业的绿色投资是否真的有效提升了企业的环境绩效，以及如何度量企业层面的绿色投资效率呢？第二，在政府环境监管日益严格的制度背景下，地方政府环境规制的执行力度是如何影响企业绿色投资效率的呢？第三，企业绿色投资效率作为企业绿色管理与污染防治效果的一种真实反馈，是否能被客观公允地反映到企业的环境信息披露中呢？

3 制度背景与理论分析

本章首先系统梳理了我国环境政策与环保监管体系的演进过程及不同时期的特点；在充分了解制度背景的前提下，结合理论与实际对企业绿色投资的内涵与外延进行了清晰的界定，并将其划分为预防型绿色投资和治理型绿色投资，进而根据投入产出原理和资源配置有效性定义了企业绿色投资效率的具体概念。此外，本章还回顾了我国绿色投资的发展进程且在此基础上分析了其中存在的问题；进一步，详细介绍了企业绿色投资效率度量的理论与方法，并分别基于环境规制执行的视角和环境信息披露的视角对企业绿色投资效率的影响因素和印象管理进行了理论分析。

3.1 我国环境政策与环保监管体系的演进

3.1.1 改革开放前至 20 世纪 80 年代

随着全球工业化进程的逐渐加快，在 20 世纪中后期，一些发达国家开始爆发严重的环境污染问题，包括气候异常、大气污染、水污染、土壤污染、光化学污染等，对居民的健康产生了危害，对人类的生存和发展造成了严重的威胁，引起了全球范围内的高度关注。我国在改革开放之前实行的是赶超发展的经济战略，将尽快实现工业化作为主要发展目标并优先发展重工业，对环境政策的执行力非常弱。但是，我国恢复了联合国席位后，受到世界环境保护思潮的影响，对日益严重的生态环境问题也开始重视起来。1972 年，在斯德哥尔摩举行了联合国人类环境大会，这是全球范围内首次围绕环境保护召开的国际会议，来自 113 个国家的政府代表以及联合国机构、国际组织代表等就全球环境污染问题、环保战略等议题进行了广泛的研讨，制定并通过了《联合国人类环境会议宣言》，呼吁世界各国政府和人民能够以实际行动保护并改善人类环境。我国也派出了代表团参加此次会议，此次参会也被视为新中国环境保护事业的新起点（张晓，1999）。1973 年，我国召开了第一次全国环境保护会议，将环境保护工作的基本方针确立为"全面规划、合理布局、综合利用、化害为利、依靠群众、大家动手、保护环境、造福人民"，该项方针也写入了1979 年颁布的《中华人民共和国环境保护法（试行）》。1974 年，我国正式成立了国务院环境保护领导小组，这可以被视为中国当代环保事业的第一个环保机构（张坤民，2010），负责统一管理全国范围内的环境保护工作。1978年，环境保护被首次正式写入《中华人民共和国宪法》，规定"国家保护环境和自然资源，防治污染和其他公害"，这为推动我国环保事业的发展和环境监管体系的完善奠定了坚实的基础。1983 年，改革开放进入第五年，国务院召开第二次全国环境保护会议，将环境保护确立为我国的一项基本国策，并指出应该围绕"三同步、三统一"的基本战略方针，将环境建设与经济建设、城乡建设进行同步规划、同步实施和同步发展，以实现环境效益、经济效益与社会效益的协调统一。此后，我国在环境监管方面也逐步形成了三个主要原则：①预防为主原则，强调环境问题要从源头上进行解决，"预防为主、防治结合"，以降低环境污染的治理成本；②明确责任原则，即"谁污染，谁治理"，通过清晰界定环境保护的责任来引导污染主体采取实际行动降低污染，并明确指出地方政府要对所辖区域内的环境质量负责；③强化环境监管原则，这是指在当时的国情下应该重点关注相关的环境政策安排并将强化环境监管作为重点（张友国 等，2016）。在这三大原则的引导下，我国也逐步形成了一系列环境政策，具体包括：实行建设项目环境影响评价制度、开展城市环境综合整治、实行"三同时"制度①、实施污染物排放许可证制度并征收排污费、进行企业环保考核、实施绿色标志制度、建立全国性环境保护管理网络等（张晓，1999；张友国 等，2016）。

可以看到，在这个时期，我国已经确立了环境保护政策的基本地位，制定了环境保护工作的基本方针和战略，明确了环境监管的原则，基本构建起较为全面的环境政策框架体系和顶层设计。不过，该阶段的环境政策大部分是拥有强制约束力和政府干预的环境政策工具并主要运用命令控制型手段，被监管的主体对象要无条件遵守；对于具有引导性的经济手段则使用不足，也未能发挥出民间力量或其他环境公益组织的作用，且未能运用市场机制来进行环境监

---

① "三同时"制度是指建设项目（包括所有新建项目以及改扩建项目）中的污染防治设施必须与主体工程同时设计、同时施工、同时投入使用。

管。除此之外，受地方官员"GDP 考核"以及保障地方经济发展的影响，地方政府在很多环境政策的执行力度上严重不足（И. А. 什米廖娃和王冠军，2011；张友国 等，2016）。

3.1.2　20 世纪 90 年代至 21 世纪初期

至 20 世纪 90 年代，我国加快城镇化、工业化等的进程，带来了经济的快速增长。但是，在此期间，严重的环境污染问题也日益凸显。因此，我国陆续发布了许多关于环境保护的法律法规以及相关的制度或规范性文件，并且在 1992 年发布的《中国环境与发展十大对策》中明确提出了要实施可持续发展战略，这不仅响应了世界环境与发展委员会（WCED）在 1987 年发表的报告《我们共同的未来》中提出的"可持续发展"理念①，更标志着我国环境政策的制定开始注重与经济发展战略进行结合。1994 年 3 月，国务院审议通过了《中国 21 世纪议程》，主要内容包括四大部分，分别是可持续发展总体战略与政策、社会可持续发展、经济可持续发展、资源的合理利用与环境保护。这些丰富的内容也成为我国具体施行可持续发展战略的全面指南（张友国 等，2016）。1996 年，全国人大审议通过了《国民经济和社会发展"九五"计划和2010 年远景目标纲要》，这是针对 1996 至 2010 年的中长期发展计划，其中实施可持续发展战略被确立为重大的国家发展战略之一，同时也指出要继续建立健全我国环境保护的法规体制和管理体系、执行污染物排放总量控制等，争取能够基本控制环境污染和生态恶化的趋势。此外，我国还制定了这十五年期间的环境工程规划，即《中国跨世纪绿色工程规划》，通过有效联合各相关部门、各地方政府和企业，针对一些重点地区、重点流域和重大环境问题，集中财力和物力开展系列工程，以局部带动全局，切实改善部分城市和地区的环境质量。

2005 年 12 月，国务院结合愈发严峻的环境形势，出台了《国务院关于落实科学发展观加强环境保护的决定》，强调环境保护是落实科学发展观的关键内容，必须把环境保护置于更加重要的战略位置上，在发展中去解决环境问题；同时，也指出应该继续完善环境立法，使之能够更加符合我国的发展需

---

① 《我们共同的未来》是世界环境与发展委员会于 1987 年发布的关于人类未来的报告，明确指出地球的资源和能源等是远远无法满足人类发展需求的，我们必须探索出一种新的发展模式，将环境保护与人类发展相结合，为未来人类的幸福和进步做出改变，并在此基础上系统阐述了"可持续发展"的思想，将其定义为"既能满足当代人的需要，又不对后代人满足其需要的能力构成危害的发展"。

求，还应大力发展循环经济，结合运用市场机制逐步推进污染治理、积极完善相关的配套措施，也要重点关注一些地方重 GDP 增长而轻环境保护的现象，并解决企业在环境污染方面呈现出的违法成本低而守法成本却比较高等问题（张坤民，2010；И. А. 什米廖娃和王冠军，2011）。除此之外，该决定还明确了我国的阶段性环境目标，明确指出到 2010 年，要能够基本遏制生态环境的恶化趋势，到 2020 年，要实现环境质量和生态状况的明显改善。

至 21 世纪初期，我国具体的环境法治建设已经得到了进一步加强并进行了许多合理的转变，包括污染防治从"末端治理"向全过程控制的转变、从分散治理向分散与集中治理相结合的转变、从只强调排污浓度控制向排污浓度控制与排污总量控制相结合的转变、从点源治理向区域综合治理的转变等。与此同时，我国也开始推行清洁生产、发展生态工业园区、调整产业结构等（张友国 等，2016）。

3.1.3 绿色发展新时期

我国经济在 1992—2012 年经历了高速增长，取得了举世瞩目的成就，但与此同时却伴随着多种环境问题的困扰，例如雾霾蔓延、松花江污染、矿井溃坝、土壤污染等（刘瀚斌，2018），生态环境承载力已经达到或者接近上限，通过透支资源、生态和环境红利获得经济增长的传统粗放式发展模式已经难以为继，我国亟须寻求绿色转型的新路径，突破和解决经济新常态下环境保护与经济增长之间的困局（俞海 等，2015）。2012 年 11 月，党的十八大站在新的历史起点，深刻指出我国现阶段面临环境污染严重、资源约束趋紧、生态系统退化的严峻形势，强调大力推进生态文明建设已经迫在眉睫，并首次提出"努力建设美丽中国"的目标。党的十八届五中全会提出了"创新、协调、绿色、开放、共享"新发展理念，明确指出"必须坚持绿色发展，坚持节约资源和保护环境的基本国策"。此外，2017 年国务院的《政府工作报告》指出，绿色发展将成为驱动我国经济转型发展、金融体制改革和区域协调发展等战略目标的重要力量。由此可见，我国自党的十八大以来已经进入了绿色发展的新时期。在这个新阶段，环境污染治理已是刻不容缓，我国必须推进绿色发展取得新突破，下决心走出一条经济发展与环境改善双赢之路。否则，纵有"金山银山"也换不回"绿水青山"。

（1）生态文明建设与经济建设的融合

继工业文明后，生态文明逐渐出现并成为一个崭新的文明发展阶段。生态文明的核心思想是，人类社会要想维持可持续发展必须实现人与自然的和谐共处（孙文营，2013）。将生态文明建设作为经济建设的内在要求或约束，能够有助于尽快实现经济增长方式的绿色转型，这也是绿色发展的实质所在（张友国 等，2016）。党的十八大报告特别指出要将生态文明建设放在关键位置，并将其融入我国经济建设、政治建设、文化建设以及社会建设的全过程中。由此，生态文明建设就成为中国特色社会主义建设"五位一体"总布局的一个重要方面，也是"关系人民福祉、关乎民族未来的长远大计"。2015 年 5 月，国务院发布了《关于加快推进生态文明建设的意见》，这被视为指导我国全面开展生态文明建设的顶层设计文件，而其中首度提出的"绿色化"概念也给生态文明建设赋予了新的内涵（何劭玥，2017）。由于生态文明建设是一个庞大且复杂的系统工程，涉及多个领域，2015 年 9 月，国务院又发布了《生态文明体制改革总体方案》，全面阐述了我国生态文明体制改革的总体要求、原则以及理念，作为指导各领域开展生态文明体制改革的纲领性文件。2015 年 10 月，党的十八届五中全会审议通过了《中共中央关于制定国民经济和社会发展第十三个五年规划的建议》，将生态文明建设首次纳入国家五年规划，并提出了包括"绿色"在内的新发展理念，同时，还在社会经济发展评价体系中纳入了"绿色 GDP"。可以说，绿色发展不仅升华为党和国家的意志，也正式成为党和国家在新时期的治国方略与执政理念（乔清举和马啸东，2019；宋献中和胡珺，2018）。2017 年 10 月，习近平总书记在党的十九大报告中强调，"建设生态文明是中华民族永续发展的千年大计"。在全面建成小康社会的基础上，我们更要把奋斗目标设定为建成富强、民主、文明、和谐、美丽的社会主义现代化强国。将"美丽"作为现代化强国建设目标之一，不仅是对生态文明建设的重大理论创新，更体现出了我国经济发展观的深刻变革（宋献中和胡珺，2018）。

（2）环保政策监管体系重构

党的十九大报告提出，要建立健全绿色低碳循环发展的经济体系。这就要求必须切实推进环境治理工作和生态文明建设。《中共中央关于全面推进依法治国若干重大问题的决定》中明确指出："用严格的法律制度保护生态环境。"因此，完善环境政策、法规并合理改进监管方式和监管体系显得尤为重要，这也是将环境治理纳入依法治理并在经济社会中发挥约束作用的重要步骤。习近平总书记也强调，只有实行最严密的法治才能为我国的生态文明建设提供可靠的司法保障（何劭玥，2017；刘磊，2018）。随着我国对生态治理的重视程度不断提高并将其作为政府的核心职能之一，如何进行环境制度的顶层设计并与不同的领域和部门进行协调也成为政府特别关注的问题。对此，习近平总书记指出应该以系统全局观与生态政绩观来进行制度规划（刘磊，2018）。近年来，在公众环保呼声日益高涨的压力下，我国颁布了新的《环境保护法》并密集出台了多项环保政策、法律法规，以及各类规划和行动方案等，对环保政策监管体系进行了"三位一体"的重构（本节对此进行了详细的梳理，如表3-1所示），并不断加大监管执法力度。

从表3-1可以清晰地看到，我国环保政策监管体系的"三位一体"重构包括顶层政策、配套政策和执行措施，已经呈现出法治化、体系化、精细化的特征，不仅包含了完整的环保法律法规，及各个领域健全的配套政策与制度，还提供了许多可行性高、便于操作的方案与措施来保障政策得到充分的执行。这些环保工作的"质变"对于缓解我国当前面对的资源环境压力、改善生态环境质量也开始逐渐发挥作用，有助于在未来实现环境保护与经济发展的相互融合与平衡。

表 3-1　党的十八大以来我国重大环保相关政策

类型	时间	名称
顶层政策	2015 年 1 月 1 日起施行	《中华人民共和国环境保护法》
	2015 年 5 月	国务院印发《关于加快推进生态文明建设的意见》
	2016 年 11 月	《"十三五"生态环境保护规划》
	2016 年 11 月	《国务院关于印发"十三五"国家战略性新兴产业发展规划的通知》
	2017 年 4 月	印发《国家环境保护标准"十三五"发展规划》
配套政策	2013 年 12 月	中央组织部印发《关于改进地方党政领导班子和领导干部政绩考核工作的通知》，将环保因素纳入政绩考核、加强对政绩的综合分析
	2015 年 9 月	中共中央政治局审议通过《生态文明体制改革总体方案》，明确提出建立生态环境损害责任终身追究制
	2016 年 1 月 1 日起施行	修订后的《中华人民共和国大气污染防治法》
	2016 年 12 月	印发《"十三五"全国城镇污水处理及再生利用设施建设规划》
	2017 年 1 月	印发《环境保护行政执法与刑事司法衔接工作办法》
	2018 年 1 月	生态环境部发布《排污许可管理办法（试行）》
	2018 年 1 月 1 日起施行	《中华人民共和国环境保护税法》
	2018 年 1 月 1 日起施行	《中华人民共和国水污染防治法》
	2019 年 1 月 1 日起施行	《中华人民共和国土壤污染防治法》

表3-1(续)

类型	时间	名称
执行措施	2016 年 1 月	由环保部牵头，中纪委、中组部相关领导参与的中央环保督察组成立，于 2016 至 2017 年完成对全国范围内环保督察全覆盖
	2016 年 12 月	中共中央办公厅和国务院办公厅印发《生态文明建设目标评价考核办法》，明确指出生态文明建设目标的评价考核结果将会纳入领导干部综合考核评价，并作为领导干部奖惩任免的重要依据
	2016 年 12 月	《关于全面推行河长制的意见》
	2016 年 12 月	中国证监会发布《公开发行证券的公司信息披露内容与格式准则第 2 号——年度报告的内容与格式 (2016 年修订)》，要求属于环境保护部门公布的重点排污单位的上市公司必须在其年报中披露详细的污染物排放信息
	2017 年 2 月	中共中央办公厅、国务院办公厅印发《关于划定并严守生态保护红线的若干意见》
	2017 年 2 月	印发《京津冀及周边地区 2017 年大气污染防治工作方案》
	2018 年 2 月	国务院发布《第二次全国污染源普查试点工作方案》

3.2 企业绿色投资及绿色投资效率的界定

3.2.1 企业绿色投资的定义

为量化企业绿色投资效率，我们必须先对企业绿色投资的内涵与外延进行清晰界定。虽然以往文献对于绿色投资的定义并不一致（见 2.2.1 节），但值得注意的是，这些不同定义与概念之间在涉及的领域、商品、技术、服务与流程方面存在大量的交集（Inderst et al.，2012）。因此，本书将企业绿色投资界定为：以提升企业环境绩效、开展绿色管理和减少环境风险为目标，对能够预防和治理环境污染、产生环境效益，以及降低环境成本的设备、技术、材料、能源、服务等进行的内部投资。

3.2.2 企业绿色投资的分类

企业的绿色投资涉及对企业环境管理中不同环节的投资，且这些不同用途的绿色投资给企业带来的影响也不同。例如，胡曲应（2012）研究发现，若企业只开展环境污染末端治理，则不一定能带来财务绩效的提升；但环境预防管理却使企业的环境绩效与财务绩效之间呈现出了显著的正相关关系。因此，按照企业绿色投资的主要功能和用途来分类对于本书后续的研究是十分必要的。具体而言，绿色投资可以被进一步划分为预防型绿色投资和治理型绿色投资两种类型，分别对应事前的主动投资和事后的被动投资（董正信 等，2016；Lundgren & Zhou，2017），这有助于更深入地分析不同功能的绿色投资对于提升企业绿色投资效率的不同作用。所以，根据具体投资项目是否能够影响企业的实际生产过程，本书将企业绿色投资进一步划分为预防型绿色投资和治理型绿色投资。

（1）预防型绿色投资

本书将能够直接影响企业生产过程、旨在预防污染的企业投资项目界定为预防型绿色投资（GPI）。具体涉及的内容包括清洁能源、新材料或节能材料及环境友好型投入要素的使用；清洁生产技术转型与改造；对可再生能源、新能源的投资；对节能降耗技术和绿色技术的研发投入；对促进高效节能和资源再生项目的投入等。

在国泰安（CSMAR）的中国上市公司财务报表附注数据库中，企业预防型绿色投资的数据来源包含所有企业本期新增的在建工程（字段名称：FN_Fn017B05）、新增的研发投入（字段名称：Fn02304）和本期购置增加的固定资产（字段名称：Fn02006）中符合其定义的投资项目。

（2）治理型绿色投资

本书将不直接影响企业的实际生产过程、旨在治理企业已经发生的环境污染的投资项目界定为治理型绿色投资（GTI）。具体涉及的内容包括污染物减排，脱硫除尘，废物利用与再生，环境保护设备的维护等。

在国泰安（CSMAR）的中国上市公司财务报表附注数据库中，企业治理型绿色投资的数据来源包含所有企业本期新增的在建工程（字段名称：FN_Fn017B05）、新增的研发投入（字段名称：Fn02304）和本期购置增加的固定资产（字段名称：Fn02006）、本期管理费用（字段名称：Fn05202）中符合其定义的投资项目。

3.2.3　企业绿色投资效率的界定

效率常常被用来反映投入与产出、成本与收益或输入与输出之间的比值关系（王怡，2017）。绿色投资作为企业的一种特殊的投资，其投资的直接目标是减少企业的环境污染，并且这类投资所取得的环境绩效远高于经济绩效和社会绩效（唐国平和李龙会，2017）。因此，基于经济学中的投入产出原理，并考虑到企业的污染排放是一种越少越好的负向产出，本书将企业绿色投资效率界定为企业的绿色投资与污染物排放量之间的"投入-减少污染产出"对应关系。绿色投资不变而实际排放的污染物越少，或是污染物排放量不变而所需的绿色投资越少，则企业绿色投资效率越高。由此可见，企业绿色投资效率值越高表明企业的绿色投资越能够有效地减少污染物排放。

另外，从资源配置的角度来看，企业绿色投资可以看作其占用的资源，而减少的污染物排放量就是企业利用投入的各种绿色资源所生成的产出，故企业绿色投资效率也就是企业对于投入的绿色资源的利用效率。而数据包络分析方法在处理多投入、多产出的资源配置问题上具有独特的优势，该方法对于效率的测度过程就是在判断决策单元是否充分利用了各种投入资源（王怡，2017）。所以，本书在后续的研究中选取了数据包络分析方法来度量企业绿色投资效率，并且通过与其他测度方法对比之后发现，应用数据包络分析方法来度量和评价本书所界定的企业绿色投资效率是最适宜的，详见本章 3.4 节的相关内容。

3.3 我国绿色投资的进程与现状

本节从国家层面对我国绿色投资的进程与现状进行描述。根据历年《中国统计年鉴》和《中国环境统计年鉴》数据，本节分析的国家层面的绿色投资主要是环境污染治理投资。本节在回顾了我国自 2000 年以来绿色投资的发展趋势之后，对其中存在的问题进行了深入探讨。

3.3.1 我国绿色投资的发展趋势

面对越来越严格的环境监管，从中央到地方各级政府和企业每年都会在环境基础设施建设、工业污染治理以及建设项目环保"三同时"等方面投入大量资金，旨在改善生态环境，推动经济增长的绿色化。从图 3-1 可以看到，我国从 2000 年至 2017 年的环境污染治理投资总额逐年上升，增长了八倍左右。尤其是在党的十八大之后，每年的环境污染治理投资总额都维持在九千亿元以上。从投资的绝对数额而言，我国对环境保护的投资力度逐渐增大，对于环境问题的重视程度也不断提高，确实在探索实现绿色发展的新型经济增长方式。

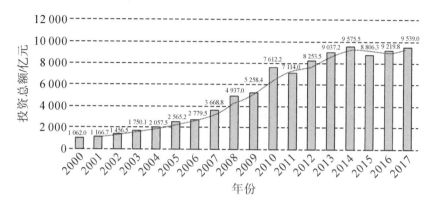

图 3-1　我国 2000—2017 年环境污染治理投资总额

（数据来源：根据历年《中国统计年鉴》和《中国环境统计年鉴》数据手工整理）

3.3.2　我国绿色投资存在的问题

虽然我国的环境污染治理投资总额呈现出逐年增加的发展趋势，但是，从环境污染治理投资总额占国内生产总值的比重来看，2000—2017 年的十七年间，环境污染治理投资总额占 GDP 的比重平均只达到 1.36%左右（如图 3-2 所示）。而根据发达国家治理污染的经验来看，环保投资占其同期 GDP 的 1% 至 1.5%时，只能基本控制环境污染恶化的趋势；若要使环境质量得到明显改善，则环保投资至少需占其同期 GDP 的 2%~3%[①]（艾潇潇和朱勇胜，2017）。从图 3-3 也可进一步看出，发达国家的环保投资占同期 GDP 的比重都在 2%以上，日本甚至在 1975 年就达到了 2.90%。与此相对比，我国自 2000 年以来的环境污染治理投资占同期 GDP 的比重从未超过 2%，是比较低的，总体投资规模一直不足。这也表明我国目前仍处于控制环境污染恶化的阶段，距离可以改善环境状况的投资水平依然有很大差距。

---

① 艾潇潇，朱勇胜.政策推动行业增长，环境改善长路漫漫：环保行业国际发展经验借鉴 [R].上海：兴业经济研究咨询股份有限公司，2017：13.

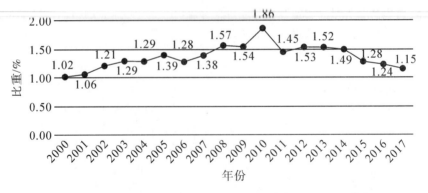

图 3-2 我国 2000—2017 年环境污染治理投资总额占 GDP 的比重

（数据来源：根据历年《中国统计年鉴》和《中国环境统计年鉴》数据手工整理）

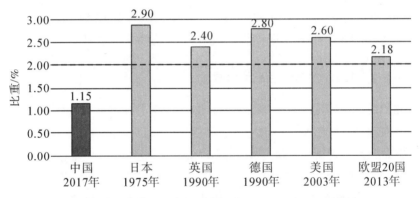

图 3-3 我国环境污染治理投资总额占 GDP 的比重与发达国家对比

（数据来源：《中国统计年鉴》、欧盟统计局、兴业研究）

此外，我国生态环境部公布的 2017 年《中国生态环境状况公报》显示，在全国 338 个地级及以上城市中，2017 年的环境空气质量超标的城市达到 239 个，占比 70.7%；338 个城市在 2017 年发生重度污染共计 2 311 天次、严重污染 802 天次，以 PM2.5 为首要污染物的天数占重度及以上污染天数的 74.2%；全国二氧化碳平均浓度也逐年上升，2016 年的平均浓度为 404.4ppm，较 2005—2016 年的平均水平（391.71ppm）上升了 3.24%[①]。并且，颉茂华等（2010）通过构建模型对我国环境保护投资效率进行实证研究，也发现我国的

---

① 中华人民共和国生态环境部. 2017 中国生态环境状况公报 [EB/OL]. (2017-05-22) [2018-05-22]. http://www.mee.gov.cn/hjzl/zghjzkgb/lnzghjzkgb/201805/P020180531534645032372. pdf.

环保投资相对于自身而言实现了增长，但却并未取得很好的污染治理效果，我国主要污染物的排放量仍然逐年增多，造成这种现象的主要原因就是环保投资效率的低下。由此可见，从国家层面而言，尽管我国每年在环境污染治理方面的投资一直大额增加，并能够基本控制生态环境的进一步恶化，但对于环境绩效的改善与提高仍然比较有限。

3.4　企业绿色投资效率的度量：基于数据包络分析方法

3.4.1　效率分析思想的起源与发展

"效率（efficiency）"这个词语最早来自拉丁语，意指有效的，表示在做某件事的过程中没有浪费资源、努力或时间等。从经济学的角度来说，生产有效率就是指达到一种生产边界状态，即不减少一种产品的产量就不能增加另一种产品的产量，这时的生产单元就处于生产可能性边缘（生产前沿面）上。在实际运用中，效率常常被用来反映投入与产出、成本与收益或输入与输出之间的比值关系（王恰，2017）。关于效率分析的文献可以追溯到 Farrell（1957）对成本效率的研究。他认为成本效率可以被分解为技术效率和价格效率，其中，技术效率被定义为在最佳实践（Best Practice）的状态下进行生产所能实现的产量需要的对应投入与实际投入的比率；当技术有效时，价格效率就是在已知要素价格下生产观察到的产量所对应的成本与生产前沿面上最小成本的比率。当满足技术有效和价格有效时，成本效率就是生产所观察到的产量所对应的成本与实际成本的比率。FØRsund 和 Sarafoglou（2002）认为 Farrell（1957）对于效率的研究贡献主要包括三点：①将生产前沿面界定为观测对象的分段线性包络线；②对于效率度量的基本思想是非有效观测对象相对于生产前沿面的径向收缩或扩展；③可以通过求解线性方程组得到观测对象的效率值。

受到 Farrell（1957）的启发，Charnes、Cooper 和 Rhodes 将效率度量进行了更一般化、更容易操作的推广（Charnes et al.，1978），得到了能够广泛适用的一般线性规划模型，即 CCR 模型，这也被视为数据包络分析方法（Data Envelopment Analysis，DEA）的正式创建。此后，DEA 方法由于其在分析多投入多产出时的特殊优势以及适用范围广等特点，得到了众多学者的运用与拓展（Banker et al.，1984；Blossom，2005；Cooka，2009；Cooper et al.，2001；Färe et al.，1992；Färe et al.，1989；Sarrico，2001；Seiford & Zhu，2002；Tone，1997，2001；Wang et al.，2014）。他们利用 DEA 在宏观经济、企业管理、金

融、环境、公共交通、医疗卫生等领域展开了关于效率、生产率或绩效的相关研究。Emrouznejad 和 Yang（2018）系统的回顾了自从数据包络分析方法正式创建以来至 2016 年的发展，他们统计了这几十年间与 DEA 相关的研究，发现除去出版的书籍和工作论文、会议论文以外，正式发表在外文学术期刊的 DEA 相关论文已有 10300 篇。我国学者对于 DEA 方法的运用与研究虽起步较晚，但近年来却发展迅速。笔者在中国知网（CNKI）中搜索了以数据包络分析或 DEA 为关键词的期刊论文，截至 2019 年 2 月底，已有 6 922 篇论文发表在核心期刊上，其中包括 4 749 篇发表在 CSSCI 期刊上的论文。可以说，数据包络分析已经发展成为一个非常成熟的效率衡量方法，并逐渐形成了一个数学、经济学、管理科学交叉的研究领域。

3.4.2　效率的度量方法：数据包络分析（DEA）

本书运用数据包络分析对企业绿色投资效率进行量化。DEA 是一种非参数方法，最早由运筹学家 Charnes、Cooper 和 Rhodes 于 1978 年创建（Charnes et al.，1978），用于测量具有多种投入与多种产出的多个同类型决策单元（Decision Making Unit，DMU）的效率、生产率或绩效（Emrouznejad & Yang，2018）。DEA 基于投入产出原理并以"相对效率"概念为基础，以凸分析和线性规划为工具，不需要事先假定生产函数形式及其分布假设，而是根据最佳实践（Best Practice）来计算效率值，可以克服传统绩效评价方法在进行权重设置时的主观因素影响，并有效避免了传统计量模型设定可能存在误差的问题。具体求解时，DEA 首先建立一个由一组展示了最佳实践并达到最优效率值 1.00 的 DMU 形成的"有效边界（Efficient Frontier）"，这些达到最优效率的 DMU 具有帕累托最优的投入产出组合，即给定投入（产出）水平时，企业的产出（投入）达到了最优水平；而对于那些不在效率前沿上的决策单元，DEA 则根据它们到有效边界的距离为它们分配特定的效率值（覃家琦和邵新建，2016；Liu et al.，2013）。

3.4.3　非期望产出在效率度量中的处理

（1）SBM-DEA 模型

企业的污染物排放量作为产出时是不合意的，人们希望越少越好，即非期望产出。在数据包络分析中，考虑非期望产出时通常使用方向距离函数模型（Directional Distance Function，DDF），或基于松弛值的 SBM（Slack Based Measure，SBM）模型。其中，方向距离函数模型是一种径向的 DEA 方法，对无效率程度的测量值包括所有投入（产出）等比例缩减（增加）的比例，但DEA模型的效率前沿由分段线性函数构成，这就可能在空间坐标系中出现分段线性函数与坐标轴平行的情况，从而产生松弛问题（成刚，2014）。对于无效的DMU来说，其当前状态与强有效目标值之间的差距除了等比例改进的部分之外，还应包括松弛改进的部分。而SBM模型是一种非径向方法，能够解决径向模型对无效率的测量没有包含松弛变量的问题。SBM模型最早由Tone（1997）提出并进一步完善（Tone，2001），他定义的包含非期望产出的SBM模型如下：

$$
\min \rho = \frac{1 - \dfrac{1}{m} \displaystyle\sum_{i=1}^{m} \dfrac{s_i^-}{x_{ia}}}{1 + \dfrac{1}{q_1 + q_2} \left(\displaystyle\sum_{r=1}^{q_1} \dfrac{s_r^+}{y_{ra}} + \displaystyle\sum_{t=1}^{q_2} \dfrac{s^{b-}}{b_{ra}} \right)}
$$

$$
\text{s.t.} \quad X\delta + s^- = x_a
$$
$$
Y\delta - s^+ = y_a
$$
$$
B\delta - s^{b-} = b_a
$$
$$
\delta, \ s^-, \ s^+, \ s^b b - \geqslant 0
$$

其中，ρ 衡量的是被评价单元 DMU_a 的效率值；x_a、y_a 和 b_a 则分别代表 DMU_a 实际的投入、期望产出和非期望产出；X、Y 和 B 分别是投入、期望产出和非期望产出的最佳目标值。s^- 是投入的松弛值，即投入冗余，等于实际投入与最佳目标投入之间的差值；s^+ 为期望产出的松弛值，即期望产出不足，等于期望产出目标值与实际值之差；s^{b-} 为非期望产出的松弛值，即非期望产出过量，等于实际的非期望产出与目标值之间的差异。由此，基于松弛值就可以测度出投入无效率和产出无效率的程度。具体而言，投入无效率等于投入的松弛值的绝对值与实际投入之间的比值，即 $|s^-|/x_a$；产出无效率等于产出的松弛值的绝对值与实际产出之间的比值，即 $|s^+|/y_a$ 或 $|s^{b-}|/b_a$。这些比值的数值越大，代表投入或产出的无效率程度越高。

（2）Malmquist–Luenberger 指数

为了能够评估效率的动态变化情况，Färe 等（1992）最早采用 DEA 来计算 Malmquist 指数，以测算出全要素生产率变化，并将 Malmquist 指数进一步分解为技术效率变化（EC）和技术变化（TC）。Färe 等（1997）提出了基于DEA 产出导向的 Malmquist 指数，其基本公式如下：

$$M_0(x^{t+1}, y^{t+1}, x^t, y^t)$$

$$= \left[\frac{D_0^t(x^{t+1}, y^{t+1})}{D_0^t(x^t, y^t)} \times \frac{D_0^{t+1}(x^{t+1}, y^{t+1})}{D_0^{t+1}(x^t, y^t)} \right]^{1/2}$$

$$= \frac{D_0^{t+1}(x^{t+1}, y^{t+1})}{D_0^t(x^t, y^t)} \times \left[\frac{D_0^t(x^{t+1}, y^{t+1})}{D_0^{t+1}(x^{t+1}, y^{t+1})} \times \frac{D_0^t(x^t, y^t)}{D_0^{t+1}(x^t, y^t)} \right]^{1/2}$$

$$= EC \times TC$$

Malmquist 指数能够计算出每个决策单元 DMU 的效率变化，如果该指数大于 1，则表明决策单元的效率实现了提高；如果该指数小于 1，则说明决策单元的效率下降。将其进一步分解后，我们可以得到技术效率变化（EC）和技术变化（TC）。其中，EC 测度出每个决策单元从 t 期到 $t+1$ 期的技术效率变化情况，即对最佳实践的追赶程度；TC 测度出每个决策单元从 t 期到 $t+1$ 期的技术变化情况，即生产技术是否进步。此后，计算 Malmquist 指数的方法也得到了持续的发展，按照如何选取参比前沿以及参比方式不同，Malmquist 模型可以分为相邻参比、固定参比、全局参比、序列参比、窗口参比等模型。

针对非期望产出的问题，Chung 等（1997）提出了应用方向距离函数并包含非期望产出的 Malmquist 模型，计算出 Malmquist-Luenberger 生产率指数。这个指数将非期望产出的减少作为效率提升的贡献因素，并且也同样能够被进一步被分解为技术效率变化和技术变化。随着 DEA 方法的进一步广泛应用，其在用于计算 Malmquist-Luenberger 指数时的方法也更加灵活，人们可以采用不同参比方式的 Malmquist 模型与任何距离函数相结合（成刚，2014），这就能使 SBM 模型也能用于计算 Malmquist-Luenberger 指数，以度量效率的动态变化情况。

3.4.4　DEA 方法用于度量企业绿色投资效率的可行性

企业进行绿色投资的主要目的应该是能够直接提升企业环境绩效，因此，用污染物的排放量作为环境绩效的代理变量将是更加直接和准确的。并且，中国证监会对上市公司环境信息披露的监管变化也带来了该数据的可获得性。2016 年 12 月 9 日，中国证监会发布了《公开发行证券的公司信息披露内容与格式准则第 2 号——年度报告的内容与格式（2016 年修订）》，要求属于环境保护部门公布的重点排污单位的上市公司必须在其年报中披露详细的污染物排放信息，包括污染物的名称、排放方式、排放口数量和分布情况、排放浓度和总量、超标排放情况、执行的污染物排放标准、核定的排放总量，以及防治污染设施的建设和运行情况等环境信息。这些强制披露要求的变化为本书度量企业绿色投资效率提供了所需的企业环境绩效原始数据。在此基础上,通过SBM-DEA 方法,本节就能够将企业污染物排放量作为非期望产出包含进模型当中。

此外,企业绿色投资效率的衡量以财务指标作为投入,非财务指标作为产出,并且这些多项指标之间的函数关系不容易确定,这使数据包络分析显示出了独特的优势,不仅能够同时将财务指标和非财务指标纳入模型考虑,还能避免传统模式下建立投资效率评价指标体系时赋予权重的主观性或者构建回归模型时的设定偏误。近年来,已有国内外学者运用 DEA 的分析方法对国家、地区或行业层面的绿色投资效率、环保投资效率或环境效率进行了研究(何枫等,2015;李斌 等,2013;李玲和陶锋,2011;王娜 等,2017;张亚斌 等,2014;朱浩 等,2014;Chang et al.,2013;Jiang et al.,2016;Kim et al.,2015;Li et al.,2013;Wang et al.,2014),实现了将财务指标与环境指标进行综合评价,这说明本书采用数据包络分析来度量企业层级的绿色投资效率具备充分的可行性。

3.4.5 DEA 方法与其他度量投资效率方法的比较

本节通过对比 DEA 方法与其他度量投资效率的方法,探讨针对本书的研究问题哪种方法更适宜。

(1) 与随机前沿分析(Stochastic Frontier Analysis,SFA)比较。随机前沿分析是一种通过计量模型来对前沿生产函数的参数进行估计,进而确定前沿面的参数方法。这种参数方法比较依赖于生产函数的选择,通常要求已知生产函数的具体形式。虽然 SFA 受样本特殊点的影响较小且不会出现多个单元的效率值都为 1 的情况,但在处理多产出时却不如 DEA 灵活。由于企业会排放多种污染物,且绿色投资对污染物减排的函数是未知的,所以选择 SFA 方法则会存在较大局限。

(2) 与构建评价指标体系的方法比较。已有文献中一些学者通过构建评价指标体系的方法对环保投资效率进行了评价分析(乔永波,2014,2015;唐国平和李龙会,2017)。这种方法虽然经过了指标初选,以及设计专家调查问卷来进行指标优化等阶段,但是不可避免地,在进行权重设置时会存在主观因素影响。与此对比,DEA 方法是通过数学中的线性规划来求最优解,不需要统一指标的量纲,也不需要设置投入产出的权重值,因而度量出的绿色投资效率会更加客观。

(3) 与投资效率模型比较。多数学者在进行企业投资效率研究时常常采用 Richardson（2006）模型，通过设定计量模型估算出企业的正常投资额，再将其与企业的实际投资额进行比较，用两者的差值来衡量是否存在过度投资或投资不足，即通过残差项的正负号来判断。这种方法在研究企业的投资总额时已经得到了广泛的运用，但绿色投资作为企业的一种特殊的投资，其投资的直接目标是减少企业的环境污染，并且这类投资所取得的环境绩效远高于经济绩效和社会绩效（唐国平和李龙会，2017），这使得 Richardson（2006）的模型并不适用于本书的研究问题，且该模型也无法处理企业有多重污染物排放的问题。

（4）与环境保护投资优先增长模型比较。已有研究中还有学者通过构建污染平衡方程式来推导环境保护投资优先增长模型，进而检验了我国环保投资效率水平（颉茂华 等，2010；孙冬煜，2002）。但这种方法在设定模型时需要事先做出一系列假设，对于企业绿色投资的实际情况并不能很好地刻画，同时也不能提供 DEA 方法中所测度的一系列丰富指标，如投入无效率、产出无效率等。此外，在 DEA 方法中还可以通过计算 Malmquist 指数来研究企业投资效率的动态变化，这也是环境保护投资优先增长模型无法实现的。

总结而言，针对本书的研究问题，选择 DEA 方法在可行性、适应性、全面性、深入性等方面都能更好地度量企业绿色投资效率。因此，在后续第 4 章中，本书选择使用数据包络分析来量化企业的绿色投资效率。

3.5 企业绿色投资效率影响因素的理论分析：基于环境规制执行的视角

3.5.1 环境民主主义与环境权威主义

关于环境治理的方式和环境政策的制定存在两种观点，一种是环境民主主义，另一种是环境权威主义。环境民主主义的基本原则是保护公众平等的环境权利，追求环境正义，倡导在环境政策的制定过程中更多体现参与原则，让受到环境影响的公众、社区、专家学者及非政府组织等都参与到环境政策的制定当中，并认为环境治理的决策权不仅要在立法、行政和司法机关之间共享，也应该在不同的政府层级之间进行共享（冉冉，2015）。在环境民主主义的观点下，政府官员的责任意识使得他们不会选择从环境破坏中获益，并且公众参与环境决策的过程能够增加环境问题被发现和解决的可能性（Winslow，2005）。环境权威主义则是与环境民主主义对立的一种模式，其核心思想是，为了更有效地应对全球环境危机，应该在环境治理中更多地实行中央集权、采用政府管制而非市场的激励机制，并且限制公众参与环境决策的深度和广度，倡导依靠"生态精英"与专业的环境人士来进行决策（冉冉，2015）。由此可见，环境权威主义在治理环境问题上倾向于在短时间内快速、高效、集中地解决环境治理中的复杂问题，但却过度依赖于政府的管制，而环境民主主义则对其是很好的互补，能够在政府实行环境管制的同时增加公众的参与和环境信息的公开，有助于在长期实现环境治理能力的真正提升（Tang & Tang，2006；张继兰和虞崇胜，2015）。不过，无论是环境民主主义还是环境权威主义，政府在环境治理中的主导作用都是不可忽视的。因此，政府的环境规制也理应是影响企业绿色投资效率的决定性因素。

我国政府在过去很长一段时间内所采取的环境治理模式更多地体现出环境权威主义的特征，这样的模式虽然有利于在短时间内迅速处理环境危机，但是却存在着缺乏地方力量和社会力量有效参与的缺陷，这在某种程度上会使中央政府制定的环境政策无法得到有效执行，即地方政府环境政策执行偏差（冉冉，2015），从而造成了政策输出（Policy Output）却无法产生具体的政策结果的局面（Policy Outcome）（Gilley，2012），进而阻碍了我国环境治理的有效性。

3.5.2 环境规制执行偏差

政策执行意指政策目标的制定以及为了实现这些目标所采取的行动之间的互动过程（Pressman & Wildavsky，1984）。但是，由于环境规制政策的执行者在现实中并不会总是像经济学家所假设的"理性人"那样去努力地最大化实现环境规制政策目标，这就导致了政策的执行并非总是能够保持与政策目标一致，进而出现环境规制执行偏差（冉冉，2015）。我国实行的是环境规制权限在中央政府和地方政府之间进行分配的监管方式，中央政府主要负责制定各项环境政策和监管规定，地方政府则主要负责具体环境规制政策的实施并在执行层面上有较大的自由裁量权（Zheng，2007；金刚和沈坤荣，2018；Zhang et al.，2018）。尽管自改革开放以来，我国陆续出台了大量环境政策并不断加强对环境污染问题的重视程度，但在现实中却一直存在着地方政府环境政策执行偏差，并为地方经济发展让步的问题。这主要是由于我国长期以来对地方政府官员的考察存在以经济指标为基础的"政治晋升锦标赛"，地方领导干部的政绩要通过 GDP 的增长来体现，因此，地方官员倾向于放松环境管制、以牺牲环境为代价来优先发展地方经济（И. А. 什米廖娃和王冠军，2011；Chang &

Wu, 2014；Cull et al., 2017；Jia, 2017），对一些营利性企业的环境污染行为提供庇护（Morduch & Sicular, 2010；Shi & Zhang, 2006），并且对存在政治关联的企业也施行的是环境"软约束"（方颖和郭俊杰，2018）。此外，我国还存在着地方领导干部频繁更换的现象，由于任期相对短暂，地方官员往往更倾向于以见效更快、更简单的管理方式来处理较为容易解决的环境问题，而把比较复杂且棘手的环境难题留给继任者，这也在一定程度上削弱了地方环境规制执行的效果（Eaton & Kostka, 2014）。

为了纠正地方政府环境规制执行偏差，切实提升环境治理水平，我国政府也逐渐开始反思环境权威主义存在的缺陷并向环境民主主义转型，在新《环境保护法》中增加了专章（第五章）来规定信息公开和公众参与，意在加强公众对政府和排污企业的监督并促进政府和排污企业对外公开环境信息（张继兰和虞崇胜，2015），从而积极推进多元共治的环境治理模式。与此同时，我国进入绿色发展新时期之后，对生态环境监管体制进行了持续改革并且生态文明建设也在不断加强。尤其是在对地方政府官员的政绩考核中提升了环保因素所占的比例，并实施了环境保护"党政同责、一岗双责"、建立"生态环境损害责任终身追究制"等举措（宋献中和胡珺，2018），彻底摒弃了过去"唯GDP"的政绩评价倾向。除此之外，中央全面深化改革领导审议通过了《环境保护督察方案（试行）》，在全国范围内如火如荼地开展了严厉的中央环保督察。这些改革措施使得地方政府对于环境规制的执行情况也发生了变化。由于我国各地区所处的发展阶段和改革进程存在差异，地方政府在环境规制的执行力度上也具有异质性，这会对企业绿色投资效率产生不同的影响。

3.5.3　地方政府环境规制与企业决策行为

在面对地方政府执行环境规制时，企业为了获得合法性并尽量降低自身的治污成本，通常会有两类决策选择：一类是通过加强绿色创新来改进清洁生产技术、工艺及流程，或使用清洁能源、新材料，并升级污染治理技术和设备等；另一类则是选择直接搬迁到环境规制执行较弱的地区（金刚和沈坤荣，2018）。这两类决策分别对应"波特假说"（Porter & van der Linde, 1995）和"污染避难所假说"（Copeland & Taylor, 2004）。在早期的新古典经济学研究中，大多认为政府的环境监管会对企业的生产性投资造成挤出，从而不利于企业开展研发创新。但是，Porter 和 van der Linde（1995）提出的"波特假说"则持相反的观点，认为制定并执行恰当、严格的环境规制能够促使企业进行技术创新以提升企业的生产率与竞争力，而环境规制所产生的遵循成本能够部分甚至全部被创新带来的补偿效应所抵消，实现经济增长和环境保护的双赢。虽然学者们对此存在争议，但已有文献证实了环境规制对环境创新具有正向的影响（Johnstone et al.，2010），环境规制与环境效率之间存在正相关关系（沈能，2012），环境规制促进了工业行业全要素生产率增长（李树和陈刚，2013）等。一方面，随着地方政府环境规制执行力度的逐渐加强，企业可能会开展绿色管理并积极进行绿色研发或改造清洁生产技术、采用节能降耗设备等减少污染排放，这将有利于促进绿色投资效率的提高。另一方面，当地方政府环境规制的执行越来越严格时，也会给企业带来更大的合法性压力，这有可能导致企业盲目进行绿色投资而忽略了资源分配效率，出现投入冗余的现象从而造成企业绿色投资效率的下降。此外，由于污染避难所的存在，当一个地区的环境规制加强时，部分企业可能会选择迁移到其他环境规制较弱的地区来避免环境遵循成本而不是就地创新，这就削弱了地方环境规制促进企业创新的波特效应（金刚和沈坤荣，2018；Copeland & Taylor，2004）。由此来看，地方政府环境规制执行对企业绿色投资效率的影响既存在积极效应也存在消极效应。

3.6　企业绿色投资效率印象管理的理论分析：基于环境信息披露的视角

3.6.1　企业印象管理的动机

随着网络信息时代的飞速发展，很多企业都试图树立良好的企业社会责任形象（Moser & Martin，2012），而环境则是企业社会责任的重要组成部分（Huang & Watson，2015），在环境污染问题日益严重和环境监管愈发严格的背景下，企业的环境行为逐渐成为监管部门和社会公众的关注焦点，这使企业进一步产生了建立绿色企业形象的需求，并同时面临着越来越大的合法性压力。根据组织合法性理论，企业要获得组织合法性就必须符合公众或社会认同的制度规范或者共识（Meyer & Rowan，1977），且要能够被利益相关者认可（Deephouse，1996；Zimmerman & Zeitz，2002）。作为重污染行业的企业，为了取得合法性，管理层就会采取一些手段进行印象管理（Bansal & Clelland，2004；Desai，2011）。

从信息经济学中的信号传递理论来看，企业的污染防治行为是其私有信息，通过将这些环境行为信息进行披露，可以对外传达出企业积极开展环境管理的信号，从而与其他企业区别开来，这将有助于企业价值的评估（Al-

Tuwaijri et al., 2004；Clarkson et al., 2008；Dawkins & Fraas, 2011）。因此，环境信息披露就成为企业进行印象管理的一种渠道，进而让企业更倾向于通过信息披露这种沟通方式来改变社会公众对企业的印象，而非改变企业的实际行动（Dowling & Pfeffer, 1975；Lindblom, 1993）。面对现阶段公众愈发强烈的环保诉求和政府愈发严格的环境监管，企业开始重视披露包括环境信息在内的企业社会责任信息，并且其主要目的是影响公众对企业的感知、提升企业形象并建立良好的企业声誉（Deegan et al., 2000；Guthrie & Parker, 1990；Hooghiemstra, 2000；吉利, 2016），这使企业的环境信息披露中可能大量存在印象管理行为，尤其是在企业的绿色投资效率较低时，则其更有动机通过环境信息披露进行印象管理，从而影响利益相关者对企业的评价或印象，并赢得股东的理解与支持。

3.6.2　企业印象管理的策略

企业在进行印象管理时主要选取的策略是强调正面好消息、抑制负面坏消息（McDonnell & King, 2013；Pan et al., 2018；Ravasi & Schultz, 2006；Zavyalova et al., 2012；黄静 等, 2010）。而在企业向外传达信息的途径中，通过企业年报、社会责任报告、可持续发展报告或环境报告进行信息披露的方式占据主导地位。已有研究发现，企业年报的信息语言中存在着印象管理（蒋亚朋, 2008；阎达五和孙蔓莉, 2002；张星星, 2010）。其中常见的印象管理策略主要包括：①可读性操纵，即通过操纵信息披露的语言特征来强调利好或模糊利差；②设计议题内容，即在披露信息时选择"报喜不报忧"；③自利性归因，即在业绩较好时归功于企业本身的经营能力等主观因素，在业绩较差时则尽量归咎于行业不景气或其他外部因素；④呈报格式的多样化，包括设计较多图表、采用多种颜色等（吉利, 2016）。在环境污染问题被高度关注时，环境信息披露作为管理投资者印象的一种直接渠道，能够调解环境绩效不佳对企业环境声誉的负面影响（Cho et al., 2012），并且，比较清晰、透明的企业社会责任信息和环境信息披露也会让投资者对企业的社会责任履行产生好印象（孙岩, 2012）。所以，当企业的环境绩效较差时，这些企业的环境信息披露水平相反越高（Clarkson et al., 2011；Rockness, 1985；沈洪涛 等, 2014），而这种提升环境信息透明度的印象管理策略也不容易被信息使用者所识别出来。

3.6.3　企业印象管理的效果

企业的印象管理从本质上来说是一种信息操纵行为，通常采取的方式是对信息进行带有选择性和倾向性的处理（张正勇和邱佳涛，2017）。已有研究发现绝大多数的印象管理策略都显著有效（Graffin et al.，2011；Graffin et al.，2016）。但是，若企业印象管理的方式过于明显，则很容易被识别出来，例如，Barton 和 Mercer（2005）研究发现，在企业的财务绩效较差时，若企业的管理者将其归因于外部环境因素的不利，则此时分析师并不会接受这种解释，相反会对企业产生不好的印象而做出较低的评价。相较而言，企业在信息披露中的印象管理行为则会显得更为隐蔽而不易被察觉（孙蔓莉，2004；赵敏，2007），这也更容易获得信息使用者的好印象。孙岩（2012）研究发现，比较清晰、透明的企业社会责任信息披露会使投资者对企业的社会责任履行做出更高的评价，进而看好企业的价值增长空间并加大对企业进行投资的可能性。因此，当企业的绿色投资效率较低时，其若选择提升环境信息透明度的方式来对环境信息披露进行印象管理，是不容易被信息使用者所察觉的。加之我国当前提高了对环境信息披露监管的强度，企业提供披露水平更高的环境信息也会获得环境监管部门的好印象。而企业绿色投资效率能够度量企业真实的环境污染防治效果，通过研究企业绿色投资效率与环境信息披露水平之间的关系，将能够检验企业是否通过环境信息披露进行印象管理。

4 企业绿色投资效率的度量与评价

企业是实现绿色经济发展的基本细胞，在当前愈发严峻的环境治理形势下，企业的绿色投资是否真的有效提升了企业环境绩效呢？本书第 4 章以"效率"为研究视角，基于我国重污染行业 A 股上市公司的绿色投资及主要污染物排放量的详细手工数据，应用基于松弛度量（SBM）方法的数据包络分析（DEA），对微观企业级的绿色投资效率进行了量化以及全面的评价分析。研究发现，虽然重污染企业的绿色投资效率获得了动态增长并取得了技术进步，但平均效率水平仍然较低，且主要是由企业绿色投资存在投入冗余问题造成的，说明在我国绿色投资总体规模不足的情况下都未能充分利用绿色投入资源。这也表明企业管理层在面对日益严格的环境监管时，只是粗放地对环境维度进行了投资，忽视了资源的有效分配和价值创造使用。进一步分析发现，相较于污染物排放量而言，企业绿色投资对于绿色投资效率值呈现出高度敏感性，尤其是治理型绿色投资的影响力最强。本章的研究结论有助于企业识别环境管理中的薄弱环节和风险节点，为企业实现财务与非财务管理的平衡提供了依据。

4.1 引言

企业是由各种资源构成的（Penrose，1959；Wernerfelt，1984）。绿色投资作为一种特殊的企业社会责任活动（Martin & Moser，2016），正是将环境目标和环境战略转换为企业实际行动与更高环境绩效的一种财务资源和无形资源分配（Ateş et al.，2012），是企业实现可持续发展和社会价值最大化的关键。从本质上而言，企业绿色投资的目标应该是减少企业的环境污染，而现实中企业管理层进行绿色投资的动机则包括监管优先、绿色形象树立和生产成本节约等

（Maxwell & Decker，2006），且大多数企业在环境方面的投资行为更多地体现出"被动"迎合政府环境管制需要的特征（唐国平 等，2013）。基于此，值得讨论的是，企业的绿色投资真的有效提升了企业环境绩效吗？投资后的具体效果在多大程度上是"事与愿符"抑或"事与愿违"呢？这是企业绿色投资的重要经济后果，即企业绿色投资效率问题。考虑到企业的资源有限且绿色投资无法产生直接经济效益，可以说在某种程度上，绿色投资是将企业资源转移给了其他外部利益相关者，从而导致了企业传统绩效目标与绿色价值目标之间的冲突。根据利益相关者理论，企业需要在股东利益和非股东利益相关者的利益之间取得平衡（Carroll，1991）。一方面，股东不愿承担绿色投资的机会成本；另一方面，大多数利益相关者却希望企业投入大量资金来减少环境污染。因此，企业是否能够优化绿色投资的投入产出效率显得非常重要。在以往的研究中，主要关注的是绿色投资而非绿色投资效率（毕茜和于连超，2016；董正信 等，2016；张济建 等，2016；Eyraud et al.，2013；Martin & Moser，2016；Schaltenbrand et al.，2016），且受限于企业环境数据的可获得性，已有关于绿色投资效率的研究也多集中于宏观层面或中观层面（王娜 等，2017；Kim et al.，2015）。可见，对于微观企业层面的绿色投资效率的研究还比较匮乏。

如何客观度量企业绿色投资效率是对其进一步展开深入研究的前提。2016年12月，中国证券监督委员会（以下简称"中国证监会"）修订了上市公司披露年度报告的内容与格式，要求属于环境保护部门公布的重点排污单位的上市公司必须在其年报中披露详细的污染物排放信息，包括污染物名称、排放总量等环境信息。这些强制披露要求的变化为本书量化企业绿色投资效率提供了所需的企业环境绩效原始数据。在本章中，笔者手工收集了 2016—2017 年沪深两市重污染行业 A 股上市公司的各种主要污染物年度排放量，将其作为企业环境绩效的代理变量，这种衡量是更加直接且准确的。进一步，笔者通过应用数据包络分析中的 SBM-DEA 方法将企业绿色投资的财务信息与各种污染物排放量的环境信息相结合，实现了对企业绿色投资效率（GIE）的非参数化度量，并进行了客观、全面的分析与评估。研究发现，虽然重污染企业的绿色投资效率获得了动态增长并取得技术进步，但平均效率水平仍然较低，且其主要是由企业绿色投资存在投入冗余问题造成的，说明在我国绿色投资总体规模不足的情况下企业未能充分利用绿色投入资源。这也表明企业管理层在面对日益严格的环境监管时，只是粗放地对环境维度进行了投资，忽视了资源的有效分配和价值创造使用。进一步分析发现，相较于污染物排放量而言，企业绿色投资对丁绿色投资效率值呈现高度敏感，尤其是治理型绿色投资的影响力最强。

本章的研究结论有助于企业识别环境管理中的薄弱环节和风险节点，为企业实现财务与非财务管理的相互平衡提供了依据。

本章余下部分的结构安排如下：4.2 节介绍本章的研究设计；4.3 节报告描述性统计分析；4.4 节对企业绿色投资效率值进行深入分析；4.5 是投入无效率与产出无效率分析；4.6 节展开企业绿色投资效率的敏感度分析；4.7 节从动态的角度，对企业绿色投资效率的动态变化进行研究；4.8 节是本章小结。

4.2　研究设计

4.2.1　样本选取与数据来源

2016 年 12 月 9 日，中国证监会发布了《公开发行证券的公司信息披露内容与格式准则第 2 号——年度报告的内容与格式（2016 年修订）》，要求属于环境保护部门公布的重点排污单位的上市公司从 2016 年起必须在其年报中披露详细的污染物排放信息。因此，本章选取 2016—2017 年沪深两市 A 股重污染行业上市公司作为研究对象①，在剔除 ST 公司和在样本期间退市的公司后，得到 2 004 个初始样本。在此基础上，笔者从这些上市公司的年度报告、企业社会责任报告、企业可持续发展报告和企业环境报告中手工搜集了各公司主要污染物的年度排放总量数据。在搜集过程中笔者发现，大多数公司只是定性或模糊地描述污染排放情况或避而不谈，而能够定量披露污染物排放量数据的公司基本都属于必须强制披露的环境保护部门公布的重点排污单位②。从表 4-1 统计的污染物排放量披露情况来看，在强制披露的上市公司中，有 178 家（54.77%）在 2016 年进行了披露，447 家（81.42%）在 2017 年进行了披露，可见 2017 年的披露水平相比 2016 年有较大提升；在自愿披露的上市公司中，则仅有不到 3% 的公司选择进行披露。总体而言，仅有 32.73% 的公司年度观测值定量披露了污染物排放数据，整体的环境信息披露水平仍然较低。在剔除了没有披露污染物排放量数据的上市公司后，得到了 656 个公司年度观测值作为本章的研究样本。进一步，笔者从重污染行业上市公司年报的在建工程、研发

---

　　① 本书对重污染行业的筛选参照《上市公司环保核查行业分类管理名录》《上市公司环境信息披露指南（征求意见稿）》和《企业环境信用评价办法（试行）》中列示的重污染行业进行。

　　② 在统计重污染行业上市公司的污染物排放量信息披露情况时，只要样本公司披露了一种主要污染物的年度排放总量，就视作该公司进行了污染物排放量披露。

支出、固定资产、管理费用等项目的附注中手工搜集了能够被划分为绿色投资的数据（绿色投资的定义、类型与范畴详见 3.2 节）。由此，本章得到了计算企业绿色投资效率所需的原始数据。

表 4-1　重污染行业上市公司污染物排放量信息披露情况统计

	年份	重污染行业上市公司		实际披露污染物排放量的重污染上市公司样本		实际披露公司占重污染上市公司的比例
		数量	占总数百分比	数量	占总数百分比	
环境保护部门公布的重点排污单位（强制披露）	2016	325	33.71%	178	90.82%	54.77%
	2017	549	52.79%	447	97.17%	81.42%
非环境保护部门公布的重点排污单位（自愿披露）	2016	639	66.29%	18	9.18%	2.82%
	2017	491	47.21%	13	2.83%	2.65%
公司总数	2016	964	100%	196	100%	20.33%
	2017	1 040	100%	460	100%	44.23%
观测值合计		2 004	100%	656	100%	32.73%

4.2.2　变量定义

（1）投入变量：企业绿色投资

在运用 SBM-DEA 模型度量企业绿色投资效率时，本书以企业的预防型绿色投资和治理型绿色投资作为投入变量。两种类型的绿色投资的定义以及包含的具体内容详见 3.2.2 节。

（2）非期望产出变量：企业主要污染物排放量

笔者手工搜集了重污染行业上市公司的七种主要污染物的年度排放总量，作为 SBM-DEA 模型中的非期望产出变量。这些污染物均为《中国统计年鉴》《中国环境统计年鉴》和《中国环境年鉴》中常用的主要污染物统计指标。在这七种污染物中，化学需氧量、氨氮及废水排放量反映企业产生的水污染情况；二氧化硫、氮氧化物、烟尘粉尘颗粒物排放量则反映企业产生的大气污染情况；固体废物排放量则反映企业产生的土壤污染情况。

（3）SBM-DEA 分析结果

本书运用 SBM-DEA 模型计算得到一系列丰富的指标。其中，企业绿色投资效率（GIE）衡量企业的绿色投资与污染物排放量之间的"投入-减少污染产出"关系，效率值越高表明企业的绿色投资越能够有效地减少污染物的排放。预防型绿色投资冗余（GPIslack）是通过 SBM-DEA 模型计算得到的预防型绿色投资的松弛值，等于样本企业的实际预防型绿色投资与最佳预防型绿色投资之间的差值。治理型绿色投资冗余（GTIslack）是通过 SBM-DEA 模型计算得到的治理型绿色投资的松弛值，等于样本企业的实际治理型绿色投资与最佳治理型绿色投资之间的差值。值得注意的是，SBM-DEA 模型测度出的投入冗余部分实际是未能充分发挥作用或未有效利用的绿色投资。投入无效率（Input Inefficiency）是投入的松弛值的绝对值与实际投入之间的比值，该数值越大代表投入的无效率程度越高。产出无效率（Output Inefficiency）是产出的松弛值的绝对值与实际产出之间的比值，该数值越大代表减少污染产出的无效率程度越高。

（4）SBM-GMLI 分析结果

应用 SBM-DEA 模型结合全局参比的 Malmquist 模型可以计算得出基于全局参比的 Malmquist-Luenberger 指数，用以衡量企业绿色投资效率的动态变化情况。在此基础上，可以进一步将该指数分解为技术效率变化（EC）和技术变化（TC），分别用以度量技术效率改善和技术进步。所有变量的详细定义和度量方法详见表4-2。

表4-2　变量的详细定义

变量类型	变量符号	变量名称	变量度量方法
投入变量	GPI	预防型绿色投资	能够直接影响企业生产过程、旨在预防污染的企业投资项目总金额，具体包含内容详见 3.2.2 节
	GTI	治理型绿色投资	不直接影响企业的实际生产过程、旨在治理企业已经发生的环境污染的投资项目总金额，具体包含内容详见 3.2.2 节
	GI	企业绿色投资总额	预防型绿色投资与治理型绿色投资相加的总额
非期望产出变量	COD	化学需氧量	样本企业的化学需氧量年度排放总量
	NH_3N	氨氮	样本企业的氨氮年度排放总量
	Wastewater	废水	样本企业的废水年度排放总量
	SO_2	二氧化硫	样本企业的二氧化硫年度排放总量
	NO_X	氮氧化物	样本企业的氮氧化物年度排放总量
	Soot	烟尘粉尘颗粒物	样本企业的烟尘粉尘颗粒物年度排放总量
	Solid Waste	固体废物	样本企业的固体废物年度排放总量

表4-2(续)

变量类型	变量符号	变量名称	变量度量方法
SBM-DEA 分析结果	GIE	企业绿色投资效率	由数据包络分析方法的 SBM-DEA 模型计算得出
	Input Inefficiency	投入无效率	投入的松弛值的绝对值与实际投入之间的比值
	Output Inefficiency	产出无效率	产出的松弛值的绝对值与实际产出之间的比值
	GPIslack	预防型绿色投资冗余	SBM-DEA 模型计算得到的预防型绿色投资的松弛值,等于样本企业的实际预防型绿色投资与最佳预防型绿色投资之间的差值
	GTIslack	治理型绿色投资冗余	SBM-DEA 模型计算得到的治理型绿色投资的松弛值,等于样本企业的实际治理型绿色投资与最佳治理型绿色投资之间的差值
	GIslack	企业绿色投资总额冗余	预防型绿色投资冗余与治理型绿色投资冗余相加的总额,即实际上未能充分发挥作用的绿色投资
SBM-GMLI 分析结果	GMLI	全局参比 Malmquist-Luenberger 指数	应用 SBM-DEA 模型结合全局参比的 Malmquist 模型计算得出
	EC	技术效率变化	
	TC	技术变化	

4.2.3 模型设计

通过 SBM-DEA 方法,本章能够将企业污染物排放量作为非期望产出包含进模型当中,实现财务信息与环境信息相结合。与此同时,鉴于已有文献中关于环境维度的投资与企业业绩或财务绩效之间关系的研究结论并不一致或受到某些调节变量的影响(吉利和苏朦,2016;Antonietti & Marzucchi,2014;Bostian et al.,2016;Jiang et al.,2016;Singal et al.,2014),并且这类型特殊投资所取得的环境绩效远高于经济绩效和社会绩效(唐国平和李龙会,2017),本章未将衡量企业绩效的变量作为期望产出加入模型中。此外,考虑到企业绿色投资的主要目的是提升企业环境绩效,即尽可能减少污染物排放量,故本章选择使用产出导向的数据包络分析模型,从而保证企业绿色投资效率的衡量是在以污染物排放量最小化为目标的前提下得出的。而对于模型的规模报酬设定,本书则选取了规模报酬可变(Variable Returns to Scale,VRS)的SBM-DEA 模型。因为规模报酬可变模型的假设是,当投入以某种比例变化时,产出可能以不同的比例变化,这更符合实际情况。总结而言,本章主要运用了产出导向型、规模报酬可变的 SBM-DEA 模型,将预防型绿色投资和治理型绿色投资作为投入、各种污染物排放量作为非期望产出,对企业层面的绿色投资效率进行了量化计算，效率值越高表明企业的绿色投资能够越有效地减少污染物排放。此外，DEA 模型对于决策单元的数量有基本要求，即 DMU 的数量不能少于投入变量和产出变量个数的乘积，同时不能少于投入变量和产出变量个数之和的三倍（成刚，2014）。本章设定的所有 SBM-DEA 模型对应的样本数量都远远超过了这些要求。

具体来说，本章共设定了五个产出导向型、规模报酬可变的 SBM-DEA 模型，且投入变量均为预防型绿色投资和治理型绿色投资。这些模型的主要区别在于非期望产出变量的选取上，这是因为样本企业披露的污染物排放量信息并不统一（见 4.3 节关于样本企业污染物排放量的描述性统计）。其中，由于披露废水和固体废物排放量的样本企业过少，选取非期望产出变量时不予考虑。当差异化选用其余不同的非期望产出变量设定模型时，则使不同的模型所对应的样本企业有所差异：

SBM-DEA 模型（4-1）：具有五种不同的非期望产出变量，包括水污染物 COD、氨氮和大气污染物二氧化硫、氮氧化物、烟尘粉尘颗粒物。对应的研究样本由同时披露了这五种污染物排放量的重污染企业组成。

SBM-DEA 模型（4-2）：具有四种不同的非期望产出变量，包括水污染物 COD、氨氮和大气污染物二氧化硫、氮氧化物。对应的研究样本由同时披露了这四种污染物排放量的重污染企业组成。

SBM-DEA 模型（4-3）：具有两种不同的非期望产出变量，包括水污染物 COD 和大气污染物二氧化硫。对应的研究样本由同时披露了 COD 和二氧化硫排放量的重污染企业组成。

SBM-DEA 模型（4-4）：具有两种不同的非期望产出变量，包括水污染物 COD 和氨氮。对应的研究样本由同时披露了 COD 和氨氮排放量的重污染企业组成。

SBM-DEA 模型（4-5）：具有两种不同的非期望产出变量，包括大气污染物二氧化硫和氮氧化物。对应的研究样本由同时披露了二氧化硫和氮氧化物排放量的重污染企业组成。

进一步，为了分析样本企业的投入无效率和产出无效率程度，本章还设定了无导向、规模报酬可变的 SBM-DEA 模型（4-6）、模型（4-7）和模型（4-8）来进行测度，这三个模型的研究样本与非期望产出变量的选取分别与 SBM-DEA 模型（4-1）、模型（4-2）和模型（4-3）保持一致，区别在于无导向模型中的投入变量是企业绿色投资总额（GI）。

对于绿色投资效率的动态变化，参考 Pastor 和 Lovell（2005）、Oh（2010）

以及张海洋和金则杨（2017）的研究方法，本章选取了基于全局参比的 Malmquist 模型并结合 SBM-DEA 方法来计算 Malmquist-Luenberger 指数，用以衡量企业绿色投资效率的动态增减情况。基于全局参比的 Malmquist 模型是由 Pastor 和 Lovell（2005）提出的一种计算 Malmquist 指数的方法，以所有决策单元所有时期的总和作为参考集，形成全局前沿。这种模型的优点是能够有效避免 VRS 模型在进行线性规划时无可行解的情况；同时，由于各期参考的是共同的全局前沿，这也使得全局参比的 Malmquist 指数更具有可比性（成刚，2014）。鉴于本章选取的 SBM-DEA 模型是规模报酬可变的，故选择了基于全局参比的 Malmquist 模型来计算 Malmquist-Luenberger 指数。

4.3　描述性统计分析

表 4-3 为作为投入和非期望产出的企业绿色投资和主要污染物排放量的描述性统计。从 Panel A 中可以看到，预防型绿色投资、治理型绿色投资和绿色投资总额的均值都远远大于各自的中位数，这说明样本企业中部分公司的绿色投资力度极大；与此对比，一些公司甚至没有任何类型的绿色投资。同时，这些变量的标准差都非常大，表明企业管理层的绿色投资决策在样本企业间的差异很大。在 Panel B 中，报告了 656 个公司年度观测值的七种主要污染物①排放情况。由于证监会对企业的排污信息披露没有具体的标准和要求，例如必须披露哪些污染物及哪些指标等，这使得每个样本企业选择披露的污染物排放量信息都有所不同。在这七种污染物中，化学需氧量、氨氮及废水排放量反映企业产生的水污染情况，其中，披露化学需氧量排放量的企业最多；二氧化硫、氮氧化物、烟尘粉尘颗粒物排放量则反映企业产生的大气污染情况，其中，披露二氧化硫排放量的企业最多；固体废物排放量则反映企业产生的土壤污染情况。因此，本章根据样本企业披露的污染物排放量信息差异设定了不同的 SBM-DEA 模型来测度企业绿色投资效率。

①　这些污染物均为《中国统计年鉴》《中国环境统计年鉴》和《中国环境年鉴》中常用的主要污染物统计指标。

表 4-3　企业绿色投资与主要污染物排放量描述性统计

Panel A: 企业绿色投资/万元·年$^{-1}$					
投入变量	样本量	均值	标准差	中位数	最小值	最大值
预防型绿色投资（GPI）	656	11 081.446	53 968.633	0.000	0.000	899 238.400
治理型绿色投资（GTI）	656	7 952.651	75 115.371	300.964	0.000	1 554 073.000
绿色投资（GI）	656	19 034.096	91 942.801	1 026.736	0.000	1 554 073.000

Panel B: 污染物排放量/吨·年$^{-1}$					
非期望产出变量	样本量	均值	标准差	中位数	最小值	最大值
化学需氧量（COD）	518	417.636	2 088.840	52.010	0.000	28 400.000
氨氮（NH$_3$N）	467	80.924	752.662	2.620	0.000	11 400.000
废水（Wastewater）	131	3 645 320.000	15 570 000.000	336 500.000	0.000	168 700 000.000
二氧化硫（SO$_2$）	476	233.345	135.056	234.500	1.000	468.000
氮氧化物（NO$_x$）	460	5 939.395	54 370.720	224.057	0.016	1 140 781.000
烟尘粉尘颗粒物（Soot）	378	188.212	108.316	188.500	1.000	374.000
固体废物（Solid Waste）	60	1 124 000.000	4 759 506.000	8 268.328	1.000	35 100 000.000

4.4 企业绿色投资效率值分析

4.4.1 企业绿色投资效率值的全样本分析

本节采用产出导向型、规模报酬可变的 SBM-DEA 模型来度量企业绿色投资效率,并将结果报告于表4-4中。由于效率水平与资源配置状况是紧密联系的,当 DEA 分析得出的效率值为 1 时,即达到了 DEA 有效,此时的资源配置状况也实现了帕累托最优(王恰,2017;魏权龄,2012)。在同时包含水污染物和大气污染物排放量的 SBM-DEA 模型中,模型(4-1)所度量的企业绿色投资效率(GIE)的平均值为 0.609 0,且只有 19.32% 的样本企业的绿色投资效率值到达了 1,即绿色投资效率最优。模型(4-2)报告的 GIE 均值为 0.600 4,只有 17.01% 的样本企业达到了最优的绿色投资效率。模型(4-3)中,企业绿色投资效率的均值为 0.562 2,只有 9.67% 的样本企业的绿色投资效率位于有效边界上,即达到帕累托最优。此外,这三个 SBM-DEA 模型中的企业绿色投资效率的中位数均小于其对应的均值,说明大部分样本企业的绿色投资效率都未达到行业平均水平。总体来看,这些结果表明,重污染行业上市公司的企业绿色投资效率总体较低,即企业在污染防治方面的资源分配是低效的,管理者应该仔细审视企业在进行绿色管理时的资源分配与使用状况,从而识别出并尽量减少有限资源的低价值分配。

表4-4 基于产出导向 SBM-DEA 模型的企业绿色投资效率分析

包含不同非期望产出变量的 SBM-DEA 模型	同时包含水污染物和大气污染物排放量的模型		只包含水污染物排放量的模型	只包含大气污染物排放量的模型
	模型(4-1)	模型(4-2)	模型(4-3)	模型(4-4)	模型(4-5)
样本量	207	294	331	389	416
均 值	0.609 0	0.600 4	0.562 2	0.535 9	0.537 7
标准差	0.193 6	0.185 7	0.147 7	0.117 6	0.117 7
中位数	0.508 3	0.506 7	0.503 0	0.500 1	0.500 4
最小值	0.500 0	0.500 0	0.500 0	0.500 0	0.500 0
最大值	1.000 0	1.000 0	1.000 0	1.000 0	1.000 0
绿色投资效率最优数量	40	50	32	22	23
最优数量占比	19.32%	17.01%	9.67%	5.66%	5.53%

接下来，笔者尝试区分企业的水污染和大气污染，分别度量以减少水污染和以减少大气污染为主要目标的企业绿色投资效率，故分别使用了SBM-DEA模型（4-4）和模型（4-5）来进行量化。从表4-4中的结果来看，这两个模型度量的企业绿色投资效率的均值差异不大，分别是0.535 9和0.537 7，且绿色投资效率达到最优的数量占比分别为5.66%和5.53%，表明企业绿色投资效率仍然是偏低的。但是，一方面，由于在企业的绿色投资数据中无法区分哪些绿色投资用于防治水污染，哪些绿色投资用于防治大气污染，故这两个模型在度量企业绿色投资效率时可能存在一定的局限性。所以，在后面的分析中，笔者不再采用这两个模型。另一方面，考虑到企业一般同时产生水污染和大气污染，以及样本量充足性的需求，在对样本企业的污染物排放量披露情况进行详细的统计分析后，发现同时披露化学需氧量和二氧化硫排放量的企业数量最多，因此，本节后续的分组评价中选择使用SBM-DEA模型（4-3）来进行分析，即选取同时披露了化学需氧量与二氧化硫排放量的企业来计算绿色投资效率。

4.4.2 企业绿色投资效率度量的有效性验证

为了验证本研究所测度的企业绿色投资效率的有效性，并考虑到绿色投资效率是企业环境表现的重要反馈，参考沈洪涛等（2014）的做法，本章选取了公布企业环境信用评价结果较为充分的江苏省、广东省、四川省和安徽省，将环保部门对企业的环境行为进行信用评价的结果与本章的SBM-DEA模型（4-3）所度量的企业绿色投资效率做对比分析来验证有效性。其中，江苏省生态环境厅对企业的环境信用评价分为五个等级，分别是绿色（守信）、蓝色（一般守信）、黄色（一般失信）、红色（较重失信）和黑色（严重失信）。广东省、四川省和安徽省生态环境厅对企业的环境信用评价都分为四类，分别是绿牌（环保诚信企业）、蓝牌（环保良好企业）、黄牌（环保警示企业）和红牌（环保不良企业）。

表4-5报告了本节所抽取的四个省份的生态环境厅公布的环境信用评价结果的部分样本企业的绿色投资效率与相应环境信用等级的对比。表4-5显示，企业绿色投资效率最优（效率值为1）的醋化股份、雅化集团和马钢股份的环境信用评价结果均为绿色或诚信；而效率值接近SBM-DEA模型（4-3）所度量的样本企业绿色投资效率最低值的南钢股份（效率值为0.500 2）对应的环境信用评价结果为黄色（一般失信）。还可以看到，除水井坊外，所有环境信用被评价为蓝色、蓝牌或良好的企业的绿色投资效率值均低于样本企业的平

均水平（0.562 2）；而被评价为绿色或诚信的企业的绿色投资效率值均高于样本企业的平均水平。由此可见，本研究所度量的企业绿色投资效率较好地衡量了企业的环境行为实践情况，有效地反映了企业绿色投资与污染物排放之间的"投入—减少污染产出"关系。企业绿色投资效率与环保部门评价结果的对比见表4-5。

表4-5　企业绿色投资效率与环保部门评价结果的对比

样本企业	所属省份	评价年份	企业绿色投资效率	企业环境信用评价结果
长青股份	江苏	2016	0.503 4	蓝色
南钢股份	江苏	2016	0.500 2	黄色
醋化股份	江苏	2016	1.000 0	绿色
精华制药	江苏	2017	0.582 9	绿色
联发股份	江苏	2017	0.503 8	蓝色
百川股份	江苏	2017	0.514 9	蓝色
辉丰股份	江苏	2017	0.500 6	蓝色
维维股份	江苏	2017	0.523 7	蓝色
亚邦股份	江苏	2017	0.503 3	蓝色
苏利股份	江苏	2017	0.518 5	蓝色
中金岭南	广东	2017	0.500 5	蓝牌
丽珠集团	广东	2017	0.501 0	蓝牌
东江环保	广东	2017	0.502 0	蓝牌
五粮液	四川	2016	0.500 9	良好
和邦生物	四川	2016	0.501 0	良好
泸州老窖	四川	2017	0.536 3	良好
北化股份	四川	2017	0.505 6	良好
雅化集团	四川	2017	1.000 0	诚信
水井坊	四川	2017	0.654 3	良好
宜宾纸业	四川	2017	0.500 4	良好
和邦生物	四川	2017	0.500 5	良好
铜陵有色	安徽	2017	0.500 6	良好
皖维高新	安徽	2017	0.500 6	良好
马钢股份	安徽	2017	1.000 0	诚信

1.1.3 企业绿色投资效率值的分组评价

表4-6是对基于SBM-DEA模型（4-3）度量的企业绿色投资效率值的进一步分组研究，即将其按照年份、行业、地区[①]、企业环境战略类型以及是否存在绿色投资总额冗余分别进行了统计分析。

表4-6 企业绿色投资效率值进一步分组研究

分类		样本量	均值	标准差	中位数	最小值	最大值	绿色投资效率最优数量	最优数量占比
年份	2016	96	0.576 8	0.170 6	0.501 9	0.500 0	1.000 0	13	13.54%
	2017	235	0.556 2	0.137 2	0.503 4	0.500 0	1.000 0	19	8.09%
行业	重度污染行业	92	0.564 3	0.155 6	0.501 1	0.500 0	1.000 0	10	10.87%
	严重污染行业	147	0.546 5	0.127 2	0.502 7	0.500 0	1.000 0	10	6.80%
	极重污染行业	92	0.584 9	0.167 3	0.510 7	0.500 0	1.000 0	12	13.04%
地区	东部地区	168	0.562 1	0.150 4	0.503 3	0.500 0	1.000 0	17	10.12%
	中部地区	60	0.559 7	0.150 0	0.501 3	0.500 1	1.000 0	6	10.00%
	西部地区	83	0.559 9	0.141 3	0.503 7	0.500 1	1.000 0	7	8.43%
	东北地区	20	0.579 0	0.153 9	0.504 8	0.500 1	1.000 0	2	10.00%
环境战略类型	前瞻型环境战略	114	0.581 7	0.164 4	0.505 1	0.500 0	1.000 0	14	12.28%
	反应型环境战略	217	0.551 9	0.137 4	0.501 8	0.500 0	1.000 0	18	8.29%
是否投资冗余	存在投资冗余	213	0.506 2	0.012 8	0.501 0	0.500 0	0.581 7	0	0.00%
	不存在投资冗余	118	0.663 2	0.212 6	0.524 2	0.500 1	1.000 0	32	27.12%
合计		331	0.562 2	0.147 7	0.503 0	0.500 0	1.000 0	32	9.67%

其中，对于行业类型的划分是参照李玲和陶锋（2012）的方法，按照行业污染排放强度来进行分类，具体分类情况和行业范围如表4-7所示。在计算

[①] 本书对地区的划分主要考虑不同区域的社会经济发展状况，东部地区包括北京、天津、河北、上海、江苏、浙江、福建、山东、广东、海南；中部地区包括山西、安徽、江西、河南、湖北、湖南；西部地区包括内蒙古、广西、重庆、四川、贵州、云南、西藏、陕西、甘肃、青海、宁夏、新疆；东北地区包括辽宁、吉林、黑龙江。

各个重污染行业的污染排放强度时，采用对各种污染物排放量进行线性标准化和等权加和平均的方法。首先，计算各个重污染行业的每种污染物单位营业收入的污染排放值；其次，按 0 至 1 的取值范围对各个重污染行业的每种污染物单位营业收入的污染排放值进行线性标准化，得到每种污染物的污染排放强度系数；最后，将上述计算得到的各种污染物排放强度系数进行等权加和平均，即得到该重污染行业总的污染排放强度系数 λ。根据各行业污染排放强度系数 λ 的大小，可划分各行业类型。当 λ 小于 0.036 7 时，该行业属于重度（III 级）污染行业；当 λ 大于等于 0.036 7 且小于 0.204 2 时，该行业属于严重（II 级）污染行业，当 λ 大于等于 0.204 2 时，则该行业属于极重（I 级）污染行业。

表 4-7　按照行业污染排放强度划分行业类型

污染排放强度系数	分类	行业范围
$\lambda < 0.036\ 7$	重度（III 级）污染行业	煤炭开采和洗选业；酒、饮料和精制茶制造业；石油加工、炼焦及核燃料加工业；黑色金属冶炼及压延加工业；有色金属冶炼及压延加工业
$0.036\ 7 \leqslant \lambda < 0.204\ 2$	严重（II 级）污染行业	石油和天然气开采业；有色金属矿采选业；纺织服装、服饰业；化学原料及化学制品制造业；化学纤维制造业；橡胶和塑料制品业；非金属矿物制品业；金属制品业；电力、热力生产和供应业
$\lambda \geqslant 0.204\ 2$	极重（I 级）污染行业	黑色金属矿采选业；纺织业；皮革、毛皮、羽毛及其制品和制鞋业；造纸及纸制品业；棉纺织业；医药制造业；重有色金属矿采选业

对于企业环境战略类型的划分，主要借鉴 Sharma 和 Vredenburg（1998）的分类方式，按照企业对于环境保护行为所持的态度分为前瞻型环境战略和反应型环境战略。采取前瞻型环境战略的企业通常会积极地采取措施来预防或减少环境污染，倾向于进行预防型绿色投资，即事前的主动投资，从企业生产过程的源头去解决污染问题。采取反应型环境战略的企业则是被动遵循政府的环境监管，对于开展环境管理的态度是比较消极的，通常会选择采用末端治理的方式来减少企业排污量。可见，企业对于绿色投资在不同环节的配置代表着企业的环境战略布局，故本书根据企业在预防型绿色投资和治理型绿色投资之间的配置比例来划分其环境战略类型。也就是说，如果企业在样本年度新增的预

防型绿色投资在当年绿色投资总额中所占的比例大于等于50%，则认为该企业采取的是前瞻型环境战略，否则即为反应型环境战略。

从表4-6中的各个细分类别来看，在按照行业分组时，极重污染行业的企业绿色投资效率均值相对较高（0.584 9），并有13.04%的企业达到最优绿色投资效率。在按照地区分组时，东北地区企业的绿色投资效率均值最高（0.579 6），并有10.00%的企业的位于绿色投资效率有效边界上。在按照企业环境战略类型分组时，采取前瞻型环境战略的企业的绿色投资效率均值（0.581 7）以及效率最优数量占比（12.28%）都高于实施反应型环境战略的企业的绿色投资效率均值（0.551 9）以及效率最优数量占比（8.29%）。在按照是否存在绿色投资总额冗余分组时，存在绿色投资冗余的企业的绿色投资效率均值（0.506 2）明显低于不存在投资冗余的企业的绿色投资效率均值（0.663 2）。由于 SBM-DEA 模型测度出的投入冗余部分实际上是未能充分发挥作用的绿色投资，这说明在我国绿色投资总体规模不足的情况下都未能充分使用已投入的绿色资金，不仅是资源配置的低效更造成了资源的浪费。

4.5　投入无效率与产出无效率分析

鉴于4.4节中发现重污染行业上市公司的绿色投资效率整体偏低，并且存在绿色投资冗余的企业的绿色投资效率低于不存在绿色投资冗余的企业，本节将通过度量投入无效率和产出无效率来深入挖掘企业绿色投资效率低下的原因。

表4-8报告了采用无导向、规模报酬可变的 SBM-DEA 模型（4-6）、模型（4-7）和模型（4-8）量化的企业绿色投资的投入无效率和产出无效率程度。可以看到，在三个模型中，投入无效率的均值都高于产出无效率的均值。因此，本节进一步对投入无效率和产出无效率的均值进行 T 检验，以测度这些均值之间的差异是否显著。从结果来看，三个 t 统计量均显著，并且具有1%水平上的统计显著性。由此可见，在样本企业中观察到的大部分绿色投资效率低下都归因于投入无效，这意味着污染企业存在冗余绿色投资的问题，说明在我国绿色投资总体规模不足的情况下都未能让绿色投资充分发挥作用；同时，也表明企业管理层在面对日益严格的环境监管时，只是粗放地对环境维度进行了投资，而没有考虑通过有效整合有限的资源来减少污染物排放，忽视了资源的合理配置与价值创造使用，在一定程度上造成了资源浪费。

表 4-8　基于无导向 SBM-DEA 模型的投入无效率和产出无效率分析

	模型 （4-6）		模型 （4-7）		模型 （4-8）	
	投入无效率	产出无效率	投入无效率	产出无效率	投入无效率	产出无效率
样本量	207	207	294	294	331	331
均值	0.800 3	0.594 6	0.836 8	0.655 7	0.900 2	0.748 1
标准差	0.365 3	0.319 8	0.335 3	0.315 8	0.256 3	0.299 5
中位数	0.991 5	0.681 4	0.994 9	0.729 7	0.996 3	0.905 5
最小值	0.000 0	0.000 0	0.000 0	0.000 0	0.000 0	0.000 0
最大值	1.000 0	0.996 5	1.000 0	0.999 9	1.000 0	0.999 9
T 检验	14.84***		15.64***		12.11***	

进一步，为了分析预防型绿色投资与治理型绿色投资的冗余情况是否有差异，本节对 SBM-DEA 模型 （4-1）、模型 （4-2） 和模型 （4-3） 所测算出的预防型绿色投资冗余的均值和治理型绿色投资冗余的均值进行 T 检验。从表 4-9 报告的结果来看，所有 t 统计量均不显著，说明样本企业的预防型绿色投资冗余与治理型绿色投资冗余并不存在显著差异，即两种类型的绿色投资都出现了投入冗余的问题。

表 4-9　预防型绿色投资与治理型绿色投资的投入冗余分析

	模型 （4-1）		模型 （4-2）		模型 （4-3）	
	GPIslack	GTIslack	GPIslack	GTIslack	GPIslack	GTIslack
样本量	207	207	294	294	331	331
均值	3 782.621	10 094.880	6 604.772	8 222.277	7 008.761	12 561.970
标准差	17 590.440	77 073.080	37 340.180	64 890.810	38 205.350	104 856.400
中位数	0.000	139.811	0.000	151.231	0.000	330.988
最小值	0.000	0.000	0.000	0.000	0.000	0.000
最大值	172 984.500	1 084 328.000	404 856.800	1 084 328.000	404 856.800	1 553 757.000
T 检验	−1.14		−0.37		−0.90	

4.6 企业绿色投资效率的敏感度分析

Charnes 等（1984）提出了对 DEA 模型进行敏感度分析的方法，具体来说，是通过逐步减少投入变量和产出变量，或者逐渐减少同类型决策单元（DMU）的个数，来重新计算效率值，并与原来的效率值进行比较，即可分析出该因素对于效率水平的影响情况。何平林等（2012）在运用数据包络分析研究我国火力发电厂的环境绩效时，也通过依次减少输入变量和输出变量的方式来重新计算环境绩效值，并通过与原始的环境绩效值进行对比作为敏感度分析，发现了各个变量对于环境绩效值的影响力强弱有别，从而找出了对环境绩效值呈现高度敏感的变量。因此，借鉴他们的研究思路，本节针对 SBM-DEA 模型（4-3），依次减少预防型绿色投资、治理型绿色投资、水污染物（COD）排放量、大气污染物（SO_2）排放量来重新测度企业绿色投资效率（GIE）的数值，在此基础上计算出相比 GIE 原始值的变化幅度（如表4-10 所示），并通过绘图的方式与原始的 GIE 数值进行对比分析，以此来深入挖掘不同类型的绿色投资以及不同种类的污染物排放对于企业绿色投资效率的敏感度，从而为重污染企业找出今后进行绿色投资管理的重点方向。

首先，从表4-10 计算的 GIE 变化幅度可以清晰地看到，治理型绿色投资（GTI）对企业绿色投资效率的敏感度最高，其次是预防型绿色投资（GPI）。相较之下，两种污染物排放量（COD 和 SO_2）对于企业绿色投资效率的敏感度则比较低。这表明提升企业绿色投资效率的关键取决于对预防型绿色投资和治理型绿色投资的合理配置与整合。

表4-10　企业绿色投资效率的敏感度分析

	GIE 原始值	GPI 敏感度	GTI 敏感度	COD 敏感度	SO_2敏感度
GIE 均值	0.562 2	0.423 6	0.286 1	0.530 9	0.535 5
GIE 变化幅度	—	−24.65%	−49.10%	−5.57%	−4.75%

其次，通过绘图的方式再来直观比较各个投入变量和非期望产出变量对企业绿色投资效率的敏感程度。从图4-1 可以看到，当在 SBM-DEA 模型（4-3）中减少了预防型绿色投资时，大多数企业的绿色投资效率都出现了大幅下降，计算发现，此时样本企业的绿色投资效率值相比原始值降低了 24.65%，这说明预防型绿色投资对于企业绿色投资效率值呈现出较高的敏感度。

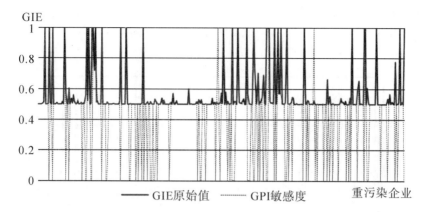

图 4-1　预防型绿色投资对企业绿色投资效率的敏感度分析

图 4-2 展现了治理型绿色投资对企业绿色投资效率的敏感度情况。当在 SBM-DEA 模型（4-3）中减少了治理型绿色投资时，发现绝大部分企业的绿色投资效率都出现了大幅下降，相比原始值降低了 49.10%，说明治理型绿色投资对于企业绿色投资效率值的敏感度非常高。这是因为治理型绿色投资是直接针对企业已经发生的污染进行治理，故而具有"立竿见影"的效果。所以，对重污染企业而言，其必须合理分配资源，保障有足够的治理型绿色投资。

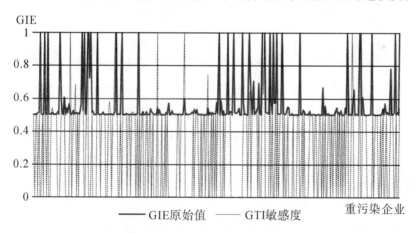

图 4-2　治理型绿色投资对企业绿色投资效率的敏感度分析

图 4-3 和图 4-4 分别呈现了 COD 排放量和 SO_2 排放量对企业绿色投资效率的敏感度。当在 SBM-DEA 模型（4-3）中减少 COD 排放量时，企业绿色投资效率相较原值下降了 5.57%；而减少 SO_2 排放量时，企业绿色投资效率则下降了 4.75%。由此可见，不论是水污染物排放量还是大气污染物排放量，对于

企业绿色投资效率的敏感度均不高，且不存在明显的差异。因此，企业在开展绿色管理的过程中，应该对水污染的治理和大气污染的治理给予同等的重视。

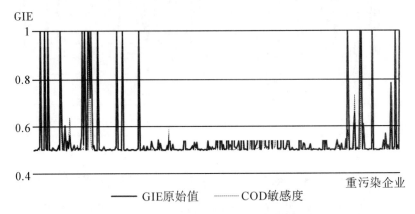

图 4-3　化学需氧量排放量对企业绿色投资效率的敏感度分析

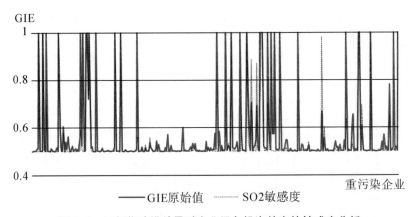

图 4-4　二氧化硫排放量对企业绿色投资效率的敏感度分析

　　总体来看，相较于污染物排放量而言，两种类型的企业绿色投资对于绿色投资效率的敏感度更高，尤其是治理型绿色投资。结合 4.5 节中发现企业绿色投资效率偏低的主要原因是绿色投资冗余，说明重污染企业应该将今后的绿色管理重点放在对绿色投资的规划与控制上，杜绝盲目投资，真正将绿色投资额"对症下药"地分配到污染治理中的疑难领域，并持续关注资金的使用状况与使用效果。这不仅能够较快地提升企业绿色投资效率，更能有效避免资源浪费。

4.7　企业绿色投资效率的动态变化分析

本节采用基于全局参比的 Malmquist-Luenberger 指数（GMLI 指数）来分析企业绿色投资效率动态变化。表 4-11 报告了分别应用 SBM-DEA 模型（4-1）、模型（4-2）和模型（4-3）结合全局参比的 Malmquist 模型来计算的 Malmquist-Luenberger 指数的分析结果。由于计算该指数需要样本企业连续两年都披露所需的污染物排放数据，但是部分样本企业是从 2017 年起才开始披露排污信息，这就造成了部分样本量的损失。不过，从现有样本的分析结果来看，仍然可以得到一些有价值的研究发现。

首先，三个模型度量出的 GMLI 的均值都大于 1，这说明大部分样本企业的绿色投资效率从 2016 年到 2017 年实现了增长，且增长率都在 60% 以上。其次，从技术效率变化指数（EC）来看，三个模型度量出的 EC 均值都小于 1，这说明大部分样本企业的技术效率并未实现增长，换言之，这些企业的污染防治水平本身并未提升。再次，从技术变化指数（TC）来看，三个模型所测度出的 TC 均值都大于 1，表明大多数样本企业都实现了技术进步，并且进步的企业占比达到了 80% 以上。

由此可见，从 2016 年到 2017 年，大部分重污染企业的绿色投资效率都实现了动态增长，并且主要是源自技术进步。这说明广泛应用清洁生产技术或环境友好的绿色技术来推动企业生产过程的绿色转型有利于提升企业的绿色投资效率，但与此同时，企业还需分析绿色管理中的薄弱环节并注重合理分配资源来提高污染防治水平。

表 4-11　基于全局参比 Malmquist-Luenberger 指数的企业绿色投资效率动态变化分析

变量		样本量	均值	标准差	中位数	最小值	最大值	实现增长数量	增长率
模型（4-1）	GMLI	43	1.048 8	0.282 9	1.000 1	0.501 8	1.999 9	30	69.77%
	EC	43	0.911 8	0.307 2	0.986 6	0.501 8	1.999 4	8	18.60%
	TC	43	1.217 7	0.354 4	1.026 3	0.998 5	1.963 9	42	97.67%
模型（4-2）	GMLI	66	1.033 0	0.229 8	1.000 1	0.501 3	1.999 9	40	60.61%
	EC	66	0.900 0	0.278 2	0.982 0	0.501 3	1.999 2	9	13.64%
	TC	66	1.220 2	0.359 3	1.022 6	1.000 0	1.980 4	66	100.00%

表4-11(续)

变量		样本量	均值	标准差	中位数	最小值	最大值	实现增长数量	增长率
模型 (4-3)	GMLI	77	1.029 4	0.179 9	1.000 1	0.501 0	1.999 9	49	63.64%
	EC	77	0.975 9	0.226 0	0.999 3	0.501 0	1.999 5	28	36.36%
	TC	77	1.091 1	0.256 4	1.001 1	0.947 9	1.992 5	62	80.52%

4.8 本章小结

企业是实现绿色经济发展的基本细胞，在当前愈发严峻的环境治理形势下，企业的绿色投资是否真的有效提升了企业环境绩效呢？本章以"效率"为切入视角，基于我国重污染行业 A 股上市公司的绿色投资及主要污染物排放量的详细手工数据，应用基于松弛度量（SBM）方法的数据包络分析（DEA），对微观企业级的绿色投资效率进行了非参数量化以及全面的评价分析。

研究发现，虽然重污染企业的绿色投资效率获得了动态增长并取得技术进步，但平均效率水平仍然较低，且主要是由企业绿色投资存在投入冗余问题造成的，说明在我国绿色投资总体规模不足的情况下都未能让绿色投资充分发挥作用。这也表明企业管理层在面对日益严格的环境监管时，只是粗放地对环境维度进行了投资，而没有考虑通过有效整合有限的资源来减少污染物排放，忽视了资源的合理配置与价值创造使用，在一定程度上造成了资源浪费。进一步分析发现，相较于污染物排放量而言，企业绿色投资对于绿色投资效率值呈现高度敏感，尤其是治理型绿色投资。本章的研究结论有助于企业识别环境管理中的薄弱环节和风险节点，为企业实现财务与非财务管理的相互平衡提供了依据。建议重污染企业应该将今后的绿色管理重点放在对绿色投资的规划与控制上，杜绝盲目投资，真正将绿色投资额"对症下药"的分配到污染治理中的疑难领域，并持续关注资金的使用状况与使用效果。这不仅能够较快的提升企业绿色投资效率，更能有效避免资源浪费。

5 地方政府环境规制执行
对企业绿色投资效率的影响

    政府监管是企业环境行为的主要决定因素，将监管方向从绿色投资驱动转向绿色投资效率驱动是引导企业实现高质量绿色发展的关键。在第 4 章使用数据包络分析对我国重污染企业的绿色投资效率进行量化的基础上，本书第 5 章从执行层面分析了地方政府环境规制与企业绿色投资效率的关系。研究发现：①地方政府环境规制执行力度对企业绿色投资效率具有显著的倒"U"形影响，并且根据污染排放强度不同，企业绿色投资效率对地方政府环境规制执行的反应存在差异；②相较于采取反应型环境战略的企业，实施前瞻型环境战略的企业绿色投资效率受到地方政府环境规制执行的倒"U"形影响更为显著，这表明企业环境战略是地方政府环境规制执行影响企业绿色投资效率的作用机制；③中央环保督察与高管持股加强了地方政府环境规制执行与企业绿色投资效率之间的倒"U"形关系，而公众环保意识和企业财务绩效则对此产生了削弱作用；④地方政府环境规制执行力度对企业绿色投资冗余具有显著的"U"形影响。本章的研究结论为我国当前的环境监管变革提供了有益参考，表明地方政府应该通过实施差异化的环境规制执行来优化企业绿色投资效率。

5.1 引言

    政府监管是企业环境行为的主要决定因素（吉利和苏朦，2016；Delmas & Toffel，2004；Henriques & Sadorsky，1996；Porter & van der Linde，1995；Wang et al.，2018；Zhao et al.，2015），而企业绿色投资效率作为企业环境实践效果的一种反馈，势必会受到政府环境规制的影响。我国实行的是环境规制权限在中央政府和地方政府之间进行分配的监管方式，中央政府制定的各项环境政策和监管规定主要是由地方政府来负责具体执行（Zheng，2007，金刚和沈坤荣，2018；Zhang et al.，2018），并且环境规制的实际效果关键取决于执法力度（包群 等，2013）。尽管自改革开放以来，我国陆续出台了大量环境政策并不断加强对环境污染治理的重视程度，但在现实中却一直存在着环境政策执行不到位、为地方经济发展让步的问题。这主要是由于我国长期以来对地方政府官员的考察存在以经济指标为基础的"政治晋升锦标赛"，地方领导干部的政绩要通过 GDP 的增长来体现，因此，地方官员倾向于放松环境管制、以牺牲环境为代价来优先发展地方经济（И. А. 什米廖娃和王冠军，2011；Chang & Wu，2014；Cull et al.，2017；Jia，2017），对一些营利性企业的环境污染行为提供庇护（Morduch & Sicular，2010；Shi & Zhang，2006），并且对存在政治关联的企业也施行的是环境"软约束"（方颖和郭俊杰，2018）。不过，在我国进入绿色发展新时期之后，随着生态环境监管体制的持续改革以及生态文明建设的不断加强，在对地方政府官员的政绩考核中开始不断提升环保因素所占的比例①。同时，考虑到环境问题的爆发存在一定滞后性，为了避免一些地方政府官员仍然固守"唯 GPD"的在任政绩观而只注重发展地方经济、忽略环境保护，我国在《生态文明体制改革总体方案》中明确要"建立生态环境损害责任终身追究制"，意为即使生态环境损害在领导干部离任以后才出现，若该损害程度严重并且认定其应该承担责任，则依然要对领导干部追究相应的责任，即实行终身追究（宋献中和胡珺，2018）。除此之外，中央全面深化改革领导小组第十四次会议审议通过了《环境保护督察方案（试行）》，在全国范围内如火如荼地开展了严厉的中央环保督察，对地方环境保护"党政同责、一岗双责"的机制进行夯实。这些改革措施使得地方政府对于环境规制的执行情况也发生了变化。由于我国各地区所处的发展阶段和改革进程存在差异，地方政府在环境规制的执行力度上也具有异质性，这会对企业绿色投资效率产生不同的影响，而已有文献中针对地方政府执行环境规制来推动企业积极开展绿色管理的直接效应分析却并不多（龙文滨 等，2018）。

---

① 2013 年 12 月 6 日，中央组织部印发了《关于改进地方党政领导班子和领导干部政绩考核工作的通知》，强调对地方党政领导班子和领导干部的政绩考核不能只依据地方 GDP 及其增长率，而应该看全面工作并加强对政绩的综合分析，杜绝以高污染、高排放来换取经济增长速度的行为。2016 年 12 月 22 日，中共中央办公厅和国务院办公厅印发了《生态文明建设目标评价考核办法》，明确指出生态文明建设目标的评价考核结果将会纳入领导干部综合考核评价，并作为领导干部奖惩任免的重要依据。

鉴于此，本章以 2016—2017 年沪深两市重污染行业 A 股上市公司作为研究样本，实证检验了地方政府环境规制执行对企业绿色投资效率的影响。研究发现，地方政府环境规制执行力度对企业绿色投资效率具有显著的倒"U"形影响，并且根据污染排放强度不同，企业绿色投资效率对地方政府环境规制执行的反应存在差异。进一步考虑企业环境战略作为地方政府环境规制执行影响企业绿色投资效率的作用机制，发现相较于采取反应型环境战略的企业，实施前瞻型环境战略的企业绿色投资效率受到地方政府环境规制执行的倒"U"形影响更为显著。再深入分析发现，企业的外部因素和内部因素对上述倒"U"形关系具有显著的调节作用，具体表现为中央环保督察与企业高管持股加强了地方政府环境规制执行对企业绿色投资效率的倒"U"形影响；而公众环保意识和企业财务绩效则削弱了地方政府环境规制执行与企业绿色投资效率之间的倒"U"形关系。除此之外，还发现地方政府环境规制执行力度对企业绿色投资冗余具有显著的"U"形影响。

本章余下部分的结构安排如下：5.2 节是理论分析与研究假设；5.3 节介绍本章的研究设计；5.4 节报告描述性统计分析；5.5 节是多元回归分析结果；5.6 节进行稳健性检验；5.7 节是本章小结。

5.2 理论分析与研究假设

5.2.1 地方政府环境规制执行与企业绿色投资效率

Porter 和 van der Linde（1995）提出的"波特假说"认为，制定并执行恰当、严格的环境规制能够促使企业进行技术创新以提升企业的生产率与竞争力，而环境规制所产生的遵循成本能够部分甚至全部被创新带来的补偿效应所抵消，实现经济增长和环境保护的双赢。虽然学者们对此存在争议，但已有文献证实了环境规制对环境创新具有正向的影响（Johnstone et al., 2010），环境规制与环境效率之间存在正相关关系（沈能，2012），环境规制促进了工业行业全要素生产率增长（李树和陈刚，2013）等。随着地方政府环境规制执行力度的逐渐加强，企业可能会开展绿色管理并积极进行绿色研发或改造清洁生产技术、采用节能降耗设备等减少污染排放，这将有利于促进绿色投资效率的提高。

但是，从另一方面来看，愈发严格的地方政府环境规制给企业带来了巨大的合法性压力，有可能造成企业盲目进行绿色投资而忽略了资源分配有效性，以致出现投入冗余的现象而降低企业绿色投资效率。此外，由于污染避难所的存在，当一个地区的环境规制加强时，部分企业可能会选择迁移到其他环境规制较弱的地区来避免环境遵循成本而不是就地创新，这就削弱了地方环境规制促进企业创新的波特效应（金刚和沈坤荣，2018；Copeland & Taylor，2004）。可见，地方政府环境规制执行对企业绿色投资效率的提升具有积极效应，但随着执行力度的不断加强，地方政府环境规制对企业绿色投资效率的消极效应也将逐渐凸显。基于此，本章提出如下主要研究假设 H5-1：

假设 H5-1：地方政府环境规制执行对企业绿色投资效率具有倒 "U" 形影响。

5.2.2 地方政府环境规制执行、企业环境战略与企业绿色投资效率

企业是由各种资源所组成的（Penrose，1959；Wernerfelt，1984）。自然资源基础观理论认为企业的环境行为会受到多种资源的可支配程度的影响，这些资源包括企业的财务状况、污染预防能力、污染治理能力、管理技能、技术水平、创新能力，以及利益相关者关系等（Hart，1995）。企业只有对不同的资源进行合理、有效地配置，才能获取竞争优势（刘亚军和陈国绪，2008；Madsen，2009）。因此，企业在进行环境管理时会根据自身的资源状况进行整合，并据此选择适合自己的环境战略。换言之，企业环境战略的类型也就代表着企业之间资源配置的差异，这会使不同企业的绿色投资效率水平也出现差异。再进一步，当面对地方政府的环境监管时，不同企业的应对措施、策略与态度都是不同的，这也表现为企业在环境战略上的差异，而采取不同环境战略的企业在提升其绿色投资效率的方式与难易程度上也不尽相同。

按照企业对于环境保护行为所持的态度，企业环境战略主要分为前瞻型环境战略和反应型环境战略（Sharma & Vredenburg，1998）。若企业实施前瞻型环境战略，则会积极地采取措施来预防或减少环境污染，是超越了环境监管部门和环境法规的要求来主动开展环境管理，也会在大多数情况下优先处理环境污染问题（Aragón-Correa et al.，2004），并将污染治理的过程视为企业的机会而主动进行创新活动（Peiró-Signes et al.，2012），倾向于进行预防型绿色投资，即事前的主动投资，从企业生产过程的源头去解决污染问题。在地方政府环境规制执行力度变大时，实施这种战略的企业因其通常拥有更多的财务资源与卓越的绿色管理能力（Christmann，2000；Sharma，2000；Sharma & Vredenburg，1998），且不可能被其他公司轻易模仿（Clarkson et al.，2011），就会存在更大的资源配置与整合空间，并更能够发挥自身的主观能动性，从而迅速实

现更大程度的污染物减排，以提升绿色投资效率。但是，随着环境规制执行力度的不断变强，采取前瞻型环境战略的企业有可能过度进行预防型绿色投资，加之这种类型的绿色投资对于减少污染的效果并非立竿见影，而是需要一定的时间和过程，这会造成企业当期的绿色投资对于最优效率水平而言是冗余的，因而出现绿色投资效率反而下降的现象。

若企业采取的是反应型环境战略，则企业是被动遵循政府的环境监管，对于开展环境管理的态度是比较消极的，通常会选择采用末端治理的方式来减少企业排污量（Sharma & Vredenburg，1998）。因此，无论地方政府环境规制的执行力度是否变强，企业的主要环境管理目标都只是达标排放、不违规或避免环境处罚，只要满足利益相关者的最低环境要求即可（Henriques & Sadorsky，1999）。与此同时，实施这种环境战略的企业在治理污染方面的资源配置空间也较小，这都会导致企业能够实现的污染物减排是有限的，故其绿色投资效率的变化程度也不会太大。

综合来看，就实施前瞻型环境战略的企业而言，地方政府环境规制执行对其绿色投资效率同时具有更强的积极效应与消极效应，因而会产生更明显的倒"U"形影响。而对于实施反应型环境战略的企业来说，地方政府环境规制的执行力度对其绿色投资效率的影响则不太明显。基于此，本章提出研究假设H5-2：

假设H5-2：相较于采取反应型环境战略的企业，实施前瞻型环境战略的企业绿色投资效率受到地方政府环境规制执行的倒"U"形影响更为显著。

5.2.3 地方政府环境规制执行与企业绿色投资效率：中央环保督察与公众环保意识的调节效应

由于我国的环境规制权限在中央和地方政府之间进行了分配，中央对于地方政府执行环境规制情况的监督自然成为我国环境治理的重要环节（沈洪涛和周艳坤，2017）。中央环保督察自2016年1月开展以来，在两年时间内已完成了对全国各个省份（自治区或直辖市）的全覆盖，问责人数超过1.7万（张璐晶 等，2017）。如此严格的督察力度势必会对地方政府环境规制执行与企业绿色投资效率之间的关系产生重大影响。一方面，中央环保督察组的进驻使得当地企业面临更严格的环境监管和检查，地方政府也将更认真地履行环保监管职责、落实各项环境政策，因此，企业出于合法性的要求以及有限的资源限制，会积极开展绿色治理、关注资源的合理分配以提升绿色投资效率；但另一方面，面对中央环保督察组的各项严格检查，地方政府也可能采取比较极端的措施，如对污染企业进行短期限产、停产的要求等，这对企业的日常运营和绿色投资计划都会产生很大的影响，进而限制了企业绿色投资效率的增长。同时，由于一些被作为重点环境督察对象的大型企业通常在地区经济发展中发挥着重要作用，能够创造大量财政收入和就业机会，故地方政府也可能为了地方经济增长达标而对这些企业提供更多的庇护。由此，形成了中央环保督察对地方政府环境规制执行的"挤出效应"。可见，中央环保督察可能会同时增强地方政府环境规制执行对企业绿色投资效率的积极作用和消极作用，从而使地方政府环境规制执行与企业绿色投资效率之间的倒"U"形关系更加陡峭。基于此，本章提出以下研究假设：

假设 H5-3a：中央环境保护督察加强了地方政府环境规制执行与企业绿色投资效率之间的倒"U"形关系。

党的十九大报告提出，我们应该构建"政府为主导、企业为主体、社会组织和公众共同参与的环境治理体系"。自从我国雾霾天气频发，公众对于环境污染问题的关注度开始不断提高。作为污染企业重要的外部利益相关者，广大民众通过环境信访投诉、举报等方式对企业的污染行为起着重要的监督作用。胡珺等（2017）发现，当企业所在地区的公众环保意识强烈时，将能够促进高管的"家乡认同"情结对企业环境绩效的提升作用。这也说明利益相关者的环境偏好使企业产生了树立"绿色企业形象"的需求（Antle & Heidebrink，1995；Kitzmueller & Shimshack，2012），并且利益相关者对环境保护的诉求越强烈对企业造成的环境压力越大，这会促使企业采取积极的环境战略来改善其环境管理能力（Baker & Sinkula，2005）。因此，无论是处于地方政府严格环境监管下的企业，还是面对地方政府较弱地执行环境规制的企业，公众环保意识的加强都会使其出于构建绿色形象和环境声誉的需要而开展绿色管理、提升绿色投资效率，从而使地方政府环境规制执行与企业绿色投资效率之间的倒"U"形关系变得较为平坦。基于此，本章提出如下研究假设：

假设 H5-3b：公众环保意识削弱了地方政府环境规制执行与企业绿色投资效率之间的倒"U"形关系。

5.2.4 地方政府环境规制执行与企业绿色投资效率：高管持股与企业财务绩效的调节效应

企业高管的绿色投资决策过程既是对地方政府环境规制的应对，也是提升企业绿色投资效率的关键。根据"价值—信念—规范"理论，个人的环境主义价值取向会影响其对人与环境之间关系的认识，在形成了新生态模式信念后会影响对环境污染后果的认知,从而产生环境责任意识而采取环保行动(Stern et al., 1999)。除了高管自身的环境意识外,广大利益相关者,包括新闻媒体、环保公益组织或员工等,都会给予高管较大的环保舆论压力,使得高管不得不关注自身的环境声誉,以免受合法性损失(Thornton et al., 2010),加之企业社会责任活动的履行具有"声誉保险"作用(傅超和吉利,2017;Hoi et al., 2013),这会使高管更加注重企业环境治理。并且,投资者对企业绿色投资决策的积极乐观反应(Martin & Moser, 2016),以及企业环保信息披露能够带来显著大于零的累计超额回报率(崔恺媛,2017),都说明了投资者已经具有环境偏好。因此,当高管持股比例较高时,其会有更大的动力提升企业绿色投资效率。但是,绿色投资并不产生直接的经济利益,而是通过节约能源、避免赔偿与罚款或取得政府环境补贴等方式产生收益,这种收益通常在决策过程中会被忽略,致使绿色投资项目的预期报酬率偏低,甚至让一些管理者产生"环境与利润的冲突远超过他们之间协同"的刻板印象(董正信 等,2016)。这就导致当高管持股比例较高时,会把更多资源投入能产生直接利润的项目以追求个人收益的最大化,而不愿在提升企业绿色投资效率方面花费过多的资源和精力。总之,高管持股对地方政府环境规制执行与企业绿色投资效率的关系既具有促进作用也会有抑制作用,以致它们之间的倒"U"形关系变得更加陡峭。基于此,本章提出以下研究假设:

假设 H5-4a:企业高管持股加强了地方政府环境规制执行与企业绿色投资效率之间的倒"U"形关系。

现实中大多数企业在环境方面的投资行为体现出"被动"迎合政府环境管制需要的特征(唐国平 等,2013)。然而,环保投资规模是影响企业环保投资效率的重要因素之一(唐国平和李龙会,2017)。虽然企业绿色投资的范畴大于传统的环保投资,但企业绿色投资效率的提升也必须以一定规模的绿色投资作为前提。如若企业的盈利能力较强,其财务绩效将能够弥补绿色投资带来的机会成本;可是,当企业财务状况陷入亏损时,即便面临严格的环境规制,其也难以保证充足的绿色投资。此外,企业的财务绩效与环境绩效之间通常具有显著的正向交互影响(徐建中 等,2018;张长江 等,2016;Clarkson et al., 2011),这能够为企业充分发挥绿色投资的要素利用效率提供一定的财务保障。由此可知,无论企业面对的是较弱还是较强的地方政府环境规制执行力度,财务绩效的提升都能够使企业拥有更多的资源和空间来提高其绿色投资效率,故地方政府环境规制执行与企业绿色投资效率的倒"U"形关系也因而变得比较平坦。基于此，本章提出以下研究假设：

假设 H5-4b：企业财务绩效削弱了地方政府环境规制执行与企业绿色投资效率之间的倒"U"形关系。

5.3　研究设计

5.3.1　样本选取与数据来源

由于度量企业绿色投资效率需要上市公司的污染物排放信息，而属于环境保护部门公布的重点排污单位的上市公司从 2016 年起才开始陆续在其年报中披露详细的排污数据，因此，本章选取 2016—2017 年沪深两市 A 股重污染行业上市公司作为研究对象，具体筛选过程与第 4 章保持一致，得到 656 个公司年度观测值作为初始样本。进一步，从 4.3 节的描述性统计中可以看到这 656 个公司年度观测值的七种主要污染物①排放情况。由于证监会对企业的污染信息披露没有具体的标准和要求，例如必须披露哪些污染物及哪些指标等，这使得每个样本企业的污染物排放量信息披露都有所不同。考虑到企业主要产生水污染和大气污染，并且在对样本企业的污染物排放量披露情况进行详细的统计分析后，发现同时披露化学需氧量和二氧化硫排放量的企业数量最多，故本章选取同时披露了化学需氧量与二氧化硫排放量的企业来计算绿色投资效率。在剔除了样本期间没有进行任何绿色投资的企业后，最终得到 331 个公司年度观测值作为本章进行回归分析的样本，这与第 4 章中应用于 SBM-DEA 模型（4-3）的样本一致。此外，本章还选取了同时披露化学需氧量、氨氮、二氧化硫及氮氧化物排放量的企业来作为回归样本进行稳健性检验，这与第 4 章中应用于 SBM-DEA 模型（4-2）的样本一致。

本章的地方政府环境规制执行力度数据来自公众环境研究中心（IPE）和自然资源保护协会（NRDC）编制的污染源监管信息公开指数（PITI）。中央环保督察数据和公众环保意识数据是从我国生态环境部官方网站上手工搜集而来的。环境质量数据来源于国际环保组织绿色和平（GREENPEACE，https://

---

①　在这七种污染物中，化学需氧量、氨氮及废水排放量反映企业产生的水污染情况，其中，披露化学需氧量排放量的企业最多；二氧化硫、氮氧化物、烟尘粉尘颗粒物排放量则反映企业产生的大气污染情况，其中，披露二氧化硫排放量的企业最多；固体废物排放量反映企业产生的土壤污染情况。

www.greenpeace.org.cn/）公布的我国各省级行政区全年 PM2.5 平均浓度。人均地区生产总值数据和工业企业规模数据分别来源于《中国统计年鉴》和《中国工业统计年鉴》并经手工整理而成。其余变量均来自 CSMAR 数据库和 Wind 数据库。

5.3.2 变量定义

（1）被解释变量：企业绿色投资效率（GIE）

由于本章选取的研究样本是同时披露了化学需氧量（COD）排放量与二氧化硫（SO_2）排放量的企业，故选择第 4 章中设定的产出导向型、规模报酬可变的 SBM-DEA 模型（4-3），并以预防型绿色投资和治理型绿色投资作为投入变量，以 COD 和 SO_2 的年度总排放量作为非期望产出变量，计算企业绿色投资效率值。

（2）解释变量：地方政府环境规制执行力度（ENregulation）

参考沈洪涛和冯杰（2012）、姚圣等（2016）以及 Yu 等（2018）的做法，本章采用公众环境研究中心（IPE）[①] 和自然资源保护协会（NRDC）[②] 共同编制的我国城市污染源监管信息公开指数（PITI）[③] 来衡量地方政府环境规制执行力度。PITI 指数的评价标准涵盖了现行环保法律法规的要求、国际先进案例和公众维护自身环境权益需要等维度，其评价体系充分考虑了我国目前严峻的环境形势以及环保政策监管体系重构、改进的趋势，对被评价的城市从环境监管信息、污染源自行公开、互动回应、企业排放数据、环境影响评价信息这五大方面分明细项目进行了评分，在加权汇总后给出了每个城市的评分和排名情况并形成了详尽的分析报告每年进行发布。附录 1 中具体列示了 2015—2017 年各城市的 PITI 指数评价得分明细表。PITI 指数是我国当前能够最全面、客观的对各地方政府执行环境信息披露政策的实际情况和异质性进行衡量的指数，而地方政府的环境信息透明度越高则表明地方政府的环境监管力度越严（沈洪涛和冯杰，2012；Yu et al.，2018）。因此，运用 PITI 指数能够更好地从

[①] 公众环境研究中心（Institute of Public & Environmental Affairs，IPE）是一家在北京注册的公益环境研究机构。自 2006 年成立以来，IPE 致力于收集、整理和分析政府和企业公开的环境信息，全面收录了我国 31 个省、338 个地级市政府发布的环境质量、环境排放和污染源监管记录（http://www.ipe.org.cn/）。

[②] 自然资源保护协会（NRDC）是一家独立的非营利性国际公益环保组织，成立于 1970 年，目前拥有约 300 万会员及支持者，致力于保护地球环境，即保护人类、动植物以及所有生灵所倚赖的生态系统（http://www.nrdc.cn/）。

[③] PITI 指数年度报告从 2008 年起每年在公众环境研究中心（IPE）的官方网站进行发布（http://www.ipe.org.cn/reports/Reports_18336_1.html）。

执行层面刻画各个地方政府对于环境规制的落实情况与执行强度。

关于环境规制的衡量，已有研究中提出了多种做法，主要包括：①以政府颁布的环境政策、法律或行政规章的数量来表示（李树和翁卫国，2014）；②以各个行业污染治理费用占工业产值的比例来衡量（沈能，2012）；③以经过修正的地方环境污染治理投入来衡量（Henderson & Millimet，2007；Keller & Levinson，2002）；④以各地区的排污费收入或排污费占工业总产值的比重来衡量（李胜兰等，2014；王兵 等，2010；Levinson，1996）；⑤以各地区环境保护机构的人员数量来衡量（Bu et al.，2013）；⑥以地方政府查处的环境违法企业数量与地方工业企业总数的比值来衡量（金刚和沈坤荣，2018）；⑦以各种污染物的排放密度来度量（Cole & Elliott，2003）；⑧基于"三废"污染指标（废水、废气、废渣）来构建行业或地区的环境规制综合指数（傅京燕和李丽莎，2010；李玲和陶锋，2012；唐国平 等，2013）等。由于本章的研究角度是从执行层面去度量地方政府环境规制的执行情况，而在以上的衡量方法中，有的对于刻画环境规制的执行力度存在局限或噪音，有的所包含的环境规制只是某个维度，所以，就衡量地方政府环境规制的综合执行情况而言，这些做法均存在一定的不足。与此相比，PITI 指数的评价体系从各个方面衡量了地方政府对企业的环境监管情况，包括对日常超标违规记录、企业环境行为评价、排污费公示、自行监测信息公开、重点排污单位信息公开、环境信访投诉、依申请公开情况、重点企业排放数据公开、清洁生产审核公示、环境影响评价信息等，并且具体到各个城市（见附录 1），这就能够更全面地反映出地方政府对多维度环境规制的综合执行力度。与此同时，公众环境研究中心（IPE）和自然资源保护协会（NRDC）是比较权威的第三方环保公益组织，加之 PITI 指数经多方专家论证、改进后已经发展得较为成熟，从 2008 年起就每年在 IPE 官方网站发布 PITI 指数年度报告，故他们的评分比较客观且有很高的可信度。因此，本章选择采用 PITI 指数来衡量地方政府环境规制执行力度。与此同时，为了保证研究结论的稳健性，本章也选取了其他衡量地方政府环境管制严格程度的方法来进行稳健性检验。

在 ENregulation 的具体度量过程中，本章将样本企业的注册地址所在城市与 PITI 指数报告中的城市进行匹配①，从而得到了样本企业所在城市的相应得

———————————

① IPE 与 NRDC 编制的 PITI 指数报告涵盖了我国 120 个环保重点城市。除此之外，他们和南京大学进行了合作，由南京大学环境管理与政策研究中心筛选全国范围内 25 个非环保重点城市，于 2015 年起每年采用同样的 PITI 评价标准对这 25 个城市进行评价。本书在匹配样本企业的 PITI 指数得分时，同时采用了 IPE 与 NRDC 发布的 120 个环保重点城市 PITI 指数报告和南京大学发布的 25 个非环保重点城市 PITI 指数报告。

分，分数越高则表示企业面临的地方政府环境规制执行力度越强。对于在 PITI 指数报告中没有对应城市的样本企业，本章采用了同省份内与其地理距离最近的城市的 PITI 指数得分作为其 ENregulation 的取值①。此外，本章还选择了这些企业所属省份中被纳入 PITI 评价的所有同省份城市的中位数得分作为其 ENregulation 的取值进行稳健性检验。考虑到地方政府环境规制执行对企业绿色投资效率的影响存在一定的时间滞后和反应过程，以及尽量控制内生性问题的需求，本章将地方政府环境规制执行力度（ENregulation）进行了滞后一期处理。

（3）调节变量

对于企业采取的环境战略类型（Strategy），本章设置了虚拟变量。若企业在样本年度新增的预防型绿色投资在当年绿色投资总额中所占的比例大于等于 50%，则认为该企业采取的是前瞻型环境战略，取值为 1；否则即认为其采取的是反应型环境战略，取值为 0。

在企业外部调节变量中，本章对中央环保督察（ENsupervision）设置了虚拟变量，对公众环保意识（ENAW）则采用企业所属省份（自治区或直辖市）的 12369 环保举报热线在样本年度接到的群众举报案件总数进行衡量并滞后一期处理以考虑影响的时效性。在企业内部调节变量中，本章用企业高管的持股数量与总股数的比值来衡量高管持股比例（EXSR），用总资产净利润率来衡量企业财务绩效（ROA）。

（4）控制变量

鉴于企业绿色投资效率问题涉及企业投资行为、环境绩效和企业环境治理等方面，参考相关研究（胡珺 等，2017；吉利和苏朦，2016；沈洪涛和周艳坤，2017；唐国平和李龙会，2013a；唐国平 等，2013；徐晨阳 等，2018），本章从企业层面和外部环境两大方面对企业绿色投资效率的影响因素进行了控制。

就企业层面而言，本章控制了四类影响因素：①企业基本面因素，包括企业规模（Size）、企业产权性质（SOE）、财务杠杆（Leverage）；②企业绿色投资结构差异因素，包括以滞后一期的企业新增绿色投资衡量的绿色投资惯性

---

① 由于 IPE 与 NRDC 发布的 120 个环保重点城市 PITI 指数报告和南京大学发布的 25 个非环保重点城市 PITI 指数报告中均未涵盖西藏自治区的任何城市，对于样本中注册在西藏自治区的三家企业，本书根据其具体污染子公司或工厂所在城市的 PITI 指数得分进行匹配，未披露该信息的则根据邻近省份中地理距离最近的城市进行匹配。当在样本中剔除这三家注册在西藏自治区的企业时，本章的所有回归结果仍然不变，故出于对样本量的考虑，本章保留了这三家样本企业。

（CIIN）、绿色投资总规模（CIscale）、绿色研发投入比例（CRDratio）、预防型绿色投资规模（lnGPI）、治理型绿色投资规模（lnGTI）；③企业投资效率影响因素，包括投资机会（Opportunity）、经营现金流（OCF）；④公司治理因素，包括股权集中度（LSR）、董事会规模（BDsize）、董事会平均年龄（DAGE）、两职兼任（Duality）。

对于企业所面临的外部环境影响，本章控制了人均地区生产总值（PGDP）、滞后一期的环境质量（EQRank）和滞后一期的工业企业规模（lnIEN）。所有变量的详细定义和度量方法见表5-1。

表5-1 变量的详细定义

变量类型	变量符号	变量名称	变量度量方法
被解释变量	GIE	企业绿色投资效率	由数据包络分析方法的SBM-DEA模型计算得出
解释变量	ENregulation	地方政府环境规制执行力度	企业注册地址所在城市的PITI指数得分
调节变量	Strategy	企业环境战略	虚拟变量，若企业在样本年度新增的预防型绿色投资在当年绿色投资总额中所占的比例大于等于50%，则该企业采取的是前瞻型环境战略，取值为1；否则即为反应型环境战略，取值为0
	ENsupervision	中央环保督察	虚拟变量，若企业所属省份（自治区或直辖市）在样本年度经历了中央环境保护督察则取值为1，否则为0
	ENAW	公众环保意识	企业所属省份（自治区或直辖市）的12369环保举报热线在样本年度接到的群众举报案件总数
	EXSR	高管持股比例	企业的高管人员持股数量占总股数的比例
	ROA	财务绩效	总资产净利润率=净利润/总资产余额
企业层面控制变量	Size	企业规模	企业年末总资产的自然对数
	SOE	企业产权性质	虚拟变量，企业的实际控制人若为国有单位则取值为1，否则为0
	Leverage	财务杠杆	资产负债率=负债总额/资产总额
	GIIN	绿色投资惯性	企业上年新增的绿色投资，用上年末总资产进行标准化
	GIscale	绿色投资总规模	企业在样本年度新增的绿色投资与年末资产总额的比值
	GRDratio	绿色研发投入比例	企业在样本年度新增的绿色研发投入占当年新增绿色投资总额的比例

表5-1（续）

变量类型	变量符号	变量名称	变量度量方法
企业层面控制变量	lnGPI	预防型绿色投资规模	企业在样本年度新增的预防型绿色投资的自然对数
	lnGTI	治理型绿色投资规模	企业在样本年度新增的治理型绿色投资的自然对数
	Opportunity	投资机会	托宾Q值=市值/资产总额
	OCF	经营现金流	企业经营活动产生的现金流量净额，用年末总资产进行标准化
	LSR	股权集中度	企业中第一大股东的持股比例
	BDsize	董事会规模	企业中董事的总人数
	DAGE	董事会平均年龄	企业中董事的平均年龄
	Duality	两职兼任	虚拟变量，企业董事长与总经理若为同一人则取值为1，否则为0
外部环境控制变量	PGDP	人均地区生产总值	企业所属省份（自治区或直辖市）的地区生产总值/平均总人口
	EQRank	环境质量	企业所属省份（自治区或直辖市）的PM2.5全年平均浓度的排名
	lnIEN	工业企业规模	企业所属省份（自治区或直辖市）的工业企业总数的自然对数

5.3.3 模型构建

为检验假设 H5-1，本书构建模型（5-a）来研究地方政府环境规制执行对企业绿色投资效率的影响。

$$GIE_{i,t} = \alpha + \beta_1 ENregulation_{i,t-1} + \beta_2 ENregulation_{i,t-1}^2 + \beta_3 Size_{i,t} + \beta_4 SOE_{i,t} +$$
$$\beta_5 Leverage_{i,t} + \beta_6 GIIN_{i,t-1} + \beta_7 GIscale_{i,t} + \beta_8 GRDratio_{i,t} + \beta_9 lnGPI_{i,t} +$$
$$\beta_{10} lnGTI_{i,t} + \beta_{11} Opportunity_{i,t} + \beta_{12} OCF_{i,t} + \beta_{13} LSR_{i,t} + \beta_{14} BDsize_{i,t} +$$
$$\beta_{15} DAGE_{i,t} + \beta_{16} Duality_{i,t} + \beta_{17} PGDP_{i,t} + \beta_{18} EQRank_{i,t-1} +$$
$$\beta_{19} lnIEN_{i,t-1} + Area_i + Industry_i + Year_t + \varepsilon_{i,t} \tag{5-a}$$

其中，ENregulation 作为主要解释变量，表示地方政府环境规制执行力度，本章加入了 ENregulation 的平方项来检验地方政府环境规制执行与企业绿色投资效率之间是否存在非线性关系。被解释变量 GIE 是使用第 4 章中的 SBM-DEA 模型（4-3）计算得出的企业绿色投资效率值。由于 SBM-DEA 模型计算出的 GIE 数值在 0 到 1 之间，且绿色投资达到有效时的企业效率值均为 1，表现为归并数据，是一种受限被解释变量。因此，本章采用 Tobit 回归（也称为归并回归，censored regression）来进行多元回归分析。同时，也使用了 OLS 进行估计以作为对比。Area、Industry 和 Year 分别表示控制了地区效应、行业效应和时间效应。

对于假设 H5-2，本章按照企业所采取的环境战略类型将样本企业划分为两个组，一组是实施前瞻型环境战略的企业，另一组则是实施反应型环境战略的企业，并构建模型（5-b）分别进行回归分析。由于在衡量企业所采取的环境战略类型时，已经考虑了企业的预防型绿色投资与治理型绿色投资的规模大小，所以在模型（5-b）的控制变量中去掉了 lnGPI 和 lnGTI。

$$
\begin{aligned}
\text{GIE}_{i,t} = {} & \alpha + \beta_1 \text{ENregulation}_{i,t-1} + \beta_2 \text{ENregulation}_{i,t-1}{}^2 + \beta_3 \text{Size}_{i,t} + \beta_4 \text{SOE}_{i,t} + \\
& \beta_5 \text{Leverage}_{i,t} + \beta_6 \text{GIIN}_{i,t-1} + \beta_7 \text{GIscale}_{i,t} + \beta_8 \text{GRDratio}_{i,t} + \\
& \beta_9 \text{Opportunity}_{i,t} + \beta_{10} \text{OCF}_{i,t} + \beta_{11} \text{LSR}_{i,t} + \beta_{12} \text{BDsize}_{i,t} + \beta_{13} \text{DAGE}_{i,t} + \\
& \beta_{14} \text{Duality}_{i,t} + \beta_{15} \text{PGDP}_{i,t} + \beta_{16} \text{EQRank}_{i,t-1} + \beta_{17} \text{lnIEN}_{i,t-1} + \\
& \text{Area}_i + \text{Industry}_i + \text{Year}_t + \varepsilon_{i,t}
\end{aligned} \tag{5-b}
$$

对于假设 H5-3a，本章按照样本企业是否在当年经历了中央环保督察分为两组并应用回归模型（5-a）进行检验。对于假设 H5-3b，则构建了回归模型（5-c），引入滞后一期的公众环保意识 ENAW、ENAW 与地方政府环境规制执行力度 ENregulation 一次项的交乘项，以及 ENAW 与 ENregulation 平方项的交乘项来进行检验。

$$
\begin{aligned}
\text{GIE}_{i,t} = {} & \alpha + \beta_1 \text{ENregulation}_{i,t-1} + \beta_2 \text{ENregulation}_{i,t-1}{}^2 + \beta_3 \text{ENregulation}_{i,t-1} \times \\
& \text{ENAW}_{i,t-1} + \beta_4 \text{ENregulation}_{i,t-1}{}^2 \times \text{ENAW}_{i,t-1} + \beta_5 \text{ENAW}_{i,t-1} + \\
& \sum_{n=6}^{N} \beta_n \text{Controls}_{i,t} + \text{Area}_i + \text{Industry}_i + \text{Year}_t + \varepsilon_{i,t}
\end{aligned} \tag{5-c}
$$

针对假设 H5-4a，本章将样本企业按照高管持股比例（EXSR）的样本中位数划分为高管持股比例较高和持股比例较低两组，并应用回归模型（5-a）分别进行检验。针对假设 H5-4b，则通过引入企业财务绩效 ROA、ROA 与地方政府环境规制执行力度 ENregulation 一次项的交乘项，以及 ROA 与 ENregulation 平方项的交乘项来构建回归模型（5-d）进行检验。

$$
\begin{aligned}
\text{GIE}_{i,t} = {} & \alpha + \beta_1 \text{ENregulation}_{i,t-1} + \beta_2 \text{ENregulation}_{i,t-1}{}^2 + \beta_3 \text{ENregulation}_{i,t-1} \times \text{ROA}_{i,t} + \\
& \beta_4 \text{ENregulation}_{i,t-1}{}^2 \times \text{ROA}_{i,t} + \beta_5 \text{ROA}_{i,t} + \sum_{n=6}^{N} \beta_n \text{Controls}_{i,t} + \text{Area}_i + \\
& \text{Industry}_i + \text{Year}_t + \varepsilon_{i,t}
\end{aligned} \tag{5-d}
$$

5.4 描述性统计分析

5.4.1 描述性统计

表5-2报告了本章样本企业观测值在我国31个省（区、市）的分布数量和比率，以及各个地方政府环境规制执行力度的均值。从样本企业的注册地区来看，分布在山东省的样本企业观测值最多，为36个（占比10.88%）；分布在海南省的样本企业观测值最少，仅为1个（占比0.30%）。从地方政府环境规制的平均执行情况来看，各个省份的差异较大，执行力度最强的是北京市（76.313），最弱的是甘肃省（33.971），这说明各个地方政府在具体执行环境规制时拥有较大的自由裁量权从而表现出较大的异质性。

表5-2 各省份样本企业分布及地方政府环境规制执行情况

样本企业注册地区分布	样本量	占样本总数的比率	地方政府环境规制执行力度均值	样本企业注册地区分布	样本量	占样本总数的比率	地方政府环境规制执行力度均值
上海	7	2.11%	69.286	河北	10	3.02%	53.800
云南	12	3.63%	48.958	河南	7	2.11%	41.143
内蒙古	4	1.21%	50.600	浙江	28	8.46%	68.107
北京	16	4.83%	76.313	海南	1	0.30%	64.900
吉林	4	1.21%	48.200	湖北	9	2.72%	43.300
四川	24	7.25%	49.250	湖南	7	2.11%	46.129
天津	3	0.91%	55.700	甘肃	7	2.11%	33.971
宁夏	2	0.60%	49.800	福建	12	3.63%	57.492
安徽	13	3.93%	56.846	西藏	3	0.91%	52.300
山东	36	10.88%	64.306	贵州	10	3.02%	43.960
山西	10	3.02%	34.820	辽宁	13	3.93%	50.185
广东	23	6.95%	60.317	重庆	4	1.21%	50.100
广西	10	3.02%	54.540	陕西	3	0.91%	55.700
新疆	2	0.60%	47.200	青海	2	0.60%	38.300
江苏	32	9.67%	60.388	黑龙江	3	0.91%	39.300
江西	14	4.23%	54.871	合计	331	100.00%	55.941

表 5-3 报告了主要变量的描述性统计结果。其中，企业绿色投资效率（GIE）的均值为 0.562，大于其中位数 0.503，表明大部分样本企业的绿色投资效率都未达到平均水平，反映出现阶段我国重污染行业上市公司的绿色投资效率水平整体偏低。主要解释变量地方政府环境规制执行力度（ENregulation）的最小值为 23.600，与其最大值 77.100 相差较大，并且其标准差达到了12.104，同样表明样本企业所面对的地方政府环境规制的执行力度差异很大，反映出各地方政府在执行相同的环境规制时存在较大的自由裁量空间。

在调节变量中，企业环境战略（Strategy）的均值为 0.344，表明在所有样本观测值中只有34.4%的公司年度观测值属于前瞻型环境战略类型，即只有小部分样本企业选择了前瞻型环境战略，大部分企业实施的则是反应型环境战略。另外，公众环保意识（ENAW）的标准差为50.467，说明不同地区的公众环保意识相差极大。

表 5-3　主要变量描述性统计

变　量	样本量	均　值	标准差	中位数	最小值	最大值
GIE	331	0.562	0.148	0.503	0.500	1.000
ENregulation	331	55.941	12.104	56.900	23.600	77.100
Strategy	331	0.344	0.476	0.000	0.000	1.000
ENsupervision	331	0.502	0.501	1.000	0.000	1.000
ENAW	331	64.946	50.467	60.000	0.000	220.000
EXSR	331	0.045	0.118	0.000	0.000	0.736
ROA	331	0.052	0.061	0.045	−0.250	0.340
Size	331	22.913	1.455	22.818	20.151	28.509
SOE	331	0.492	0.501	0.000	0.000	1.000
Leverage	331	0.431	0.214	0.426	0.047	1.229
GIIN	331	0.008	0.017	0.002	0.000	0.157
GIscale	331	0.009	0.020	0.003	0.000	0.175
GRDratio	331	0.052	0.213	0.000	0.000	1.000
lnGPI	331	3.806	4.122	0.828	0.000	12.994
lnGTI	331	5.460	3.534	6.445	0.000	14.256
Opportunity	331	1.875	1.559	1.388	0.113	8.607

表5-3(续)

变 量	样本量	均 值	标准差	中位数	最小值	最大值
OCF	331	0.069	0.060	0.068	-0.108	0.243
LSR	331	0.372	0.157	0.359	0.096	0.891
BDsize	331	8.927	1.644	9.000	5.000	15.000
DAGE	331	52.116	3.079	52.111	42.385	62.111
Duality	331	0.254	0.436	0.000	0.000	1.000
PGDP	331	66 937.370	27 566.900	60 199.000	27 643.000	128 994.100
EQRank	331	92.891	66.546	78.000	1.000	235.000
lnIEN	331	9.535	1.119	9.600	4.682	10.789

5.4.2 相关性分析

表 5-4 为主要变量的相关性分析结果，在左下区域和右上区域分别报告了 Pearson 相关系数和 Spearman 相关系数，结果显示所有变量之间的相关程度都在可接受范围之内，且变量之间不存在严重的多重共线性问题。

表 5-4(A) 相关性分析

变量	1	2	3	4	5	6	7	8	9	10	11	12
1. GIE		-0.01	0.13*	-0.01	0.05	0.32*	0.21*	-0.60*	-0.38*	-0.47*	-0.28*	-0.17*
2. ENregulation	0.02		0.04	0.01	0.21*	0.12*	0.17*	0.01	-0.07	-0.16*	-0.08	0.11
3. Strategy	0.10	0.04		-0.01	-0.01	0.13*	0.09	-0.02	-0.18*	-0.04	-0.09	0.27*
4. ENsupervision	-0.02	0.02	-0.01		-0.13*	0.01	0.03	0.02	-0.02	-0.01	0.09	0.05
5. ENAW	-0.03	0.16*	-0.00	-0.20*		0.19*	0.23*	-0.13*	-0.20*	-0.05	0.03	-0.01
6. EXSR	0.29*	0.05	0.16*	-0.06	0.06		0.33*	-0.36*	-0.56*	-0.31*	-0.14*	0.08
7. ROA	0.06	0.16*	0.05	0.02	0.10	0.17*		-0.20*	-0.36*	-0.45*	-0.10	0.11*
8. Size	-0.26*	0.05	0.01	0.02	-0.16*	-0.29*	-0.10		0.42*	0.61*	0.09	-0.16*
9. SOE	-0.21*	-0.07	-0.18*	-0.02	-0.18*	-0.37*	-0.26*	0.43*		0.38*	0.13*	-0.08
10. Leverage	-0.27*	-0.19*	-0.02	0.00	-0.03	-0.20*	-0.42*	0.53*	0.39*		0.18*	-0.01
11. GIIN	-0.09	0.05	0.01	0.03	0.01	-0.11*	-0.04	-0.04	0.05	0.01		0.24*
12. GIscale	-0.12*	0.12*	0.13*	0.09	-0.03	-0.06	0.03	-0.06	-0.05	-0.05	0.17*	
13. GRDratio	-0.05	-0.03	0.17*	-0.03	-0.02	-0.05	-0.08	0.05	0.03	0.10	-0.03	-0.08
14. lnGPI	-0.04	0.07	0.77*	0.01	-0.09	0.02	0.02	0.23*	-0.04	0.10	0.08	0.24*
15. lnGTI	-0.33*	0.03	-0.65*	0.04	-0.08	-0.26*	-0.04	0.25*	0.26*	0.21*	0.04	0.20*
16. Opportunity	0.31*	0.07	-0.02	0.00	0.03	0.30*	0.35*	-0.59*	-0.37*	-0.57*	-0.06	0.03

表5-4（A）（续）

变量	1	2	3	4	5	6	7	8	9	10	11	12
17. OCF	−0.03	−0.00	0.04	−0.00	0.00	0.06	0.46*	0.06	−0.03	−0.13*	−0.04	0.06
18. LSR	−0.04	0.06	0.01	−0.04	−0.20*	−0.07	0.05	0.40*	0.24*	0.09	−0.08	0.02
19. BDsize	−0.09	−0.03	0.04	0.01	−0.03	−0.08	−0.00	0.22*	0.13*	0.16*	−0.05	−0.01
20. DAGE	−0.04	0.15*	−0.00	0.00	−0.02	−0.08	−0.00	0.39*	0.23*	0.06	−0.11	−0.14*
21. Duality	0.12*	0.07	0.06	−0.04	0.01	0.36*	0.10	−0.20*	−0.27*	−0.12*	−0.02	−0.02
22. PGDP	−0.02	0.66*	0.00	−0.07	0.25*	0.06	0.15*	0.12*	−0.06	−0.10	−0.00	0.09
23. EQRank	−0.04	−0.10	0.02	0.01	−0.06	0.05	0.10	−0.17*	−0.16*	−0.13*	−0.02	−0.01
24. lnIEN	−0.03	0.35*	0.05	−0.07	0.60*	0.05	0.12*	−0.16*	−0.19*	−0.08	0.04	0.12*

表 5-4（B） 相关性分析（续）

变量	13	14	15	16	17	18	19	20	21	22	23	24
1. GIE	−0.00	−0.12*	−0.52*	0.61*	−0.10	−0.19*	−0.11*	−0.19*	0.17*	−0.05	0.09	0.09
2. ENregulation	0.01	0.07	0.02	0.08	0.01	0.03	−0.01	0.15*	0.08	0.65*	−0.10	0.35*
3. Strategy	0.09	0.76*	−0.57*	0.03	0.02	0.03	0.05	−0.01	0.06	−0.00	0.02	0.05
4. ENsupervision	−0.01	0.01	0.05	−0.00	−0.00	−0.06	−0.00	−0.02	−0.04	−0.04	0.03	−0.10
5. ENAW	−0.05	−0.09	−0.07	0.06	0.02	−0.22*	−0.01	−0.01	0.02	0.30*	0.03	0.63*
6. EXSR	−0.06	0.03	−0.23*	0.38*	0.06	−0.34*	−0.05	−0.17*	0.27*	0.09	0.09	0.24*
7. ROA	−0.12*	0.02	−0.08	0.50*	0.49*	0.02	−0.06	−0.05	0.15*	0.19*	0.12*	0.23*
8. Size	0.13*	0.20*	0.34*	−0.74*	0.06	0.33*	0.18*	0.36*	−0.18*	0.04	−0.16*	−0.20*
9. SOE	0.10	−0.03	0.27*	−0.47*	−0.01	0.21*	0.14*	0.23*	−0.27*	−0.08	−0.19*	−0.24*
10. Leverage	0.08	0.11*	0.29*	−0.73*	−0.11	0.10	0.17*	0.09	−0.11*	−0.10	−0.15*	−0.12*
11. GIIN	0.06	0.07	0.28*	−0.20*	0.08	−0.08	0.01	−0.14*	−0.03	−0.04	−0.03	0.00
12. GIscale	−0.11	0.47*	0.32*	0.03	0.15*	−0.02	−0.05	−0.12*	0.06	0.09	−0.11*	0.20*
13. GRDratio		0.11*	−0.04	−0.11*	−0.21*	−0.01	0.09	0.12*	−0.07	−0.03	0.01	−0.14*
14. lnGPI	0.09		−0.22*	−0.15*	0.07	0.11*	0.03	0.06	0.03	0.03	−0.05	0.08
15. lnGTI	−0.12*	−0.34*		−0.31*	0.12*	0.11*	−0.01	0.09	−0.05	0.06	−0.16*	−0.00
16. Opportunity	−0.11	−0.15*	−0.20*		0.13*	−0.19*	−0.17*	−0.27*	0.18*	0.02	0.18*	0.14*
17. OCF	−0.17*	0.07	0.08	0.16*		0.14*	0.01	0.02	0.08	0.01	−0.03	0.08
18. LSR	−0.02	0.11	0.10	−0.11*	0.15*		−0.00	0.15*	−0.12*	0.04	−0.10	−0.22*
19. BDsize	0.14*	0.03	−0.03	−0.16*	0.03	0.02		0.06	−0.07	−0.09	−0.05	−0.07
20. DAGE	0.10	0.08	0.08	−0.23*	0.04	0.21*	0.08		−0.05	0.16*	−0.23*	−0.08
21. Duality	−0.02	0.02	−0.05	0.15*	0.08	−0.14*	−0.06	−0.03		−0.02	0.13*	0.03
22. PGDP	−0.05	0.04	0.07	−0.05	−0.01	0.12*	−0.08	0.19*	−0.01		−0.18*	0.53*
23. EQRank	0.06	−0.06	−0.14*	0.08	−0.02	−0.09	−0.08	−0.21*	0.12*	−0.17*		−0.05
24. lnIEN	−0.09	0.08	0.01	0.04	0.09	−0.22*	−0.02	−0.04	−0.02	0.38*	−0.18*	

注：表5-4 的左下区域报告的是 Pearson 相关系数，右上区域报告的是 Spearman 相关系数；
* 表示相关系数在5%水平上具有统计显著性。

5.5 多元回归分析

5.5.1 地方政府环境规制执行对企业绿色投资效率的影响分析

（1）全样本回归

本节首先采用全样本进行回归检验。表5-5报告了使用模型（5-a）所得到的地方政府环境规制执行对企业绿色投资效率影响的回归结果，其中，列（1）和列（2）采用 Tobit 估计，列（3）和列（4）采用 OLS 估计。从列（1）报告的结果来看，地方政府环境规制执行力度（ENregulation）一次项的估计系数为 0.013 4，平方项的估计系数为 -0.000 1，并且均在 1% 的水平上显著，说明地方政府环境规制执行对企业绿色投资效率存在显著的倒"U"形影响。类似地，当在列（3）中采用 OLS 估计时，虽然系数大小有所差异，但ENregulation 一次项的估计系数仍在 1% 的水平上显著为正，平方项的估计系数在 1% 的水平上显著为负。作为对比，笔者在列（2）和列（4）中去掉了ENregulation 的平方项进行回归，结果显示 ENregulation 的估计系数虽然也为正，但是并不显著，从而再次验证了地方政府环境规制执行与企业绿色投资效率之间并不是简单的线性关系。除此之外，由列（1）和列（3）中ENregulation 的一次项与企业绿色投资效率（GIE）之间显著的正相关关系可知，我国目前的地方政府环境规制执行力度位于倒"U"形关系的左边，表明现阶段地方政府的环境监管普遍偏弱，但同时也说明当地方政府愈发严格地执行环境规制时将会有利于提升当前企业的绿色投资效率。

总之，在控制了企业层面和外部环境的诸多影响因素之后，地方政府环境规制执行与企业绿色投资效率之间呈现出显著的倒"U"形关系，假设 H5-1得到验证。

表 5-5　地方政府环境规制执行对企业绿色投资效率的回归分析

变量	被解释变量 = GIE			
	Tobit		OLS	
	(1)	(2)	(3)	(4)
ENregulation	0.013 4 ***	0.000 5	0.012 3 ***	0.000 5
	(2.82)	(0.57)	(2.81)	(0.58)
ENregulation2	−0.000 1 ***		−0.000 1 ***	
	(−2.64)		(−2.66)	
Size	−0.005 0	−0.005 9	−0.005 0	−0.005 8
	(−0.48)	(−0.56)	(−0.53)	(−0.61)
SOE	−0.024 5	−0.025 4	−0.022 1	−0.023 0
	(−1.37)	(−1.41)	(−1.32)	(−1.37)
Leverage	−0.053 9	−0.062 9	−0.047 9	−0.056 1
	(−1.12)	(−1.28)	(−1.05)	(−1.21)
GIIN	−0.397 1	−0.403 5	−0.361 3	−0.367 1
	(−1.25)	(−1.30)	(−1.22)	(−1.30)
GIscale	−0.142 7	−0.167 0	−0.133 8	−0.155 1
	(−0.41)	(−0.51)	(−0.39)	(−0.50)
GRDratio	−0.037 1 *	−0.030 8	−0.033 1	−0.027 3
	(−1.80)	(−1.50)	(−1.64)	(−1.36)
lnGPI	−0.004 9 **	−0.005 0 **	−0.004 5 **	−0.004 6 **
	(−2.32)	(−2.34)	(−2.26)	(−2.30)
lnGTI	−0.015 8 ***	−0.015 6 ***	−0.014 5 ***	−0.014 4 ***
	(−5.00)	(−4.86)	(−4.98)	(−4.91)
Opportunity	0.012 3	0.012 4	0.011 5	0.011 5
	(1.56)	(1.59)	(1.62)	(1.64)
OCF	−0.145 1	−0.116 6	−0.125 3	−0.099 3
	(−1.00)	(−0.81)	(−0.89)	(−0.72)
LSR	−0.003 3	0.000 5	−0.003 7	−0.000 4
	(−0.05)	(0.01)	(−0.07)	(−0.01)
BDsize	−0.005 3	−0.004 9	−0.004 7	−0.004 5
	(−1.18)	(−1.09)	(−1.03)	(−0.96)
DAGE	0.001 3	0.000 6	0.001 3	0.000 6
	(0.36)	(0.16)	(0.35)	(0.16)
Duality	0.025 2	0.023 7	0.022 7	0.021 4
	(1.14)	(1.06)	(1.18)	(1.10)
PGDP	−0.000 0	−0.000 0	−0.000 0	−0.000 0
	(−0.05)	(−0.21)	(−0.07)	(−0.23)

表5-5(续)

变量	被解释变量 = GIE			
	Tobit		OLS	
	(1)	(2)	(3)	(4)
EQRank	−0.000 3*	−0.000 2	−0.000 2	−0.000 2
	(−1.69)	(−1.56)	(−1.60)	(−1.47)
lnIEN	−0.019 3	−0.012 2	−0.018 4*	−0.012 0
	(−1.61)	(−1.04)	(−1.68)	(−1.13)
Constant	0.706 1**	1.032 2***	0.702 9***	1.000 0***
	(2.58)	(3.97)	(2.62)	(3.91)
Area/Industry/Year fixed effects	YES	YES	YES	YES
Observations	331	331	331	331
F	2.78	2.73	2.80	2.85
Prob>F	0.000 0	0.000 0	0.000 0	0.000 0
Adjusted R^2			0.200 4	0.191 4

注：Tobit 估计和 OLS 估计均使用在公司层面进行聚类的聚类稳健标准误，括号内是 t 值；
***、** 和 * 分别表示在1%、5%和10%的水平上显著。

（2）按照行业污染排放强度分组回归

考虑到各重污染行业在污染排放强度上存在差异，从而可能导致各自提升绿色投资效率的难易度不同，本节按照4.4节中以行业污染排放强度为依据来划分行业类型的方式，将样本企业归类为重度、严重和极重污染行业分别采用模型（5-a）进行回归，并在表5-6中报告了回归结果。结合地方政府环境规制执行力度（ENregulation）的一次项及其平方项的估计系数来看，对于重度污染行业，地方政府环境规制执行对企业绿色投资效率呈现倒"U"形影响并在10%的水平上显著；对于严重污染行业，地方政府环境规制执行与企业绿色投资效率之间同样存在倒"U"形关系并在5%的水平上显著。与此同时，ENregulation 显著为正的一次项系数还体现出重度污染行业和严重污染行业当前面临的地方政府环境规制执行力度处于倒"U"形曲线的左边，说明现阶段地方政府环境监管越严格，这两类行业的上市公司的绿色投资效率越高。但是，对极重污染行业的样本公司而言，地方政府环境规制执行对企业绿色投资效率的倒"U"形影响并不显著，这说明地方政府应该对这类污染排放强度极大的行业进一步制定有针对性的环境政策和监管措施，例如更多地使用基于市场的环境规制手段（环境税、可交易排污许可证等）、激励企业高管积极承担环境责任、发挥广大利益相关者的监督作用等，通过"对症下药"来提升极重污染行业的企业绿色投资效率。

表 5-6 按照行业污染排放强度分组回归

变 量	被解释变量 = GIE		
	重度(Ⅲ级)污染行业	严重(Ⅱ级)污染行业	极重(Ⅰ级)污染行业
	(1)	(2)	(3)
ENregulation	0.010 2*	0.019 6**	0.019 2
	(1.71)	(2.27)	(0.99)
ENregulation2	−0.000 1*	−0.000 2**	−0.000 2
	(−1.80)	(−2.05)	(−0.93)
Size	−0.034 1**	0.039 6**	−0.000 1
	(−2.06)	(2.44)	(−0.00)
SOE	0.022 7	−0.025 8	−0.016 7
	(0.51)	(−1.29)	(−0.51)
Leverage	−0.106 5	0.013 2	−0.038 7
	(−1.29)	(0.24)	(−0.36)
GIIN	−2.877 1**	0.216 3	−1.297 5***
	(−2.14)	(0.50)	(−2.88)
GIscale	−3.649 3	0.161 2	−0.883 6
	(−1.63)	(0.64)	(−1.19)
GRDratio	0.030 8	0.019 5	−0.136 2**
	(0.56)	(0.64)	(−2.29)
lnGPI	−0.002 4	−0.006 4***	−0.000 5
	(−0.78)	(−2.73)	(−0.07)
lnGTI	−0.021 7***	−0.007 0**	−0.017 9**
	(−3.83)	(−2.55)	(−2.09)
Opportunity	0.008 1	0.036 7***	0.039 0*
	(0.88)	(2.90)	(1.86)
OCF	−0.315 9*	0.052 4	−0.549 8
	(−1.95)	(0.28)	(−1.40)
LSR	0.371 4***	−0.258 7***	−0.136 8
	(4.56)	(−3.02)	(−0.87)
BDsize	−0.006 3	−0.009 2	−0.017 4
	(−0.62)	(−1.61)	(−1.28)
DAGE	0.008 4	−0.006 0	0.004 5
	(1.37)	(−1.37)	(0.81)
Duality	0.073 2*	−0.009 6	0.049 0
	(1.73)	(−0.49)	(1.39)
PGDP	0.000 0**	−0.000 0	−0.000 0*
	(2.18)	(−0.94)	(−1.72)

表5-6(续)

变 量	被解释变量 = GIE		
	重度(Ⅲ级)污染行业	严重(Ⅱ级)污染行业	极重(Ⅰ级)污染行业
	(1)	(2)	(3)
EQRank	−0.000 4*	−0.000 3	−0.001 0***
	(−1.82)	(−1.30)	(−3.08)
lnIEN	0.008 2	−0.008 2	−0.041 7*
	(0.59)	(−0.64)	(−1.79)
Constant	0.603 9	−0.286 7	0.798 5
	(1.63)	(−0.58)	(0.81)
Area fixed effects	YES	YES	YES
Observations	92	147	92
F	2.32	1.96	2.55
Prob>F	0.004 2	0.011 1	0.001 6

注：采用 Tobit 估计，并使用在公司层面进行聚类的聚类稳健标准误，括号内是 t 值；***、** 和 * 分别表示在 1%、5% 和 10% 的水平上显著。由于在按照行业污染排放强度进行企业分类的过程中已经考虑了各年度的排放情况，故回归时只控制了地区效应。

5.5.2 地方政府环境规制执行影响企业绿色投资效率的作用机制探讨

企业环境战略是企业为解决环境污染问题所进行的一系列战略规划，包括如何应对政府的环境管制、如何协调生产经营活动与生态环境之间的关系以减少负外部性、如何进行行为选择来提高企业的环境管理能力等（徐建蓉，2008；赵领娣和巩天雷，2003；Sharma，2000）。为了检验地方政府环境规制执行影响企业绿色投资效率的作用机制是否为企业的环境战略（假设 H5-2），本节将样本企业按照其环境战略类型分为两组，一组是实施前瞻型环境战略的企业，另一组是实施反应型环境战略的企业，并同时采用 Tobit 回归和 OLS 回归对模型（5-b）分别进行估计，相应的回归结果见表 5-7。

表 5-7 的列（1）和列（2）是采取前瞻型环境战略的样本企业，这两列的地方政府环境规制执行力度（ENregulation）一次项的估计系数都为正，平方项的估计系数都为负，并且均在 1% 的水平上显著，说明地方政府环境规制执行对实施前瞻型环境战略的企业绿色投资效率存在显著的倒"U"形影响。同样，表 5-7 的列（1）和列（2）中显著为正的 ENregulation 一次项的估计系数表明我国当前的地方政府环境规制执行力度位于倒"U"形关系的左边，并且这些估计系数均分别大于表 5-5 中列（1）和列（3）的 ENregulation 一次项

的估计系数，说明我国现阶段的地方政府环境规制执行对于前瞻型环境战略企业的绿色投资效率提升具有更强的作用。而与此形成鲜明对比的是表 5-7 的列（3）和列（4）中实施反应型环境战略的样本企业，无论是 Tobit 回归还是 OLS 回归都显示地方政府环境规制执行力度（ENregulation）一次项及其平方项的估计系数均不显著，说明对于采取反应型环境战略的企业而言，地方政府环境规制执行对其绿色投资效率的变化没有明显的影响。

表 5-7　地方政府环境规制执行影响企业绿色投资效率的作用机制：
企业环境战略类型

变量	被解释变量 = GIE			
	前瞻型企业环境战略		反应型企业环境战略	
	Tobit	OLS	Tobit	OLS
	（1）	（2）	（3）	（4）
ENregulation	0.039 4***	0.035 0***	0.002 7	0.002 5
	（3.62）	（3.32）	（0.51）	（0.49）
ENregulation2	−0.000 4***	−0.000 3***	−0.000 0	−0.000 0
	（−3.52）	（−3.36）	（−0.34）	（−0.32）
Size	0.008 4	0.004 8	−0.018 4	−0.017 0
	（0.45）	（0.26）	（−1.53）	（−1.64）
SOE	−0.018 7	−0.015 5	−0.015 2	−0.014 4
	（−0.49）	（−0.44）	（−0.70）	（−0.70）
Leverage	−0.136 4	−0.115 5	−0.053 3	−0.049 9
	（−1.57）	（−1.36）	（−0.76）	（−0.73）
GIIN	−0.647 9	−0.525 3	−0.469 9	−0.435 7
	（−0.70）	（−0.58）	（−1.64）	（−1.56）
GIscale	−0.832 2	−0.787 8	−0.872 3**	−0.815 7**
	（−1.24）	（−1.28）	（−2.43）	（−2.31）
GRDratio	−0.092 0***	−0.080 5**	−0.032 5	−0.028 5
	（−2.67）	（−2.35）	（−0.86）	（−0.79）
Opportunity	0.014 9	0.013 2	0.018 9*	0.017 6*
	（1.03）	（0.98）	（1.93）	（1.94）
OCF	−0.204 8	−0.154 7	−0.257 4	−0.233 2
	（−0.68）	（−0.53）	（−1.36）	（−1.31）
LSR	0.002 8	0.001 4	0.016 8	0.015 0
	（0.02）	（0.01）	（0.23）	（0.22）
BDsize	−0.009 8	−0.007 9	0.002 7	0.002 6
	（−1.20）	（−0.86）	（0.40）	（0.40）

表5-7(续)

变量	被解释变量 = GIE			
	前瞻型企业环境战略		反应型企业环境战略	
	Tobit (1)	OLS (2)	Tobit (3)	OLS (4)
DAGE	−0.003 7 (−0.61)	−0.003 0 (−0.50)	0.001 3 (0.26)	0.001 1 (0.22)
Duality	0.028 1 (0.72)	0.025 3 (0.73)	0.015 1 (0.54)	0.013 5 (0.53)
PGDP	−0.000 0 (−0.32)	−0.000 0 (−0.34)	0.000 0 (0.22)	0.000 0 (0.21)
EQRank	−0.000 8** (−2.45)	−0.000 7** (−2.38)	−0.000 0 (−0.24)	−0.000 0 (−0.23)
lnIEN	−0.021 0 (−1.45)	−0.022 0 (−1.62)	−0.015 0 (−0.86)	−0.013 9 (−0.85)
Constant	0.130 8 (0.20)	0.233 8 (0.34)	0.988 1*** (3.46)	0.959 3*** (3.30)
Area/Industry/Year fixed effects	YES	YES	YES	YES
Observations	114	114	217	217
F	2.27	2.22	1.58	1.61
Prob>F	0.003 2	0.004 1	0.050 8	0.044 0
Adjusted R^2		0.162 2		0.131 7

注：Tobit 估计和 OLS 估计均使用在公司层面进行聚类的聚类稳健标准误，括号内是 t 值；*** 、** 和 * 分别表示在 1%、5%和 10%的水平上显著。

　　综合来看，以上这些证据表明，选择前瞻型环境战略的企业因其对待环境问题的态度是积极的，并将绿色投资决策纳入了企业的整个生产过程之中，当地方政府环境规制执行强度加大时，会激发这些企业更加主动地进行资源的合理配置，从而使绿色投资效率发生了显著的变化。而选择反应型环境战略的企业则以合规、达标为主要环境管理目标，将绿色投资更多地投入事后的末端治理当中，这种被动的环境管理态度并不会因为地方政府环境规制执行变严而发生太大的变化，加之其选择的环境治理空间较窄，能够调整和配置的资源类型也有限，因此，这些企业的绿色投资效率对地方政府环境规制执行的反应并不明显。可见，相较于采取反应型环境战略的企业，实施前瞻型环境战略的企业绿色投资效率受到地方政府环境规制执行的倒"U"形影响更为显著，假设H5-2 得到验证。

5.5.3 企业外部因素对地方政府环境规制执行与企业绿色投资效率的影响

为了检验企业外部因素是否对地方政府环境规制执行与企业绿色投资效率的关系产生影响，首先，将样本企业按照其所属省份（自治区或直辖市）是否在当年经历了中央环保督察分为两组，并同时采用 Tobit 回归和 OLS 回归对模型（5-a）进行估计，相应的回归结果见表 5-8 中的列（1）至列（4）。对于在当年经历了中央环保督察的样本企业，列（1）和列（2）中地方政府环境规制执行力度（ENregulation）一次项的估计系数均显著为正，平方项的估计系数均显著为负。与此对比，列（3）和列（4）中 ENregulation 一次项及其平方项的估计系数均不显著。由此可见，中央环保督察显著加强了地方政府环境规制执行与企业绿色投资效率之间的倒"U"形关系，假设 H5-3a 得到验证。值得注意的是，表 5-8 的列（1）和列（2）中显著为正的 ENregulation 一次项的估计系数同样表明我国当前的地方政府环境规制执行力度位于倒"U"形关系的左边，与表 5-5 的结果对比后，可以发现这些估计系数均分别大于表 5-5 中列（1）和列（3）的 ENregulation 一次项的估计系数，说明我国现阶段的中央环保督察有利于促进地方政府环境规制执行对企业绿色投资效率的提升作用。

其次，本节使用模型（5-c）检验了公众环保意识是否具有调节作用。从表 5-8 的列（5）和列（6）报告的结果来看，ENregulation 平方项与企业绿色投资效率仍然显著负相关。与此同时，ENregulation 一次项和公众环保意识（ENAW）的交乘项的估计系数显著为负，与 ENregulation 一次项的估计系数的符号相反；ENregulation 平方项和公众环保意识（ENAW）的交乘项的估计系数显著为正，与 ENregulation 平方项的估计系数的符号相反。这些结果表明，地方政府环境规制执行对企业绿色投资效率的倒"U"形影响被公众环保意识所削弱，假设 H5-3b 得到验证。

表 5-8　外部因素对地方政府环境规制执行与企业绿色投资效率的影响分析

变量	被解释变量 = GIE					
	经历中央环保督察		未经历中央环保督察		公众环保意识	
	Tobit	OLS	Tobit	OLS	Tobit	OLS
	（1）	（2）	（3）	（4）	（5）	（6）
ENregulation	0.017 6 ***	0.016 3 **	0.004 1	0.003 4	0.030 5 ***	0.027 4 ***
	（2.61）	（2.50）	（0.55）	（0.47）	（3.55）	（3.47）
ENregulation2	−0.000 2 **	−0.000 1 **	−0.000 0	−0.000 0	−0.000 3 ***	−0.000 3 ***
	（−2.55）	（−2.44）	（−0.39）	（−0.32）	（−3.49）	（−3.43）

表5-8(续)

变量	被解释变量 = GIE					
	经历中央环保督察		未经历中央环保督察		公众环保意识	
	Tobit (1)	OLS (2)	Tobit (3)	OLS (4)	Tobit (5)	OLS (6)
ENregulation * ENAW					−0.000 3** (−2.25)	−0.000 3** (−2.12)
ENregulation2 * ENAW					0.000 0** (2.27)	0.000 0** (2.15)
ENAW					0.007 4** (2.21)	0.006 6** (2.08)
Size	−0.002 6 (−0.23)	−0.002 9 (−0.26)	−0.004 0 (−0.24)	−0.004 1 (−0.25)	−0.004 5 (−0.42)	−0.004 4 (−0.45)
SOE	−0.006 9 (−0.28)	−0.007 4 (−0.30)	−0.045 3* (−1.85)	−0.040 6* (−1.74)	−0.024 1 (−1.37)	−0.021 5 (−1.29)
Leverage	−0.058 4 (−1.03)	−0.050 8 (−0.91)	−0.080 6 (−0.99)	−0.071 3 (−0.91)	−0.045 4 (−0.93)	−0.040 9 (−0.86)
GIIN	−0.538 1 (−1.22)	−0.466 2 (−1.07)	−0.205 3 (−0.29)	−0.186 5 (−0.27)	−0.623 4* (−1.92)	−0.564 5* (−1.83)
GIscale	0.459 5 (1.25)	0.417 7 (1.14)	−1.834 3** (−2.20)	−1.679 0** (−2.09)	−0.273 6 (−0.76)	−0.249 7 (−0.70)
GRDratio	−0.030 4 (−0.91)	−0.027 1 (−0.81)	−0.088 5** (−2.50)	−0.080 0** (−2.38)	−0.035 6* (−1.74)	−0.031 6 (−1.56)
lnGPI	−0.007 6** (−2.50)	−0.007 0** (−2.37)	−0.001 4 (−0.44)	−0.001 3 (−0.43)	−0.004 3** (−2.05)	−0.003 9** (−1.99)
lnGTI	−0.020 5*** (−4.43)	−0.018 9*** (−4.39)	−0.011 9*** (−2.63)	−0.010 9** (−2.55)	−0.015 7*** (−5.02)	−0.014 4*** (−4.95)
Opportunity	0.009 6 (0.98)	0.008 8 (0.94)	0.011 3 (1.07)	0.010 9 (1.06)	0.013 3* (1.71)	0.012 3* (1.75)
OCF	−0.229 6 (−1.09)	−0.191 0 (−0.94)	−0.167 2 (−0.69)	−0.154 7 (−0.66)	−0.100 5 (−0.71)	−0.085 1 (−0.61)
LSR	0.054 5 (0.67)	0.046 9 (0.59)	−0.042 6 (−0.46)	−0.036 3 (−0.41)	−0.011 1 (−0.19)	−0.011 2 (−0.20)
BDsize	−0.016 1** (−2.58)	−0.014 6** (−2.45)	0.007 4 (0.98)	0.006 8 (0.95)	−0.005 1 (−1.14)	−0.004 6 (−0.98)
DAGE	0.001 9 (0.36)	0.001 8 (0.34)	−0.000 1 (−0.02)	0.000 0 (0.00)	0.000 7 (0.20)	0.000 7 (0.19)
Duality	0.027 8 (1.01)	0.024 5 (0.92)	0.029 8 (0.99)	0.027 5 (0.95)	0.025 3 (1.15)	0.022 9 (1.18)
PGDP	−0.000 0 (−1.12)	−0.000 0 (−1.06)	0.000 0 (0.00)	−0.000 0 (−0.02)	0.000 0 (0.47)	0.000 0 (0.44)

表5-8(续)

变量	被解释变量 = GIE					
	经历中央环保督察		未经历中央环保督察		公众环保意识	
	Tobit	OLS	Tobit	OLS	Tobit	OLS
	（1）	（2）	（3）	（4）	（5）	（6）
EQRank	0.000 0	0.000 0	−0.000 5	−0.000 4	−0.000 4 **	−0.000 3 **
	(0.04)	(0.05)	(−1.57)	(−1.46)	(−2.17)	(−2.06)
lnIEN	−0.006 6	−0.007 5	−0.020 5	−0.018 4	−0.023 8	−0.022 9 *
	(−0.48)	(−0.56)	(−1.03)	(−0.96)	(−1.61)	(−1.72)
Constant	0.591 0	0.599 7	0.909 7 **	0.879 6 **	0.341 6	0.382 6
	(1.39)	(1.44)	(2.09)	(2.09)	(1.15)	(1.33)
Area/Industry/Year fixed effects	YES	YES	YES	YES	YES	YES
Observations	166	166	165	165	331	331
F	1.54	1.62	1.43	1.55	2.78	2.71
Prob>F	0.061 0	0.043 3	0.098 4	0.059 1	0.000 0	0.000 0
Adjusted R^2		0.206 6		0.172 3		0.209 8

注：Tobit 估计和 OLS 估计均使用在公司层面进行聚类的聚类稳健标准误，括号内是 t 值；*** 、** 和 * 分别表示在 1%、5% 和 10% 的水平上显著。

5.5.4 企业内部因素对地方政府环境规制执行与企业绿色投资效率的影响

表5-9 报告了企业内部因素对地方政府环境规制执行与企业绿色投资效率之间关系影响的回归结果。为了检验高管持股的影响，本节将样本企业按照高管持股比例（EXSR）的样本中位数进行分组，并通过回归模型（5-a）分别进行估计。在高管持股比例较高组，列（1）和列（2）报告的地方政府环境规制执行力度（ENregulation）一次项的估计系数均显著为正，平方项的估计系数均显著为负，并且全部具有 5% 水平上的统计显著性。与此对比，在高管持股比例较低组，列（3）和列（4）所报告的 ENregulation 一次项的估计系数为正，平方项的估计系数为负，但是均不显著。这些回归结果表明，当企业高管的持股比例较高时，地方政府环境规制执行对企业绿色投资效率的倒"U"形影响更加明显，即高管持股加强了该倒"U"形关系，假设 H5-4a 得到验证。此外，显著为正的 ENregulation 一次项估计系数还说明，这些高管持股比例较高的企业目前所面对的地方政府环境规制执行力度位于倒"U"形关系的左边，而这些估计系数也分别大于表5-5 中列（1）和列（3）的 ENregulation 一次项的估计系数，可见较高的高管持股比例能够有效促进当前地方政府环境规制执行对企业绿色投资效率的提升作用。

表 5-9 的列（5）至列（6）报告了采用模型（5-d）检验企业财务绩效是否具有调节效应的回归结果。可以看到，ENregulation 平方项与企业绿色投资效率依然呈现显著负相关。对于交乘项，ENregulation 一次项与企业财务绩效 ROA 的交乘项的估计系数显著为负，与 ENregulation 一次项的系数符号相反；ENregulation 平方项和 ROA 的交乘项的估计系数显著为正，与 ENregulation 平方项的系数符号相反。这些结果说明企业财务绩效显著削弱了地方政府环境规制执行力度与企业绿色投资效率之间的倒"U"形关系，假设 H5-4b 得到验证。

表 5-9 内部因素对地方政府环境规制执行与企业绿色投资效率的影响分析

变量	被解释变量 = GIE					
	高管持股比例较高组		高管持股比例较低组		企业财务绩效	
	Tobit (1)	OLS (2)	Tobit (3)	OLS (4)	Tobit (5)	OLS (6)
ENregulation	0.021 0**	0.018 1**	0.001 7	0.001 6	0.022 6***	0.020 6***
	(2.18)	(2.22)	(0.44)	(0.40)	(3.56)	(3.59)
ENregulation2	−0.000 2**	−0.000 2**	−0.000 0	−0.000 0	−0.000 2***	−0.000 2***
	(−2.25)	(−2.29)	(−0.25)	(−0.22)	(−3.44)	(−3.49)
ENregulation * ROA					−0.221 1**	−0.197 7**
					(−2.01)	(−2.05)
ENregulation2 * ROA					0.002 1**	0.001 9**
					(2.02)	(2.08)
ROA					5.409 6*	4.822 0*
					(1.95)	(1.95)
Size	−0.012 0	−0.011 0	0.002 4	0.001 9	−0.003 6	−0.003 6
	(−0.56)	(−0.57)	(0.24)	(0.19)	(−0.35)	(−0.39)
SOE	−0.033 9	−0.027 1	0.007 4	0.007 0	−0.028 8*	−0.026 5*
	(−1.22)	(−1.03)	(0.32)	(0.30)	(−1.69)	(−1.65)
Leverage	0.021 5	0.015 7	−0.085 9*	−0.080 7*	−0.070 4	−0.063 4
	(0.20)	(0.17)	(−1.79)	(−1.66)	(−1.31)	(−1.23)
GIIN	0.029 4	0.057 7	−0.576 5**	−0.553 5**	−0.366 6	−0.332 6
	(0.04)	(0.10)	(−2.25)	(−2.11)	(−1.09)	(−1.05)
GIscale	−0.737 0	−0.670 3	−0.081 8	−0.077 6	−0.158 9	−0.147 5
	(−1.14)	(−1.14)	(−0.24)	(−0.22)	(−0.43)	(−0.41)
GRDratio	−0.100 9**	−0.086 0**	−0.004 7	−0.004 2	−0.033 9	−0.030 3
	(−2.23)	(−2.02)	(−0.18)	(−0.15)	(−1.55)	(−1.40)
lnGPI	−0.002 0	−0.001 7	−0.003 4*	−0.003 2	−0.004 4**	−0.004 0**
	(−0.47)	(−0.43)	(−1.66)	(−1.56)	(−2.04)	(−2.00)

表 5-9(续)

变量	被解释变量 = GIE					
	高管持股比例较高组		高管持股比例较低组		企业财务绩效	
	Tobit (1)	OLS (2)	Tobit (3)	OLS (4)	Tobit (5)	OLS (6)
lnGTI	−0.016 6***	−0.014 7***	−0.012 4***	−0.011 9***	−0.015 3***	−0.014 1***
	(−3.20)	(−3.23)	(−3.32)	(−3.18)	(−4.78)	(−4.74)
Opportunity	0.025 4	0.022 4	0.006 7	0.006 7	0.012 9*	0.012 1*
	(1.37)	(1.42)	(1.04)	(1.00)	(1.69)	(1.74)
OCF	−0.156 4	−0.118 3	−0.186 0	−0.174 9	−0.056 3	−0.042 0
	(−0.64)	(−0.49)	(−1.36)	(−1.26)	(−0.38)	(−0.30)
LSR	−0.088 5	−0.082 1	0.036 3	0.034 7	−0.014 3	−0.013 7
	(−0.59)	(−0.64)	(0.83)	(0.77)	(−0.23)	(−0.24)
BDsize	−0.015 9	−0.014 0	−0.002 3	−0.002 1	−0.006 5	−0.005 8
	(−1.63)	(−1.48)	(−0.43)	(−0.38)	(−1.45)	(−1.23)
DAGE	0.010 1*	0.008 6	−0.007 0*	−0.006 7*	0.001 5	0.001 4
	(1.70)	(1.53)	(−1.83)	(−1.71)	(0.40)	(0.39)
Duality	0.024 6	0.021 9	0.007 1	0.006 6	0.024 0	0.021 8
	(0.82)	(0.82)	(0.33)	(0.30)	(1.10)	(1.14)
PGDP	−0.000 0	−0.000 0	0.000 0	0.000 0	−0.000 0	−0.000 0
	(−0.69)	(−0.65)	(0.90)	(0.84)	(−0.05)	(−0.08)
EQRank	−0.000 5	−0.000 4	−0.000 1	−0.000 1	−0.000 3	−0.000 2
	(−1.63)	(−1.53)	(−0.73)	(−0.66)	(−1.63)	(−1.52)
lnIEN	−0.033 3	−0.030 8*	0.000 0	−0.000 1	−0.019 7	−0.018 7*
	(−1.62)	(−1.74)	(0.00)	(−0.01)	(−1.64)	(−1.71)
Constant	0.573 9	0.602 2	0.917 9***	0.905 8***	0.470 1*	0.487 8*
	(0.93)	(1.09)	(4.31)	(4.14)	(1.71)	(1.78)
Area/Industry/Year fixed effects	YES	YES	YES	YES	YES	YES
Observations	165	165	166	166	331	331
F	2.43	2.32	1.59	1.50	2.49	2.68
Prob>F	0.000 6	0.001 1	0.048 0	0.075 4	0.000 1	0.000 0
Adjusted R-squared		0.195 5		0.107 0		0.208 9

注：Tobit 估计和 OLS 估计均使用在公司层面进行聚类的聚类稳健标准误，括号内是 t 值；
*** 、** 和 * 分别表示在 1%、5% 和 10% 的水平上显著。

5.5.5 进一步分析：地方政府环境规制执行与企业绿色投资冗余

本书第4章运用数据包络分析方法对企业绿色投资效率进行了评价分析，发现我国重污染行业上市公司的绿色投资效率总体偏低，且其主要是由企业的绿色投资存在投入冗余造成的（见4.5节），这说明企业想要提升绿色投资效率就必须重点解决投入冗余的问题。而前文的研究发现已经证实了地方政府环境规制执行能够显著影响企业的绿色投资效率，因此，地方政府有必要考虑是否可以通过抑制企业的绿色投资冗余来促进其绿色投资效率的改善。在本节中，笔者进一步分析了地方政府环境规制执行与企业绿色投资冗余之间的关系，以期为政府当前的环境监管变革提供有益的参考。

对于被解释变量的衡量，即企业绿色投资冗余，等于本书第4章中设定的 SBM-DEA 模型（4-3）计算出的企业绿色投资总额冗余（GIslack）加上1之后所取的对数 log（1+GIslack）。在进行回归分析时，将模型（5-a）的被解释变量替换为企业绿色投资冗余的对数 log（1+GIslack），并采用 Tobit 回归进行估计，这是因为那些不存在绿色投资冗余的样本企业的 log（1+GIslack）取值均为0，表现为归并数据，也是一种受限被解释变量。需要说明的是，由于在4.5节中发现样本企业的预防型绿色投资与治理型绿色投资的投入冗余情况并不存在显著的差异，所以，本节的回归分析只估计了地方政府环境规制执行对企业绿色投资总额冗余程度的影响，并未区分绿色投资的不同类型。从表5-10列（1）报告的回归结果来看，地方政府环境规制执行力度（ENregulation）的一次项及其平方项分别与企业绿色投资冗余 log（1+GIslack）具有显著的负相关关系和正相关关系，这表明地方政府环境规制执行力度对企业绿色投资冗余额具有显著的"U"形影响。与此同时，显著为负的 ENregulation 一次项的估计系数还表明我国当前的地方政府环境规制执行力度位于该"U"形关系的左边，这意味着多数企业面临的地方政府环境规制执行力度较弱且企业绿色投资冗余额偏高。不过，由此也说明若地方政府越严格地执行环境规制，则越能显著抑制污染企业的绿色投资冗余程度，使企业能够更加充分利用并合理配置绿色投资，这有利于企业提升其绿色投资效率，从而验证了这是地方政府进行环境监管的一种有效途径。作为对比，本节在表5-10的列（2）中报告了未包含 ENregulation 平方项的回归结果，可以看到，此时 ENregulation 一次项的估计系数虽然为负但是并不显著，这也证实了地方政府环境规制执行与企业绿色投资冗余之间并不是简单的线性关系。

表 5-10 地方政府环境规制执行对企业绿色投资冗余的回归分析

变量	被解释变量 = log（1+GIslack）				
	全样本		重度污染行业	严重污染行业	极重污染行业
	(1)	(2)	(3)	(4)	(5)
ENregulation	−0.284 4**	−0.002 7	−0.246 3**	−0.405 6**	−1.065 1**
	(−2.59)	(−0.15)	(−2.20)	(−2.27)	(−2.44)
ENregulation2	0.002 6**		0.002 5**	0.003 6**	0.010 4***
	(2.54)		(2.32)	(2.16)	(2.78)
Size	0.502 7**	0.515 1**	1.039 2***	0.303 6	−0.393 9
	(2.06)	(2.07)	(3.50)	(0.77)	(−0.96)
SOE	−0.834 4*	−0.816 0*	−1.063 1	−0.472 7	−3.367 8***
	(−1.86)	(−1.81)	(−1.39)	(−0.74)	(−3.33)
Leverage	0.483 1	0.689 5	0.709 8	−1.434 8	1.170 0
	(0.44)	(0.62)	(0.38)	(−0.89)	(0.42)
GIIN	4.273 9	4.400 8	87.193 0***	2.561 9	−3.873 6
	(0.36)	(0.38)	(3.36)	(0.15)	(−0.29)
GIscalet	38.874 8***	39.404 2***	150.177 1***	29.641 5	10.673 1
	(2.76)	(2.89)	(2.69)	(1.38)	(1.00)
GIscale	−2.035 5**	−2.182 4**	0.494 9	−5.425 4***	−3.139 0*
	(−2.00)	(−2.11)	(0.45)	(−3.23)	(−1.94)
lnGPI	0.255 6***	0.256 3***	0.286 3***	0.292 2***	0.165 1
	(5.23)	(5.29)	(3.47)	(3.77)	(1.08)
lnGTI	1.055 8***	1.050 1***	0.895 2***	1.092 2***	1.319 3***
	(13.37)	(13.20)	(8.75)	(9.43)	(7.84)
Opportunity	−0.602 8***	−0.605 7***	−0.483 8***	−0.444 2	−1.147 2***
	(−3.79)	(−3.84)	(−2.92)	(−1.50)	(−2.73)
OCF	10.771 9***	10.046 9***	8.418 1***	7.848 5	19.449 0**
	(3.54)	(3.28)	(2.76)	(1.58)	(2.43)
LSR	−1.328 8	−1.453 7	−1.382 6	1.568 5	−12.370 8***
	(−1.01)	(−1.10)	(−0.91)	(0.69)	(−3.44)
BDsize	0.142 0	0.131 1	0.126 3	0.188 3	0.430 9
	(1.09)	(1.00)	(0.72)	(1.11)	(1.14)
DAGE	0.034 8	0.051 3	−0.150 6	0.139 8	−0.149 7
	(0.56)	(0.80)	(−1.45)	(1.63)	(−1.28)
Duality	0.055 9	0.102 9	−0.357 5	−0.168 5	0.243 9
	(0.13)	(0.24)	(−0.58)	(−0.29)	(0.34)
PGDP	0.000 0**	0.000 0**	−0.000 0*	0.000 0***	0.000 1
	(2.04)	(2.22)	(−1.99)	(2.69)	(1.53)

表5-10(续)

变量	被解释变量 = log（1+GIslack）				
	全样本		重度污染行业	严重污染行业	极重污染行业
	（1）	（2）	（3）	（4）	（5）
EQRank	−0.001 3	−0.001 9	−0.003 4	−0.001 2	0.000 1
	（−0.38）	（−0.56）	（−0.78）	（−0.24）	（0.01）
lnIEN	0.066 0	−0.129 0	0.663 6 **	−0.082 8	−0.076 1
	（0.28）	（−0.58）	（2.00）	（−0.22）	（−0.20）
Constant	−10.681 1 *	−17.046 4 ***	−17.905 0 ***	−9.071 8	38.413 0 **
	（−1.65）	（−2.62）	（−2.99）	（−0.75）	（2.19）
Area fixed effects	YES	YES	YES	YES	YES
Industry fixed effects	YES	YES	—	—	—
Year fixed effects	YES	YES	YES	YES	YES
Observations	331	331	92	147	92
F	24.71	25.08	27.29	13.74	15.46
Prob>F	0.000 0	0.000 0	0.000 0	0.000 0	0.000 0

注：采用 Tobit 估计，并使用在公司层面进行聚类的聚类稳健标准误，括号内是 t 值；*** 、** 和 * 分别表示在 1%、5% 和 10% 的水平上显著。

　　除此之外，本节还按照行业污染排放强度进行了分组回归，并将结果报告在表 5-10 的列（3）至列（5）当中。回归结果表明，地方政府环境规制执行对重度污染行业、严重污染行业和极重污染行业的样本企业的绿色投资冗余额均具有显著的"U"形影响。与此同时，在这三列中，地方政府环境规制执行力度（ENregulation）的一次项估计系数均显著为负，说明我国目前的地方政府环境规制执行强度在这三类行业中都位于该"U"形关系的左边。此外，从 ENregulation 一次项估计系数的数值来看，地方政府环境规制执行力度加强时，对属于极重污染行业的企业的绿色投资冗余具有最大的抑制作用，其次是属于严重污染行业的企业，而抑制作用最小的是属于重度污染行业的企业。这些证据表明，对污染强度越大的行业而言，其治理环境污染的难度和压力也越大，有可能导致相关企业粗放地进行大额的绿色投资，而得到有力执行的地方政府环境规制则能减少企业的这种冗余的绿色投资。这为地方政府如何引导企业提升其绿色投资效率提供了一个有效且可行的方向。

5.6　稳健性检验

本节进行了一系列稳健性检验并将结果报告于表 5-11，以确保前文的主体检验中对地方政府环境规制执行与企业绿色投资效率呈现显著倒"U"形关系的研究结论是稳健的。

第一，在列（1）中通过对被解释变量企业绿色投资效率取自然对数的方式进行了指标敏感性测试。结果显示 ENregulation 一次项的估计系数显著为正，平方项的估计系数显著为负，说明地方政府环境规制执行对企业绿色投资效率存在显著的倒"U"形影响，与前文的发现保持一致。

第二，在列（2）中采用替代性样本进行检验。在此所选取的研究样本由同时披露了化学需氧量、氨氮、二氧化硫和氮氧化物排放量的企业组成，同时在应用第 4 章中的 SBM-DEA 模型（4-2）计算企业绿色投资效率时也将这四种污染物排放量作为非期望产出。回归结果显示，地方政府环境规制执行对企业绿色投资效率仍具有显著的倒"U"形影响，说明本章的结论并不受样本选择的限制。

第三，对于在 PITI 指数报告中没有对应城市得分的样本企业，本节将这些企业所属省份（自治区或直辖市）中被纳入 PITI 评价的城市的中位数得分作为其 ENregulation 的取值。从列（3）报告的回归结果来看，ENregulation 的一次项及其平方项的估计系数仍分别显著为正和显著为负，与前文保持一致。

第四，在列（4）中对主要连续变量在 1% 和 99% 分位进行了缩尾处理，发现地方政府环境规制执行与企业绿色投资效率之间的倒"U"形关系依然显著，说明前文的结果并未受到极端值的驱动。

第五，在列（5）中加入更多的控制变量以尽量避免遗漏变量的影响，包括：①企业成长性（Rgrowth），即营业收入增长率；②董事会中女性董事的人数（FEDIR），这是考虑到董事会中存在性别差异，尤其是女性董事对企业的环境行为影响更大（Chelsea，2018）；③市场化程度（MINDEX），即王小鲁、樊纲和余静文编制的《中国分省份市场化指数报告（2016）》中的企业所属省份（自治区或直辖市）的市场化总指数；④地方环保法规总数（Statute），即企业所属省份（自治区或直辖市）现行有效的地方性环保法规总数量。列（5）的回归结果表明地方政府环境规制执行力度对企业绿色投资效率的倒"U"形影响仍然显著，结论与前文保持一致。

第六，在列（6）中采用地方政府环境规制执行的其他度量方式进行检验。借鉴 Keller 和 Levinson（2002）和 Henderson 和 Millimet（2007）的方法，笔者采用了经过修正的滞后一期的地方环境污染治理投资来衡量地方政府环境监管的严格程度（Stringency）。具体来说，是用各地区人均生产总值对地方环境污染治理投资进行标准化，并在此基础上采用各省工业总产值占各省 GDP 的比例（即各省的工业产业结构）进行修正，这能较好地避免各省的工业产业结构差异导致的地方环境规制有偏颇。Stringency 的数值越大，代表该地区的环境规制越强。在加入了列（5）中额外的控制变量并重新对模型进行回归检验后，发现 Stringency 一次项的估计系数显著为正，平方项的估计系数显著为负，说明地方政府环境监管的严格程度对企业绿色投资效率存在显著的倒"U"形影响，这与前文的主要研究结论仍然保持一致。

表 5-11　稳健性检验

变量	Y = lnGIE	Y = GIE				
	（1）	（2）	（3）	（4）	（5）	（6）
ENregulation	0.018 7 ***	0.014 0 ***	0.010 2 *	0.015 3 ***	0.012 8 **	
	（2.85）	（2.93）	（1.75）	（2.73）	（2.59）	
ENregulation2	−0.000 2 ***	−0.000 1 ***	−0.000 1 *	−0.000 1 ***	−0.000 1 **	
	（−2.67）	（−2.76）	（−1.83）	（−2.60）	（−2.33）	
Stringency						0.874 8 *
						（1.70）
Stringency2						−0.031 4 *
						（−1.66）
Size	−0.009 1	0.003 6	−0.003 9	−0.004 1	−0.005 9	−0.005 9
	（−0.64）	（0.37）	（−0.38）	（−0.38）	（−0.56）	（−0.56）
SOE	−0.033 4	−0.020 8	−0.024 3	−0.024 4	−0.018 7	−0.021 1
	（−1.35）	（−1.14）	（−1.36）	（−1.37）	（−1.07）	（−1.16）
Leverage	−0.070 9	−0.034 3	−0.058 1	−0.055 6	−0.051 7	−0.063 6
	（−1.06）	（−0.72）	（−1.20）	（−1.06）	（−1.06）	（−1.30）
GIIN	−0.564 9	−0.407 6	−0.400 9	−0.364 4	−0.526 5 *	−0.518 8 *
	（−1.26）	（−1.30）	（−1.26）	（−0.80）	（−1.69）	（−1.66）
GIscale	−0.208 8	−0.054 6	−0.127 6	−0.342 6	−0.289 2	−0.318 5
	（−0.42）	（−0.15）	（−0.37）	（−1.00）	（−0.91）	（−1.04）
GRDratio	−0.046 8	−0.038 7 *	−0.034 6 *	−0.038 2 *	−0.039 4 *	−0.035 5 *
	（−1.58）	（−1.66）	（−1.68）	（−1.85）	（−1.83）	（−1.66）
lnGPI	−0.006 9 **	−0.004 9 **	−0.004 7 **	−0.004 6 **	−0.004 4 **	−0.004 4 **
	（−2.34）	（−2.13）	（−2.23）	（−2.20）	（−2.12）	（−2.04）
lnGTI	−0.022 5 ***	−0.016 0 ***	−0.015 8 ***	−0.015 7 ***	−0.015 2 ***	−0.014 9 ***
	（−5.18）	（−5.01）	（−4.94）	（−4.99）	（−4.78）	（−4.71）

表5-11(续)

变量	Y=lnGIE	Y=GIE				
	(1)	(2)	(3)	(4)	(5)	(6)
Opportunity	0.018 7*	0.012 7	0.013 5*	0.013 6	0.011 8	0.012 8*
	(1.74)	(1.48)	(1.70)	(1.58)	(1.54)	(1.65)
OCF	-0.192 6	-0.011 6	-0.153 7	-0.147 7	-0.155 6	-0.130 5
	(-0.97)	(-0.08)	(-1.07)	(-0.99)	(-1.08)	(-0.90)
LSR	-0.002 4	-0.061 7	0.001 9	-0.004 7	0.007 9	0.005 1
	(-0.03)	(-1.04)	(0.03)	(-0.08)	(0.13)	(0.08)
BDsize	-0.006 7	-0.006 5	-0.005 1	-0.005 3	-0.005 9	-0.005 6
	(-1.09)	(-1.51)	(-1.13)	(-1.20)	(-1.35)	(-1.28)
DAGE	0.002 2	-0.000 7	0.001 3	0.001 2	0.002 8	0.002 1
	(0.42)	(-0.20)	(0.35)	(0.33)	(0.71)	(0.54)
Duality	0.035 5	0.016 4	0.024 7	0.026 6	0.021 7	0.020 9
	(1.18)	(0.85)	(1.12)	(1.21)	(0.98)	(0.96)
PGDP	-0.000 0	-0.000 0	0.000 0	-0.000 0	-0.000 0	0.000 0
	(-0.08)	(-0.33)	(0.12)	(-0.07)	(-0.05)	(0.05)
EQRank	-0.000 4	-0.000 3**	-0.000 3*	-0.000 3	-0.000 3**	-0.000 5*
	(-1.64)	(-2.10)	(-1.65)	(-1.65)	(-1.99)	(-1.70)
lnIEN	-0.029 1*	-0.027 6**	-0.017 2	-0.020 5	-0.029 2	-0.028 0
	(-1.78)	(-2.24)	(-1.39)	(-1.54)	(-0.95)	(-0.89)
Rgrowth					-0.001 1	-0.000 1
					(-0.31)	(-0.03)
FEDIR					0.019 9**	0.021 3***
					(2.55)	(2.75)
MINDEX					0.001 6	-0.000 8
					(0.08)	(-0.04)
Statute					0.001 7	0.001 7
					(1.22)	(1.13)
Constant	-0.354 2	0.677 0**	0.761 4***	0.651 4**	0.688 9**	-4.995 1
	(-0.94)	(2.36)	(2.79)	(2.23)	(2.44)	(-1.47)
Area/Industry/Year fixed effects	YES	YES	YES	YES	YES	YES
Observations	331	294	331	331	331	331
F	3.21	2.59	2.68	2.77	2.69	2.57
Prob>F	0.000 0	0.000 1	0.000 0	0.000 0	0.000 0	0.000 0

注：采用Tobit估计，并使用在公司层面进行聚类的聚类稳健标准误，括号内是t值；***、**和*分别表示在1%、5%和10%的水平上显著。

5.7 本章小结

政府环境监管是我国实现绿色发展的重要环节，也是影响企业开展绿色管理的主导因素。环境监管不仅需要完善的环境立法与健全的环境制度，更需要各地方政府的严格执行。换言之，即使环境政策设计得科学合理、精细巧妙，若不能得到彻底的执行，也将只是形同虚设。

本章从执行层面分析了地方政府环境规制对企业绿色投资效率的影响。研究发现，我国地方政府环境规制执行力度与企业绿色投资效率之间具有显著的倒"U"形关系，且当前地方政府环境规制执行的现状位于倒"U"形曲线的左边，这说明多数企业面临的地方政府环境规制执行力度较弱且企业绿色投资效率也偏低，但同时也表明加强地方政府环境监管将有利于提升企业的绿色投资效率。而根据污染排放强度的不同，企业绿色投资效率对于地方政府环境规制执行的反应存在差异。进一步考虑地方政府环境规制执行影响企业绿色投资效率的作用机制，发现相较于采取反应型环境战略的企业，实施前瞻型环境战略的企业绿色投资效率受到地方政府环境规制执行的倒"U"形影响更为显著。再深入分析发现，企业的外部因素和内部因素对上述倒"U"形关系具有显著的调节作用，具体表现为中央环保督察与企业高管持股加强了地方政府环境规制执行对企业绿色投资效率的倒"U"形影响；而公众环保意识和企业财务绩效则削弱了地方政府环境规制执行与企业绿色投资效率之间的倒"U"形关系。除此之外，还发现地方政府环境规制执行力度对企业绿色投资冗余具有显著的"U"形影响，并且我国目前的地方政府环境规制执行力度也位于该"U"形曲线的左边，说明越严格地执行地方政府环境规制，越能显著抑制污染企业的绿色投资冗余程度，而这也会进一步有利于企业提升其绿色投资效率。

本章的研究结论对于我国当前正在推进的政府环境监管变革和绿色公司治理均具有以下的重要启示和政策意义。

就政府部门而言：首先，对污染企业的环境监管应该从绿色投资驱动转向绿色投资效率驱动，并考虑将企业绿色投资效率纳入环境评价体系，引导企业实施前瞻型环境战略、减少低价值的投入冗余，从而指引污染企业将有限的资源投入发挥出帕累托最优效益。其次，应该结合不同类型行业的特征以及企业的实际情况、环境战略特点来实施差异化的地方政府环境规制执行，避免监管方式的路径依赖，由此及时发现企业环境治理的薄弱环节并调整监管重点，有针对性地促进企业绿色投资效率的提升。最后，应该推动中央环保督察的常态化，并充分发挥广大利益相关者的监督作用，以期构建多元共治的现代环境治理体系。

就重污染企业而言：其一，应该以社会价值创造为发展方向，识别出并尽量减少有限资源的低价值分配活动，进行更加合理、有效的环境战略规划，以确保更需要进行防治的污染物指标得到更多的财务资源分配并同时减少不必要的投入冗余，从而提升企业绿色投资效率。其二，通过适当的激励措施促使高管积极主动地承担企业环境责任而不是被动迎合政府监管，让高管意识到提升企业绿色投资效率的重要性，由此在"利己"和"利他"的目标之间找到平衡。其三，以良好的财务绩效作为企业绿色投资效率提升的保障机制，正如发展的问题需要用发展来解决，通过财务与非财务管理的相互平衡将能够提升企业绿色竞争力，实现企业可持续发展。

6 环境信息披露视角下的
企业绿色投资效率印象管理

环境信息披露是企业进行印象管理的一种直接渠道和载体。企业绿色投资效率作为企业污染防治效果的真实反馈，是否能被客观公允地反映到企业的环境信息披露中呢？本章通过研究企业绿色投资效率与环境信息披露之间的关系，考察了重污染企业的绿色管理活动是否"言行一致"。研究发现，重污染企业的绿色投资效率与环境信息披露水平显著负相关，这说明企业在进行环境信息披露时存在印象管理，并且主要是通过提升排污信息透明度的方式来获得信息使用者对其环境责任履行的好印象，从而建立绿色企业形象和环境声誉。与国有企业相比，企业绿色投资效率对企业环境信息披露水平的负向影响在非国有企业中更为显著。进一步分析发现，企业绿色投资效率与环境信息披露水平之间的负相关关系在媒体关注度较高、高管持股比例较高、企业价值较高的企业中更为显著。本章的研究结论表明，环境监管部门在评价企业的绿色绩效时不能只依赖于企业环境信息披露，除了监管"言"，更要监管"行"。

6.1 引言

随着信息网络时代的飞速发展，很多企业都试图树立良好的企业社会责任形象（Moser & Martin，2012），环境保护也正是企业社会责任的重要组成部分（Huang & Watson，2015）。在环境污染问题日益严重的背景下，企业的环境行为逐渐成为监管部门的监管重点和社会公众的关注焦点，从而让企业进一步产生了建立"绿色企业形象"的需求。为了获得这种环境友好的印象，企业必仍通过某种方式传达出相关信息，而大多数企业外部利益相关者是通过企业披露的环境信息来了解其环境治理状况，因此，环境信息披露就成了企业进行印象管理的一种直接渠道。近年来，加强企业环境信息披露已列为我国环境监管变革的一项重要内容。2016 年 12 月，中国证监会修订了上市公司年度报告的披露内容与格式，明确要求属于环境保护部门公布的重点排污单位的上市公司从 2016 年起必须在其年报中披露详细的污染物排放信息。2017 年 6 月，中国证监会还与生态环境部签署了《关于共同开展上市公司环境信息披露工作的合作协议》，指出将会尽快完善上市公司环境信息披露制度，以督促上市公司积极履行信息披露义务、落实环保责任。并且，社会各界也在呼吁施行环境信息的强制披露。可见，上市公司面对的环境信息披露合法性压力已经越来越大。

信息在本质上是一种收敛反映行为和事物的信号（沈弋 等，2014）。从信息经济学中的信号传递理论来看，企业的污染防治行为是其私有信息，管理层通过将这些环境行为信息进行披露，可以对外传达出其积极开展环境管理的信号，从而与其他企业区别开来。这样不仅会使企业环境信息进入投资者决策信息集并影响投资者决策过程（沈洪涛 等，2010；叶陈刚 等，2015；崔恺媛，2017），还将有助于提升企业价值评估（Al-Tuwaijri et al.，2004；Clarkson et al.，2008；Dawkins & Fraas，2011）。但需要注意的是，企业在信息披露中的印象管理行为通常不易被察觉（孙蔓莉，2004；赵敏，2007），在现阶段利益相关者强烈的环保诉求下，环境信息披露可能成为企业实施印象管理的有效途径。虽然政府不断加强对企业环境信息披露的监管强度，但企业的污染防治管理真的"言行一致"吗？企业绿色投资效率是企业污染防治效果的一种客观、真实的反馈，衡量的是企业的"行"。如果企业的绿色投资未能实现污染物有效减排，管理层为了维护企业环境声誉极有可能产生强烈的动机通过企业的"言"来进行印象管理，造成绿色投资效率不能被客观公允地反映到企业的环境信息披露中。而已有文献对于企业层面印象管理的实证研究主要集中于财务信息披露方面，较少关注企业的非财务信息披露印象管理（张正勇和邱佳涛，2017）。

鉴于此，本章以 2016—2017 年沪深两市重污染行业 A 股上市公司作为研究样本，实证检验了企业绿色投资效率与环境信息披露之间的关系，从而考察重污染企业的绿色管理活动是否"言行一致"。研究发现，重污染企业的绿色投资效率与环境信息披露水平显著负相关，这说明企业在进行环境信息披露时存在印象管理，并且主要是通过提升排污信息透明度的方式来获得信息使用者对其环境责任履行的好印象，进而建立绿色企业形象和环境声誉。与国有企业相比，企业绿色投资效率对其环境信息披露水平的负向影响在非国有企业中更为显著。进一步分析发现，企业绿色投资效率与环境信息披露水平之间的负相关关系在媒体关注度较高、高管持股比例较高、企业价值较高的企业中更为显著。本章的研究结论表明，环境监管部门在评价企业的绿色绩效时不能只依赖于企业环境信息披露，除了监管"言"，更要监管"行"。

本章余下部分的结构安排如下：6.2 节是理论分析与研究假设；6.3 节介绍本章的研究设计；6.4 节报告描述性统计分析；6.5 节是多元回归分析的结果；6.6 节进行稳健性检验；6.7 节是本章小结。

6.2 理论分析与研究假设

6.2.1 企业绿色投资效率与企业环境信息披露

企业对外披露环境信息既是对利益相关者环境利益关切的响应，也是塑造绿色企业形象的契机。高质量的企业环境信息披露能显著降低股权资本成本（沈洪涛 等，2010；叶陈刚 等，2015），说明企业的环境信息已成为投资者决策信息集的重要组成部分（崔恺媛，2017），并会影响投资者的行为与态度。但是，企业的环境信息披露却不一定真实反映了企业的环境行为。当企业的实际状况与其希望向外界树立的形象存在较大差距时，企业就会产生印象管理的动机（Leary & Kowalski，1990），并可以通过强调正面好消息、抑制负面坏消息的方式来实施印象管理（黄静 等，2010；McDonnell & King，2013；Pan et al.，2018；Ravasi & Schultz，2006；Zavyalova et al.，2012）。在企业的环境信息披露中，由于具有较大的操纵空间，这种印象管理行为也可能大量存在。同时，我国当前对企业环境信息披露的监管力度不断加强，也给企业造成了极大的合法性压力。根据组织合法性理论，企业要获得组织合法性就必须符合公众或社会认同的制度规范或者共识（Meyer & Rowan，1977），且要能够被利益相关者认可（Deephouse，1996；Zimmerman & Zeitz，2002）。这就使企业更有可能选择通过信息披露这种沟通方式来改变社会公众对企业的印象，而非改变企业的实际行动（Dowling & Pfeffer，1975，Lindblom，1993）。可见，企业披露包括环境信息在内的企业社会责任信息的主要目的是影响公众对企业的感知、提升企业形象并建立良好的企业声誉（吉利，2016；Deegan et al.，2000；Guthrie & Parker，1990；Hooghiemstra，2000）。在环境污染问题被高度关注时，企业环境信息披露作为管理投资者印象的一种直接渠道，能够调解环境绩效不佳对企业环境声誉的负面影响（Cho et al.，2012）。因此，环保表现较差的企业反而往往表现出较高的环境信息披露水平（Clarkson et al.，2011；Rockness，1985；沈洪涛 等，2014），而这种增加环境信息透明度的印象管理策略也不容易被信息使用者识别出来。企业绿色投资效率是企业污染防治效果的真实反馈，能客观衡量企业的"行"。在企业绿色投资效率较低时，管理层为了维护绿色企业形象就会产生印象管理需求，通过企业的"言"来传递出积极的环境保护信号，从而提升企业环境信息披露水平。具体而言，这种印象管理方式不仅能给相关监管部门和广大非股东利益相关者留下积极配合环境监管、认真进行污染减排的好印象，还能将股东的注意力集中到企业的污染防治有很多需要"事前"投资的环节上来，由此让信息使用者忽略企业在"事后"对已投入的各类绿色资源的低效利用。所以，企业的环境治理就出现了"言"与"行"之间的偏离，即言行不一致的现象。基于此，本章提出如下主要研究假设 H6-1：

假设 H6-1：企业绿色投资效率与企业环境信息披露水平负相关。

6.2.2 企业绿色投资效率、媒体关注与企业环境信息披露

根据 McCombs 和 Shaw（1972）提出的"议程设置"理论，媒体关注能够形成一种"盯住效应"，通常会使被媒体报道的企业成为社会舆论的关注焦点（McCombs & Shaw，1972），从而给被报道的企业造成较大的舆论压力，因此，媒体关注逐渐成为一种重要的外部治理机制（李培功和沈艺峰，2010；罗进辉，2012a；田高良 等，2016）。相较于那些未引起媒体关注的上市公司，被媒体关注较多的上市公司如果信息披露质量较差，则它们被投资者乃至社会公众指责的概率更高，且面临被监管部门调查和处罚的风险也更大。另外，自从我国重视环境污染问题以来，广大的利益相关者都期望重污染企业能够尽量减少污染排放。而期望违背理论指出，当企业的行为违背了利益相关者的期待时，其就会面对来自利益相关者的惩罚。如若企业的环境行为违背了投资者的

期望，则其会受到来自股票市场的惩罚性反应，并且在媒体关注度较高时更是会对企业的市值造成显著的负面效应（Xu et al.，2016）。所以，为了避免违背来自利益相关者的期望，企业会选择采取一些印象管理的策略和措施（金婧，2018），例如，企业会在媒体报道时选择披露更详细的环境信息（沈洪涛和冯杰，2012；Clarkson et al.，2008）。企业绿色投资效率是企业开展绿色管理有效性的真实反馈，如果企业的绿色投资效率较低，最直接的印象管理策略就是通过环境信息披露来改变利益相关者的认知，树立积极履行环境责任的形象。尤其是在企业的媒体曝光度较高时，管理层更会担心晦涩的环境信息披露会引发监管部门的介入以及利益相关者的负面反应，故此时企业管理层的最佳应对策略便是提高环境信息披露水平，通过披露更加完整、透明的环境信息来满足利益相关者的期望。基于此，本章提出如下研究假设 H6-2：

假设 H6-2：企业绿色投资效率与企业环境信息披露水平之间的负相关关系在媒体关注度较高的企业中更为显著。

6.2.3 企业绿色投资效率、高管持股与企业环境信息披露

当前，我国重污染企业面对的环境监管越来越严格，利益相关者给予了企业高管比较大的环境治理压力，这使得高管更加关注自己的环境声誉，以免受合法性损失（Thornton et al.，2010）。在企业的绿色投资效率较低时，考虑到社会责任信息披露具有显著的"声誉保险"效应（宋献中 等，2017），这会使重污染企业的高管更加重视其中的环境信息披露内容，以获得投资者的良好印象。而就企业信息披露而言，高管通常在决定信息披露的内容和时间、信息披露的准确性、是否提供定性或定量披露，以及是否在披露时附带详细的解释方面具有自由裁量权（Tucker & Zhang，2016）。在一些实验研究中，学者们发现当企业高管披露公司进行了绿色投资并着重阐述与之相关的社会福利而非对公司造成的成本压力时，投资者会做出乐观的反应（Martin & Moser，2016），并且比较清晰、透明的企业社会责任信息披露也会让投资者对企业的社会责任履行产生好印象，从而对企业的价值做出更高的评价，提升对企业进行投资的可能性（孙岩，2012）。可见，与环境相关的企业信息已成为投资者决策信息集的一部分（崔恺媛，2017）。当企业高管的持股比例较高时，除了合规与声誉管理的动机以外，企业高管更会出于自利动机来提升企业的环境信息披露水平，以此来赢得更多投资者的青睐并提升企业市值。基于上述讨论，本章提出

以下研究假设 H6-3。

假设 H6-3：企业绿色投资效率与企业环境信息披露水平之间的负相关关系在高管持股比例较高的企业中更为显著。

6.2.4 企业绿色投资效率、企业价值与企业环境信息披露

随着近年来环境污染问题日益突出，投资者对于生态保护的诉求也愈发强烈，在进行投资决策时会将企业的环境信息纳入考察范围。企业的环境信息披露能带来显著大于零的累计超额回报率（崔恺媛，2017），这说明投资者确实已经具有环境偏好。因此，我国上市公司的企业社会责任报告中已经逐渐出现了以印象管理为目的的可读性操纵，具体表现为企业绩效较好的公司披露的企业社会责任的报告会比企业绩效较差的公司的报告篇幅更长、句子长度更短（吉利和孟鑫，2012）。而在企业出现环境违规时，其会对企业的市值造成显著的负面影响（Xu et al.，2016）。所以，对企业价值较高的污染企业而言，企业的污染防治状况将会成为更加敏感的信息，特别是在企业绿色投资效率较低、未能实现污染物有效减排的时候，怎样进行环境信息披露变得更为关键。为了树立环境责任履行良好的企业市场形象、避免低下的绿色投资效率对企业价值及股价造成不利影响，企业可能会倾向于选择更加完整、透明地披露环境信息来进行印象管理。基于上述讨论，本章提出以下研究假设 H6-4：

假设 H6-4：企业绿色投资效率与企业环境信息披露水平之间的负相关关系在企业价值较高的企业中更为显著。

6.3 研究设计

6.3.1 样本选取与数据来源

由于计算企业绿色投资效率所需的上市公司排污信息从 2016 年起才陆续开始披露，故本章仍然选取 2016—2017 年沪深两市 A 股重污染行业上市公司作为研究对象，具体筛选标准与过程和第 4 章、第 5 章保持一致，最终得到331 个公司年度观测值作为本章进行回归分析的样本，这与第 4 章中应用于SBM-DEA 模型（4-3）的分析样本以及第 5 章的研究样本是相同的。在此基础上，对样本企业是否属于环境保护部门强制披露环境信息的重点排污企业进

行区分，剔除了不属于环境保护部门公布的重点排污企业（自愿披露环境信息的企业）来作为研究样本进行稳健性检验。另外，本章也选择了同时披露化学需氧量、氨氮、二氧化硫及氮氧化物年度排放量的上市公司作为进行稳健性检验的研究样本，这与第4章中应用于SBM-DEA模型（4-2）的样本一致。

本章衡量企业环境信息披露水平所需的环境信息来自上市公司的年度报告、企业社会责任报告、企业可持续发展报告和企业环境报告中与环境相关的内容。媒体关注的数据，即上市公司被媒体报道的新闻数量，通过使用百度新闻搜索引擎（http://news.baidu.com/）的高级搜索功能进行公司新闻的检索并经手工整理得到。环境保护部门公布的重点排污单位名单来源于中国研究数据服务平台（CNRDS）中的中国环境数据库。市场化程度数据来源于王小鲁等（2017）编制的《中国分省份市场化指数报告（2016）》中关于我国各省份（自治区或直辖市）的市场化总指数。环境质量数据来源于国际环保组织绿色和平（GREENPEACE，https://www.greenpeace.org.cn/）公布的我国各省级行政区全年PM2.5平均浓度。人均地区生产总值数据来源于《中国统计年鉴》，地方环保规章数据来源于《中国环境年鉴》并经手工整理而成。其余变量均来自CSMAR数据库和Wind数据库。

6.3.2 变量定义

（1）被解释变量：企业环境信息披露水平

鉴于中国证监会对重污染行业上市公司披露环境信息的新要求主要体现在污染物排放信息的变化上[①]，本章重点围绕企业的排污信息披露采用了两种方法来度量企业环境信息披露水平。其一，采用企业披露了实际排放总量的污染物种类数（Pollutants）来衡量环境信息披露水平。笔者在手工搜集企业环境信息的过程中，发现上市公司对于证监会的环境信息披露"新规"的遵循情况存在很大差异（参见4.2.1节对重污染行业上市公司污染物排放量信息披露情况的统计），尤其是在披露污染物排放信息时，很多公司只披露了核定排放总量而不披露实际排放总量，或是只披露了排放浓度而不披露排放量。可见污

---

　　① 中国证监会在2016年和2017年连续修订了关于上市公司信息披露内容与格式的准则，明确要求属于环境保护部门公布的重点排污单位的公司及其子公司，应当根据法律、法规及部门规章的规定披露主要污染物及特征污染物的名称、排放浓度和总量、排放方式、排放口数量和分布情况、超标排放情况、执行的污染物排放标准、核定的排放总量等环境信息。

染物排放信息是一种具有很高信息含量的敏感信息，特别是污染物实际排放量更是直接反映出企业的环境污染状况。由于在计算企业绿色投资效率时需要企业主要污染物的实际排放量数据，故本章选取的样本公司都披露了一些污染物的排放量数据，但是在污染物的种类数量上存在较大差异（参见 4.3 节中对656 个公司年度观测值的污染物排放量描述性统计分析）。当企业披露了多种污染物的实际排放总量时，说明企业的环境信息透明度更高。因此，本章选用披露了实际排放总量的污染物种类数来衡量企业环境信息披露水平，披露的污染物种类数越多，则披露水平越高。

其二，采用企业环境信息披露和社会责任信息披露研究中被使用最多的"内容分析法"来逐一评价样本企业的环境信息披露水平并得到相应的评分（DScore）。参考沈洪涛和冯杰（2012）、沈洪涛等（2014）的做法，并结合样本企业的环境信息披露特点，以及中国证监会对重污染行业上市公司环境信息披露的新要求①，本章将评价的环境信息内容分为八项，全面考察企业"怎样"进行披露。这些评价内容包括：①企业执行的污染物排放标准以及各种污染物的核定排放总量；②主要污染物的名称、排放方式，以及排放口数量和分布情况；③各种污染物的实际排放总量和排放浓度，及超标排放情况；④防治污染设施的建设和运行情况；⑤建设项目环境影响评价及其他环境保护行政许可情况；⑥环境自行监测方案；⑦突发环境事件应急预案；⑧其他应当公开的环境信息。进一步，笔者借鉴 Wiseman（1982）和 Al-Tuwaijri 等（2004）的评分方法，将各项环境信息内容分为一般化披露、专门性描述、定量化或货币化信息披露进行不同程度的评分赋值。本章对每个样本企业在这八项环境信息方面的披露情况进行评分时的具体依据如下：若企业未披露相关内容，则评分为 0 分；若样本企业仅披露了简单、笼统的排污信息或模糊地阐述企业污染防治状况，则评分为 1 分；若企业有较为详细的污染排放信息，例如细化到每种污染物的排放量、排放浓度、排放方式、核定标准等，以及细节性的污染防治措施，包括投入的治污设备、研发的清洁技术、监测方案、应急方案等，则评分为 2 分；若企业披露了非常具体的污染排放信息，例如不仅披露了各种污染物的实际排放量、排放浓度、核定标准，还具体到每个分公司或每个工厂的

---

① 详见中国证监会发布的《公开发行证券的公司信息披露内容与格式准则第 2 号——年度报告的内容与格式（2016 年修订）》第四十二条，以及《公开发行证券的公司信息披露内容与格式准则第 2 号——年度报告的内容与格式（2017 年修订）》第四十四条。

排放信息，或提供现在与过去的对比信息或预计未来的减排成效，同时还披露了详细的污染防治设施的建设及运行情况，以及详细的环境管理方案等，则评分为 3 分。将每项评价内容的评分进行加总后就能得到样本企业的环境信息披露总得分，采用 Z-Score（Zero-mean Normalization，标准差标准化）方法进行标准化处理后即可得到 DScore 变量。具体针对样本企业的每项环境信息评价内容的评分情况如表6-1所示。可以看到，在各项评价内容中，评分均值最高的是企业披露的各种污染物的实际排放总量、排放浓度以及超标排放情况，并且高于该项评价内容的中位数得分，这表明样本企业中存在一些排污信息透明度较高的企业。从环境信息披露水平的总得分来看，其最小值为 3 分，最大值为 24 分，且标准差达到 3.505，这说明样本企业的环境信息披露水平存在明显的差距。

表6-1　基于内容分析法的企业环境信息披露水平评价得分明细

评价内容	样本量	均值	标准差	中位数	最小值	最大值
①企业执行的污染物排放标准及各种污染物的核定排放总量	331	1.934	0.727	2	0	3
②主要污染物的名称、排放方式及排放口数量和分布情况	331	1.816	1.050	2	0	3
③各种污染物的实际排放总量、排放浓度以及超标排放情况	331	2.326	0.662	2	1	3
④防治污染设施的建设和运行情况	331	1.921	0.782	2	0	3
⑤建设项目环境影响评价及其他环境保护行政许可情况	331	1.287	0.884	1	0	3
⑥环境自行监测方案	331	1.323	0.832	1	0	3
⑦突发环境事件应急预案	331	1.290	0.915	1	0	3
⑧其他应当公开的环境信息	331	1.048	0.980	1	0	3
企业环境信息披露水平总得分	331	12.946	3.505	13	3	24

　　此外，本章还在附录2中展示了企业环境信息披露的具体案例。其中，南岭民爆（002096.SZ）在其 2016 年年度报告中仅披露了非常笼统的环境信息；山西汾酒（600809.SH）在其 2017 年年度报告中则披露了较为详细的环境信息，涵盖了被评价的八项内容；科伦药业（002422.SZ）在其 2017 年年度报告

中针对以十八项环境信息内容都进行了极为具体的披露，不仅详尽披露了每个子公司的每种污染物排放信息，还对每项内容都有细节性的定性和定量披露。故而，这也进一步证实了企业环境信息披露中的确存在较大的自由裁量空间。

（2）解释变量：企业绿色投资效率（GIE）

因本章仍然选取了同时披露了化学需氧量（COD）排放量与二氧化硫（SO_2）排放量的企业作为研究样本，故继续采用第 4 章中设定的产出导向型、规模报酬可变的 SBM-DEA 模型（4-3），以预防型绿色投资和治理型绿色投资作为投入变量，以 COD 和 SO_2 的年度总排放量作为非期望产出变量，计算出企业绿色投资效率值（GIE）作为主要解释变量。

（3）调节变量

对于媒体关注度，已有研究多采用通过百度新闻搜索引擎得到的新闻标题中含有上市公司股票简称的新闻数量来衡量（刘锋 等，2014；罗进辉，2012a，2012b，2018；罗进辉和杜兴强，2014；赵龙凯 等，2013）。该方法在当今互联网高速普及以及大数据迅猛发展的背景下，能够对网络上所有的媒体新闻报道进行检索，更好地衡量新闻报道信息被传播的次数，从而反映出媒体对企业的关注程度。因此，本章也采用这种衡量方法，通过百度新闻搜索引擎，对每个样本企业的股票简称于每个样本年度（每年 1 月 1 日至 12 月 31日）出现在新闻标题中的媒体报道数量进行检索并手工整理，以该新闻报道数量加 1 之后所取的自然对数值作为媒体关注度（MediaT）。此外，本章还改变了搜索标准来衡量媒体关注度：以是否出现在新闻全文中为标准，通过百度新闻搜索引擎得到新闻全文中包含样本企业股票简称的媒体报道数量，加 1 之后取自然对数为样本企业的媒体关注度（MediaC）；以是否在新闻全文中同时出现样本企业股票简称和关键词"环保"为标准，通过百度新闻搜索引擎获得它们同时被包含在新闻全文中的媒体报道数量，加 1 之后取自然对数作为媒体对企业环保方面的关注度（MediaE）。

对于高管持股，本章用企业高管的持股数量与总股数的比值来衡量高管持股比例（EXSR）。对于企业价值，本章则采用托宾 Q 值来衡量（TobinQ）。

（4）控制变量

由于环境是企业社会责任的要素之一（Huang & Watson，2015），本章在控制其他影响企业环境信息披露的因素时，也同时参考了企业社会责任信息披露方面的研究（吉利 等，2016；沈洪涛和冯杰，2012；沈洪涛 等，2014；汤

亚莉 等，2006）。本章从企业层面和外部环境两方面对企业环境信息披露的影响因素进行了控制。

就企业层面而言，本章控制了四类影响因素：①企业基本面因素，包括企业规模（Size）、企业产权性质（SOE）、财务杠杆（Leverage）；②企业绩效因素，包括企业财务绩效（ROA）和企业成长性（Growth）；③公司治理因素，包括股权集中度（LSR）和两职兼任（Duality）；④绿色投资因素，包括绿色投资总规模（GIscale）、绿色研发投入（GRDD）和绿色投资冗余（GISD）。

对于企业受到的外部环境影响，本章控制了企业面临的环境信息披露外部监管压力，即样本企业是否需要强制性披露环境信息（MDEI），以及企业所处地区的人均地区生产总值（PGDPrank）、市场化程度（MINDEX）和滞后一期的地方环保规章（ENrule）与环境质量（EQRank）。所有变量的详细定义和度量方法详见表6-2。

6.3.3　模型构建

为检验假设 H6-1，本章构建模型（6-a）和模型（6-b）来研究企业绿色投资效率对环境信息披露水平的影响。

$$\text{Pollutants}_{i,t} = \alpha + \beta_1 \text{GIE}_{i,t} + \beta_2 \text{Size}_{i,t} + \beta_3 \text{SOE}_{i,t} + \beta_4 \text{Leverage}_{i,t} + \beta_5 \text{ROA}_{i,t} +$$
$$\beta_6 \text{Growth}_{i,t} + \beta_7 \text{LSR}_{i,t} + \beta_8 \text{Duality}_{i,t} + \beta_9 \text{GIscale}_{i,t} + \beta_{10} \text{GRDD}_{i,t} +$$
$$\beta_{11} \text{GISD}_{i,t} + \beta_{12} \text{MDEI}_{i,t} + \beta_{13} \text{ENrule}_{i,t-1} + \beta_{14} \text{EQRank}_{i,t-1} +$$
$$\beta_{15} \text{PGDPrank}_{i,t} + \beta_{16} \text{MINDEX}_{i,t} + \text{Industry}_i + \text{Year}_t + \varepsilon_{i,t} \quad (6\text{-}a)$$

$$\text{DScore}_{i,t} = \alpha + \beta_1 \text{GIE}_{i,t} + \beta_2 \text{Size}_{i,t} + \beta_3 \text{SOE}_{i,t} + \beta_4 \text{Leverage}_{i,t} + \beta_5 \text{ROA}_{i,t} +$$
$$\beta_6 \text{Growth}_{i,t} + \beta_7 \text{LSR}_{i,t} + \beta_8 \text{Duality}_{i,t} + \beta_9 \text{GIscale}_{i,t} + \beta_{10} \text{GRDD}_{i,t} +$$
$$\beta_{11} \text{GISD}_{i,t} + \beta_{12} \text{MDEI}_{i,t} + \beta_{13} \text{ENrule}_{i,t-1} + \beta_{14} \text{EQRank}_{i,t-1} +$$
$$\beta_{15} \text{PGDPrank}_{i,t} + \beta_{16} \text{MINDEX}_{i,t} + \text{Industry}_i + \text{Year}_t + \varepsilon_{i,t} \quad (6\text{-}b)$$

其中，GIE 作为主要解释变量，表示企业绿色投资效率。Pollutants 和 DScore 分别作为被解释变量，表示企业环境信息披露水平。由于 Pollutants 是离散数据，并且代表着环境信息披露水平的高低之分，表现为一种排序数据（ordered data），因此，模型（6-a）采用排序 logit（ordered logit）估计来进行多元回归分析。DScore 是经过标准化处理后的企业环境信息披露水平得分，故模型（6-b）使用 OLS 回归进行分析。Industry 和 Year 用来控制行业效应和时间效应。各变量的详细定义见表6-2。

表6-2 变量的详细定义

变量类型	变量符号	变量名称	变量度量方法
被解释变量	Pollutants	企业环境信息披露水平	企业披露了实际排放总量的污染物种类数
	DScore	企业环境信息披露水平	采用"内容分析法"评价企业的环境信息披露水平所得到的经Z-Score方法进行标准化处理后的得分
解释变量	GIE	企业绿色投资效率	由数据包络分析方法的SBM-DEA模型计算得出
调节变量	MediaT	媒体关注度	通过百度新闻搜索引擎得到的新闻标题中包含样本企业股票简称的媒体报道数量,加1之后取自然对数
	MediaC	媒体关注度	通过百度新闻搜索引擎得到的新闻全文中包含样本企业股票简称的媒体报道数量,加1之后取自然对数
	MediaE	媒体关注度	以样本企业股票简称和"环保"作为关键词,通过百度新闻搜索引擎获得它们同时在新闻全文中出现的媒体报道数量,加1之后取自然对数,作为媒体对企业环保方面的关注度
	EXSR	高管持股比例	企业的高管人员持股数量占总股数的比例
	TobinQ	企业价值	托宾Q值=市值/资产总额
企业层面控制变量	Size	企业规模	企业年末总资产的自然对数
	SOE	企业产权性质	虚拟变量,企业的实际控制人若为国有单位则取1,否则为0
	Leverage	财务杠杆	资产负债率=负债总额/资产总额
	ROA	财务绩效	总资产净利润率=净利润/总资产余额
	Growth	企业成长性	总资产增长率=(年末资产总额-年初资产总额)/年初资产总额
	LSR	股权集中度	企业中第一大股东的持股比例
	Duality	两职兼任	虚拟变量,企业董事长与总经理若为同一人则取值为1,否则为0
	GIscale	绿色投资总规模	企业在样本年度新增的绿色投资与年末总资产的比值
	GRDD	绿色研发投入	虚拟变量,企业在样本年度若有新增的绿色研发投入则取值为1,否则为0
	GISD	绿色投资冗余	虚拟变量,企业在样本年度若存在冗余的绿色投资则取值为1,否则为0
外部环境控制变量	MDEI	环境信息强制披露	虚拟变量,若样本企业属于环境保护部门公布的重点排污单位(强制披露环境信息)则取值为1,否则为0
	ENrule	地方环保规章	企业所属省份(自治区或直辖市)现行有效的地方性环保规章总数
	EQRank	环境质量	企业所属省份(自治区或直辖市)的PM2.5全年平均浓度的排名
	PGDPrank	人均地区生产总值	企业所属省份(自治区或直辖市)的人均地区生产总值排名
	MINDEX	市场化程度	王小鲁、樊纲和余静文编制的《中国分省份市场化指数报告(2016)》中的企业所属省份(自治区或直辖市)市场化总指数

对于假设 H6-2，本章将样本企业分别按照由三种方法衡量的媒体关注度（MediaT、MediaC 和 MediaE）的样本中位数划分为媒体关注度较高组和较低组，并分别采用模型（6-a）和模型（6-b）进行分组回归分析。对于假设 H6-3 和假设 H6-4，本章则分别将样本企业按照高管持股比例（EXSR）和企业价值（TobinQ）的样本中位数进行分组，并同样分别采用模型（6-a）和模型（6-b）来做分组检验。

6.4 描述性统计分析

6.4.1 描述性统计

表 6-3 报告了主要变量的描述性统计结果。其中，衡量企业环境信息披露水平的 Pollutants 和 DScore 的中位数均大于其均值，这表明大部分样本企业的环境信息披露水平都达到了样本平均水平以上。主要解释变量企业绿色投资效率（GIE）的均值为 0.562，大于其中位数 0.503，说明大部分样本企业的绿色投资效率都未达到平均水平，反映出现阶段我国重污染行业上市公司的绿色投资效率水平整体偏低。在调节变量中，均观测到了合理的波动。

表 6-3　主要变量描述性统计

变量	样本量	均值	标准差	中位数	最小值	最大值
Pollutants	331	4.858	0.874	5.000	2.000	7.000
DScore	331	−0.025	0.994	0.016	−2.837	3.154
GIE	331	0.562	0.148	0.503	0.500	1.000
MediaT	331	3.895	1.003	3.912	1.386	11.469
MediaC	331	4.329	1.298	4.094	1.099	12.929
MediaE	331	2.530	1.048	2.485	0.000	5.943
EXSR	331	0.045	0.118	0.000	0.000	0.736
TobinQ	331	1.875	1.559	1.388	0.113	8.607
Size	331	22.913	1.455	22.818	20.151	28.509
SOE	331	0.492	0.501	0.000	0.000	1.000
Leverage	331	0.431	0.214	0.426	0.047	1.229
ROA	331	0.052	0.061	0.045	−0.250	0.340
Growth	331	0.153	0.280	0.082	−0.390	2.666

表6-3(续)

变量	样本量	均值	标准差	中位数	最小值	最大值
LSR	331	0.372	0.157	0.359	0.096	0.891
Duality	331	0.254	0.436	0.000	0.000	1.000
GIscale	331	0.009	0.020	0.003	0.000	0.175
GRDD	331	0.082	0.274	0.000	0.000	1.000
GISD	331	0.644	0.480	1.000	0.000	1.000
MDEI	331	0.958	0.202	1.000	0.000	1.000
ENrule	331	12.441	8.217	9.000	0.000	43.000
EQRank	331	92.891	66.546	78.000	1.000	235.000
PGDPrank	331	92.909	67.923	74.000	1.000	230.000
MINDEX	331	7.509	1.810	7.460	0.620	9.780

6.4.2 相关性分析

表6-4为主要变量的相关性分析结果，在左下区域和右上区域分别报告了 Pearson 相关系数和 Spearman 相关系数，其中，企业绿色投资效率（GIE）与衡量企业环境信息披露水平的 Pollutants 和 DScore 之间均表现为负相关关系。同时，相关性分析结果也显示所有变量之间的相关程度都在可接受范围之内，且变量之间不存在严重的多重共线性问题。

表6-4(A) 相关性分析

	1	2	3	4	5	6	7	8	9	10	11
1. Pollutants		0.38*	-0.00	-0.07	0.01	-0.01	0.03	-0.01	0.02	-0.13*	-0.02
2. DScore	0.41*		-0.04	0.14*	0.15*	0.07	0.10	0.05	0.01	-0.14*	-0.04
3. GIE	-0.03	-0.11		-0.15*	-0.10	-0.15*	0.32*	0.61*	-0.60*	-0.38*	-0.47*
4. MediaT	-0.06	0.10	-0.05		0.78*	0.39*	-0.01	-0.10	0.36*	0.03	0.14*
5. MediaC	-0.04	0.08	-0.02	0.82*		0.35*	-0.00	-0.06	0.33*	-0.00	0.10
6. MediaE	-0.02	0.04	-0.12*	0.45*	0.43*		-0.03	-0.04	0.13*	0.05	0.02
7. EXSR	-0.01	0.01	0.29*	-0.14*	-0.07	-0.11*		0.38*	-0.36*	-0.56*	-0.31*
8. TobinQ	-0.02	0.00	0.31*	-0.02	0.06	-0.06	0.30*		-0.74*	-0.47*	-0.73*
9. Size	0.00	0.01	-0.26*	0.46*	0.38*	0.21*	-0.29*	-0.59*		0.42*	0.61*
10. SOE	-0.12*	-0.15*	-0.21*	0.11	0.05	0.07	-0.37*	-0.37*	0.43*		0.38*
11. Leverage	-0.03	-0.03	-0.27*	0.08	0.03	0.03	-0.20*	-0.57*	0.53*	0.39*	
12. ROA	-0.03	0.04	0.06	0.08	0.12*	0.09	0.17*	0.35*	-0.10	-0.26*	-0.42*
13. Growth	-0.03	0.03	0.09	0.00	-0.00	0.03	0.17*	0.20*	-0.16*	-0.23*	-0.24*

表6-4（A）（续）

	1	2	3	4	5	6	7	8	9	10	11
14. LSR	-0.13*	-0.17*	-0.04	0.14*	0.19*	0.02	-0.07	-0.11*	0.40*	0.24*	0.09
15. Duality	0.10	0.06	0.12*	-0.08	-0.05	-0.02	0.36*	0.15*	-0.20*	-0.27*	-0.12*
16. GIscale	0.02	-0.03	-0.12*	-0.14*	-0.06	0.03	-0.06	0.03	-0.06	-0.05	-0.05
17. GRDD	-0.17*	-0.02	-0.05	0.03	-0.01	0.03	-0.08	-0.14*	0.12*	0.10	0.08
18. GISD	-0.05	-0.04	-0.51*	0.10	0.08	0.21*	-0.22*	-0.32*	0.35*	0.20*	0.29*
19. MDEI	0.12*	0.18*	-0.04	-0.08	-0.07	0.01	0.05	-0.14*	-0.01	-0.12*	0.07
20. ENrule	0.08	0.05	0.12*	-0.20*	-0.18*	-0.06	0.11*	0.09	-0.21*	-0.16*	-0.10
21. EQRank	-0.02	0.11*	-0.04	-0.02	-0.04	-0.10	0.05	0.08	-0.17*	-0.16*	-0.13*
22. PGDPrank	-0.10	-0.04	-0.01	0.05	-0.02	-0.12*	-0.06	0.01	-0.09	0.02	0.06
23. MINDEX	0.04	0.07	-0.03	-0.01	0.04	0.09	0.06	-0.01	0.01	-0.14*	-0.11

注：表 6-4 的左下区域报告的是 Pearson 相关系数，右上区域报告的是 Spearman 相关系数。

*表示相关系数在 5% 水平上具有统计显著性。

表 6-4（B）　相关性分析（续）

	12	13	14	15	16	17	18	19	20	21	22	23
1. Pollutants	-0.02	0.03	-0.12*	0.10	0.04	-0.13*	-0.06	0.11*	0.08	0.00	-0.05	0.04
2. DScore	0.04	0.08	-0.17*	0.08	-0.07	-0.02	-0.02	0.16*	0.05	0.13*	-0.03	0.09
3. GIE	0.21*	0.18*	-0.19*	0.17*	-0.17*	-0.01	-0.59*	-0.01	0.14*	0.09	0.07	-0.03
4. MediaT	0.08	0.12*	-0.02	-0.05	-0.22*	0.07	0.07	-0.05	-0.20*	0.01	0.10	-0.02
5. MediaC	0.13*	0.11*	0.03	-0.05	-0.13*	0.02	0.06	-0.05	-0.18*	-0.13*	-0.01	0.03
6. MediaE	0.08	0.09	-0.03	-0.01	0.04	0.00	0.18*	0.02	-0.02	-0.12*	-0.11*	0.10
7. EXSR	0.33*	0.38*	-0.34*	0.27*	0.08	-0.06	-0.19*	0.09	0.17*	0.09	-0.02	0.19*
8. TobinQ	0.50*	0.30*	-0.19*	0.18*	0.03	-0.12*	-0.33*	-0.06	0.17*	0.18*	0.01	0.06
9. Size	-0.20*	-0.09	0.33*	-0.18*	-0.16*	0.14*	0.36*	-0.01	-0.21*	-0.16*	-0.07	-0.04
10. SOE	-0.36*	-0.32*	0.21*	-0.27*	-0.08	0.10	0.20*	-0.12*	-0.19*	-0.19*	0.01	-0.17*
11. Leverage	-0.45*	-0.19*	0.10	-0.11*	-0.01	0.08	0.32*	0.06	-0.11*	-0.15*	0.05	-0.12*
12. ROA		0.50*	0.02	0.15*	0.11*	-0.11*	-0.01	0.00	0.04	0.12*	-0.08	0.25*
13. Growth	0.27*		-0.09	0.11	0.06	0.02	-0.06	0.02	0.05	0.10	-0.06	0.20*
14. LSR	0.05	-0.11*		-0.12*	-0.02	-0.01	0.10	-0.10	-0.11*	-0.10	-0.10	-0.04
15. Duality	0.10	0.09	-0.14*		0.06	-0.07	-0.04	0.05	0.07	0.13*	0.01	0.06
16. GIscale	0.03	0.12*	0.02	-0.02		-0.10	0.34*	0.06	0.15*	-0.11*	-0.20*	0.20*
17. GRDD	-0.09	0.07	-0.01	-0.07	-0.08		-0.05	-0.10	-0.06	0.00	0.05	-0.09
18. GISD	0.00	-0.12*	0.11*	-0.04	0.20*	-0.05		0.03	-0.09	-0.20*	-0.17*	0.04
19. MDEI	0.04	-0.00	-0.12*	0.05	0.05	-0.10	0.03		0.06	0.13*	0.05	-0.01
20. ENrule	-0.02	-0.01	-0.08	0.07	0.06	-0.06	-0.06	0.07		0.19*	-0.30*	0.36*
21. EQRank	0.10	0.10	-0.09	0.12*	-0.01	0.02	-0.20*	0.11*	0.10		0.35*	-0.08
22. PGDPrank	-0.05	-0.05	-0.08	0.01	-0.14*	0.06	-0.16*	0.03	-0.29*	0.38*		-0.79*
23. MINDEX	0.17*	0.11*	-0.02	-0.00	0.13*	-0.04	0.05	-0.03	0.29*	-0.18*	-0.78*	

注：表 6-4 的左下区域报告的是 Pearson 相关系数，右上区域报告的是 Spearman 相关系数。

*表示相关系数在 5% 水平上具有统计显著性。

6.5　多元回归分析

6.5.1　企业绿色投资效率对企业环境信息披露的影响

（1）全样本回归

表6-5报告了使用模型（6-a）和模型（6-b）所得到的企业绿色投资效率对企业环境信息披露影响的回归结果。列（1）和列（2）采用全样本进行回归，其中，列（1）是以企业披露实际排放总量的污染物种类数（Pollutants）来衡量环境信息披露水平，模型（6-a）的回归结果显示企业绿色投资效率（GIE）的估计系数为-1.995 7，并在5%的水平上显著；列（2）则是采用基于"内容分析法"评价样本企业的环境信息披露水平所得到的经Z-Score方法标准化后的得分（DScore）来衡量环境信息披露水平，模型（6-b）的回归结果显示GIE的估计系数为-1.028 8，并在1%的水平上显著。从这些回归结果来看，绿色投资效率越低的企业，相反环境信息披露水平越高，"言"并未客观公允反映"行"，这表明企业在进行环境信息披露时存在印象管理，即通过提升排污信息透明度的方式来获得信息使用者的好印象，以建立绿色企业形象和环境声誉。可见，在控制了企业层面和外部环境的诸多影响因素后，企业绿色投资效率与企业环境信息披露水平之间呈现出显著的负相关关系，假设H6-1得到验证。

此外，从本书的附录2中所展示的企业环境信息披露案例来看，科伦药业（002422.SZ）在其2017年年度报告中针对被评价的八项环境信息内容都进行了极为具体的披露，不仅详尽披露了每个子公司的每种污染物排放信息，还对每项内容都有细节性的定性和定量披露。但是，由本书的SBM-DEA模型（4-3）所测度出的科伦药业2017年的绿色投资效率仅为0.5026。与此相比，绿色投资效率为1（达到最优）的山西汾酒（600809.SH）也在其2017年年度报告中也披露了较为详细的环境信息，同样涵盖了被评价的八项内容，但详尽程度却远不如科伦药业。这也更加直观地反映出绿色投资效率较低的企业会有更强烈的动机进行印象管理，从而表现出更高的环境信息披露水平。

（2）按照企业产权性质分组回归

为了进一步探究企业的产权性质是否会对企业绿色投资效率与环境信息披露水平之间的负相关关系产生影响，本节还将样本企业划分为国有企业和非国有企业两个组，并分别采用模型（6-a）和模型（6-b）进行回归分析。对于国有企业，从表6-5的列（3）和列（4）的回归结果来看，企业绿色投资效率（GIE）的估计系数虽然都为负，但是均不显著。对于非国有企业，在列（5）和列（6）中分别以Pollutants和DScore作为被解释变量进行回归检验，发现GIE的估计系数均显著为负，并且系数的绝对值均大于列（1）和列（2）的全样本回归中GIE估计系数的绝对值。由此可见，与国有企业相比，企业绿色投资效率对企业环境信息披露水平的负向影响在非国有企业中更为显著。

表6-5　企业绿色投资效率对企业环境信息披露的回归分析

变量	全样本		国有企业		非国有企业	
	Y＝Pollutants	Y＝DScore	Y＝Pollutants	Y＝DScore	Y＝Pollutants	Y＝DScore
	（1）	（2）	（3）	（4）	（5）	（6）
GIE	−1.995 7**	−1.028 8***	−0.696 8	−0.286 4	−2.507 9**	−1.525 1***
	（−2.27）	（−2.78）	（−0.40）	（−0.34）	（−2.24）	（−3.71）
Size	0.288 5***	0.127 6**	0.096 5	0.094 8	0.611 4***	0.189 2**
	（2.66）	（2.48）	（0.66）	（1.31）	（3.23）	（2.27）
SOE	−0.642 9**	−0.268 6**				
	（−2.42）	（−2.05）				
Leverage	−0.637 6	−0.257 2	−0.191 2	−0.545 8	−2.006 6*	−0.158 5
	（−0.94）	（−0.78）	（−0.21）	（−1.10）	（−1.73）	（−0.34）
ROA	−1.750 8	−0.236 9	−2.972 0	−1.460 7	−1.293 9	0.742 1
	（−0.89）	（−0.29）	（−1.04）	（−1.25）	（−0.42）	（0.54）
Growth	−0.303 2	0.011 0	−0.341 8	0.228 8	−0.343 0	−0.247 7
	（−0.75）	（0.06）	（−0.55）	（1.10）	（−0.54）	（−0.99）
LSR	−2.012 7**	−1.082 8***	−0.900 6	−1.324 1**	−3.013 9**	−0.665 4
	（−2.57）	（−3.00）	（−0.80）	（−2.36）	（−2.40）	（−1.26）
Duality	0.368 1	0.063 4	0.621 0	−0.197 0	0.392 9	0.250 2*
	（1.46）	（0.54）	（1.34）	（−0.87）	（1.19）	（1.75）
GIscale	3.804 7	−1.647 3	19.342 4**	−3.392 9	−8.602 0	−1.758 9
	（0.68）	（−0.72）	（2.06）	（−0.87）	（−1.13）	（−0.61）
GRDD	−1.081 2***	−0.112 6	−1.289 8**	−0.138 8	−1.127 1	−0.178 1
	（−2.69）	（−0.51）	（−2.46）	（−0.58）	（−1.56）	（−0.40）
GISD	−0.740 6**	−0.178 5	−1.103 2**	0.057 0	−0.575 1	−0.410 8**
	（−2.52）	（−1.18）	（−2.47）	（0.23）	（−1.40）	（−2.06）
MDEI	0.621 0	0.544 1**	0.546 0	0.544 8	0.843 7	0.392 6
	（1.07）	（2.14）	（0.73）	（1.53）	（0.72）	（1.37）
ENrule	0.023 8	0.007 2	0.002 4	−0.003 0	0.045 6**	0.010 1
	（1.61）	（1.15）	（0.11）	（−0.34）	（2.02）	（1.11）

表6-5(续)

变量	全样本		国有企业		非国有企业	
	Y=Pollutants	Y=DScore	Y=Pollutants	Y=DScore	Y=Pollutants	Y=DScore
	(1)	(2)	(3)	(4)	(5)	(6)
EQRank	−0.001 7	0.000 1	−0.000 5	0.001 0	−0.002 8	−0.000 7
	(−0.84)	(0.08)	(−0.19)	(0.73)	(−0.91)	(−0.49)
PGDPrank	−0.006 9**	−0.004 9***	−0.003 7	−0.004 6*	−0.011 2**	−0.005 6***
	(−2.05)	(−3.29)	(−0.76)	(−1.93)	(−2.19)	(−2.71)
MINDEX	−0.259 3**	−0.118 9**	−0.207 8	−0.135 6	−0.354 4**	−0.105 4*
	(−2.24)	(−2.33)	(−1.20)	(−1.57)	(−2.06)	(−1.68)
Constant		−1.347 7		−0.997 5		−2.395 2
		(−1.14)		(−0.56)		(−1.20)
Industry and Year fixed effects	YES	YES	YES	YES	YES	YES
Observations	331	331	163	163	168	168
LR chi2	43.82		26.19		37.14	
Pseudo R^2	0.053 0		0.064 1		0.090 7	
F		3.83		1.76		3.78
Adjusted R^2		0.115 2		0.064 8		0.109 9

注：列（1）、列（3）及列（5）采用 ordered logit 估计，括号内是 z 值；列（2）、列（4）及列（6）采用 OLS 估计并使用在公司层面进行聚类的聚类稳健标准误，括号内是 t 值；*** 、** 和 * 分别表示在1%、5%和10%的水平上显著。

6.5.2 媒体关注对企业绿色投资效率与环境信息披露的影响

本节将样本企业分别按照由三种方法衡量的媒体关注度（MediaT、MediaC 和 MediaE）的样本中位数划分为媒体关注度较高组和较低组，来检验媒体关注对企业绿色投资效率与环境信息披露水平之间负相关关系的调节效应。相关的回归结果见表6-6、表6-7和表6-8。

首先，以新闻标题中包含样本企业股票简称的媒体报道数量作为媒体关注度（MediaT），同时采用模型（6-a）和模型（6-b）进行分组回归。从表6-6中报告的回归结果来看，在媒体关注度较高组，列（1）中的企业绿色投资效率（GIE）的估计系数为−4.304 7，在1%的水平上显著，且在数值上小于表6-5的列（1）中 GIE 的估计系数−1.995 7；列（2）中的企业绿色投资效率（GIE）的估计系数为−2.027 3，也在1%的水平上显著，且在数值上也小于表6-5的列（2）中 GIE 的估计系数−1.028 8。而与此形成鲜明对比的是，在媒体关注度较低组，GIE 的估计系数在列（3）中不显著，在列（4）中仅具有10%水平上的统计显著性。这些结果表明，当企业的媒体曝光率较高时，其很容易成为公众和监管部门的重点关注对象，若此时企业绿色投资效率偏低，则其会倾向于进行透明度更高的环境信息披露，以此实施对信息使用者的印象管理。由此可见，企业绿色投资效率与企业环境信息披露水平之间的负相关关系在企业受到媒体较高关注时更为显著，假设 H6-2 得到验证。

其次，以新闻全文中包含样本企业股票简称的媒体报道数量作为媒体关注度（MediaC），并根据其样本中位数将样本企业进行分组回归，结果见表 6-7。可以看到，在媒体关注度较高的样本企业中，列（1）和列（2）的企业绿色投资效率（GIE）的估计系数均显著为负；而在媒体关注度较低的企业中，列（3）和列（4）的企业绿色投资效率（GIE）的估计系数均不显著。这些结果与前文一致，再次验证了企业绿色投资效率与企业环境信息披露水平之间的负相关关系在企业受到媒体较高关注时更为显著。

此外，本节还检验了媒体对企业环保方面的关注度是否也具有调节效应。以样本企业股票简称和"环保"同时在新闻全文中出现的媒体报道数量作为媒体关注度（MediaE），同样按照其样本中位数将样本企业划分为媒体关注度较高和较低组进行分组回归。在表 6-8 的回归结果中可以看到，媒体关注度较高组的企业绿色投资效率（GIE）的估计系数分别在 5% 和 1% 的水平上显著为负，而媒体关注度较低组的 GIE 估计系数仅在列（4）中具有 10% 水平上的统计显著性，同样表明企业绿色投资效率与环境信息披露水平之间的负相关关系在企业受到媒体较高关注时更为显著，假设 H6-2 再次得到验证。

表 6-6 媒体关注对企业绿色投资效率与环境信息披露的影响分析（1）

变量	媒体关注度较高		媒体关注度较低	
	Y = Pollutants	Y = DScore	Y = Pollutants	Y = DScore
	（1）	（2）	（3）	（4）
GIE	−4. 304 7 ***	−2. 027 3 ***	0. 024 9	−0. 901 6 *
	（−3.18）	（−3.32）	（0.02）	（−1.68）
Size	0. 255 3 *	0. 142 0 **	0. 532 7 **	−0. 055~9
	（1.78）	（1.99）	（2.52）	（−0.55）
SOE	−0. 863 6 **	−0. 123 2	−0. 228 5	−0. 304 3
	（−2.33）	（−0.72）	（−0.56）	（−1.55）
Leverage	−0. 009 2	−0. 152 8	−2. 116 3 **	0. 058 2
	（−0.01）	（−0.30）	（−2.01）	（0.12）
ROA	−0. 514 1	−0. 024 1	−3. 007 2	−0. 079 3
	（−0.20）	（−0.02）	（−0.85）	（−0.06）

表6-6(续)

变量	媒体关注度较高		媒体关注度较低	
	Y = Pollutants	Y = DScore	Y = Pollutants	Y = DScore
	(1)	(2)	(3)	(4)
Growth	−0. 102 5	0. 371 1	−0. 339 0	−0. 499 2*
	(−0. 18)	(1. 53)	(−0. 51)	(−1. 82)
LSR	−2. 497 2**	−0. 750 3	−1. 762 1	−1. 100 4**
	(−2. 18)	(−1. 30)	(−1. 50)	(−2. 11)
Duality	−0. 202 4	−0. 131 2	1. 098 4***	0. 196 7
	(−0. 57)	(−0. 72)	(2. 81)	(1. 23)
GIscale	4. 722 0	1. 718 6	1. 341 9	−0. 551 1
	(0. 37)	(0. 28)	(0. 20)	(−0. 20)
GRDD	−1. 060 8**	0. 000 3	−1. 225 1*	−0. 214 5
	(−1. 99)	(0. 00)	(−1. 80)	(−0. 99)
GISD	−1. 353 7***	−0. 429 1*	−0. 111 2	−0. 038 8
	(−3. 18)	(−1. 80)	(−0. 25)	(−0. 20)
MDEI	0. 486 8	0. 949 3**	1. 423 0*	0. 157 0
	(0. 56)	(2. 06)	(1. 73)	(0. 64)
ENrule	0. 005 7	0. 007 6	0. 032 7	0. 003 7
	(0. 24)	(0. 67)	(1. 63)	(0. 49)
EQRank	−0. 002 6	−0. 000 3	−0. 002 9	0. 001 1
	(−0. 98)	(−0. 26)	(−0. 88)	(0. 69)
PGDPrank	−0. 008 6*	−0. 003 6*	−0. 002 4	−0. 007 1***
	(−1. 81)	(−1. 72)	(−0. 46)	(−3. 59)
MINDEX	−0. 199 5	−0. 097 5	−0. 268 7	−0. 157 7**
	(−1. 17)	(−1. 47)	(−1. 60)	(−2. 11)
Constant		−1. 784 7		3. 348 7
		(−1. 12)		(1. 49)
Industry and Year fixed effects	YES	YES	YES	YES
Observations	166	166	165	165
LR chi2	35. 37		33. 77	
Pseudo R^2	0. 083 8		0. 085 9	
F		2. 27		3. 44
Adjusted R^2		0. 095 6		0. 109 0

注：列（1）和列（3）采用 ordered logit 估计，括号内是 z 值；列（2）和列（4）采用 OLS 估计并使用在公司层面进行聚类的聚类稳健标准误，括号内是 t 值；***、** 和 * 分别表示在 1%、5% 和 10% 的水平上显著。

表 6-7　媒体关注对企业绿色投资效率与环境信息披露的影响分析（2）

变量	媒体关注度较高		媒体关注度较低	
	Y = Pollutants	Y = DScore	Y = Pollutants	Y = DScore
	（1）	（2）	（3）	（4）
GIE	-3.200 1**	-2.501 6***	-1.946 3	-0.176 9
	（-2.31）	（-4.20）	（-1.46）	（-0.33）
Size	0.261 0*	0.149 4**	0.364 5*	-0.038 2
	（1.77）	（2.28）	（1.86）	（-0.45）
SOE	-1.030 3***	-0.292 1	-0.158 8	-0.151 3
	（-2.80）	（-1.65）	（-0.39）	（-0.80）
Leverage	-0.365 9	-0.577 5	-1.568 3	0.420 4
	（-0.37）	（-1.17）	（-1.49）	（0.83）
ROA	-1.108 3	-0.466 5	-3.542 0	-0.665 5
	（-0.43）	（-0.38）	（-0.96）	（-0.48）
Growth	-0.015 3	0.351 2	-0.722 5	-0.305 4
	（-0.03）	（1.49）	（-1.08）	（-1.14）
LSR	-2.060 5*	-1.001 8*	-2.546 9**	-1.021 3**
	（-1.95）	（-1.87）	（-2.00）	（-1.99）
Duality	-0.061 3	0.008 7	0.959 9**	0.058 4
	（-0.17）	（0.05）	（2.51）	（0.39）
GIscale	13.839 1	1.871 9	2.033 2	-1.780 0
	（1.07）	（0.31）	（0.30）	（-0.74）
GRDD	-1.102 7**	-0.158 3	-1.367 5**	-0.041 0
	（-2.04）	（-0.48）	（-1.99）	（-0.16）
GISD	-1.259 2***	-0.472 1**	-0.397 6	0.009 8
	（-2.85）	（-2.03）	（-0.95）	（0.05）
MDEI	0.217 1	0.806 0*	1.401 6	0.455 9**
	（0.26）	（1.93）	（1.60）	（2.12）
ENrule	0.013 6	0.001 5	0.036 4*	0.008 2
	（0.53）	（0.14）	（1.86）	（1.04）
EQRank	-0.005 0*	-0.001 4	0.001 3	0.002 1
	（-1.84）	（-1.04）	（0.44）	（1.60）
PGDPrank	-0.008 3*	-0.004 2*	-0.007 3	-0.006 5***
	（-1.70）	（-1.94）	（-1.47）	（-3.19）
MINDEX	-0.233 5	-0.095 6	-0.365 8**	-0.157 1**
	（-1.33）	（-1.31）	（-2.19）	（-2.19）
Constant		-0.929 8		1.664 6
		（-0.62）		（0.84）

表6-7(续)

变量	媒体关注度较高		媒体关注度较低	
	Y = Pollutants	Y = DScore	Y = Pollutants	Y = DScore
	(1)	(2)	(3)	(4)
Industry and Year fixed effects	YES	YES	YES	YES
Observations	164	164	167	167
LR chi2	32.62		35.60	
Pseudo R^2	0.078 0		0.088 8	
F		2.92		3.09
Adjusted R^2		0.130 7		0.087 9

注：列（1）和列（3）采用 ordered logit 估计，括号内是 z 值；列（2）和列（4）采用 OLS 估计并使用在公司层面进行聚类的聚类稳健标准误，括号内是 t 值；***、** 和 * 分别表示在 1%、5% 和 10% 的水平上显著。

表 6-8　媒体关注对企业绿色投资效率与环境信息披露的影响分析（3）

变量	媒体关注度较高		媒体关注度较低	
	Y = Pollutants	Y = DScore	Y = Pollutants	Y = DScore
	(1)	(2)	(3)	(4)
GIE	-3.146 7**	-1.673 1***	-1.484 3	-0.868 7*
	(-2.29)	(-2.92)	(-1.18)	(-1.90)
Size	0.277 6*	0.072 1	0.299 1*	0.149 1*
	(1.67)	(0.99)	(1.87)	(1.74)
SOE	-1.340 4***	-0.286 6*	-0.009 5	-0.231 5
	(-3.46)	(-1.74)	(-0.02)	(-1.02)
Leverage	-0.364 5	-0.101 5	-0.882 4	-0.188 4
	(-0.33)	(-0.20)	(-0.98)	(-0.39)
ROA	-3.470 2	-1.220 2	-1.755 6	0.680 8
	(-1.19)	(-0.84)	(-0.59)	(0.57)
Growth	-0.481 8	0.444 7*	0.098 5	-0.445 3*
	(-0.81)	(1.95)	(0.15)	(-1.77)
LSR	-2.337 8*	-0.382 6	-1.374 1	-1.464 0***
	(-1.94)	(-0.68)	(-1.31)	(-2.77)
Duality	0.235 3	-0.117 0	0.758 4**	0.213 9
	(0.65)	(-0.73)	(2.04)	(1.21)
GIscale	5.560 2	1.192 5	1.713 4	-2.003 8
	(0.47)	(0.25)	(0.25)	(-0.63)

表6-8(续)

变量	媒体关注度较高		媒体关注度较低	
	Y = Pollutants	Y = DScore	Y = Pollutants	Y = DScore
	（1）	（2）	（3）	（4）
GRDD	-2.160 1***	-0.371 0	-0.498 4	-0.061 9
	(-3.38)	(-1.23)	(-0.87)	(-0.18)
GISD	-1.375 1***	-0.303 6	-0.462 8	-0.168 6
	(-2.90)	(-1.43)	(-1.17)	(-0.80)
MDEI	1.450 2*	0.817 0	0.441 8	0.244 0
	(1.65)	(1.60)	(0.53)	(0.77)
ENrule	0.022 7	0.003 4	0.017 7	0.009 1
	(0.97)	(0.34)	(0.89)	(1.08)
EQRank	-0.000 9	0.000 9	-0.002 1	-0.000 2
	(-0.31)	(0.65)	(-0.76)	(-0.12)
PGDPrank	-0.010 0*	-0.006 0**	-0.005 4	-0.005 2**
	(-1.90)	(-2.41)	(-1.15)	(-2.52)
MINDEX	-0.240 9	-0.147 8*	-0.282 5*	-0.123 0*
	(-1.34)	(-1.85)	(-1.77)	(-1.66)
Constant		0.108 9		-1.582 4
		(0.07)		(-0.80)
Industry and Year fixed effects	YES	YES	YES	YES
Observations	160	160	171	171
LR chi2	48.02		15.93	
Pseudo R^2	0.117 8		0.038 4	
F		2.14		2.42
Adjusted R^2		0.119 0		0.080 5

注：列（1）和列（3）采用 ordered logit 估计，括号内是 z 值；列（2）和列（4）采用 OLS 估计并使用在公司层面进行聚类的聚类稳健标准误，括号内是 t 值；***、** 和 * 分别表示在 1%、5% 和 10% 的水平上显著。

6.5.3 高管持股对企业绿色投资效率与环境信息披露的影响

为了检验高管持股对企业绿色投资效率与环境信息披露的影响，本节将样本企业按照高管持股比例（EXSR）的样本中位数进行分组，并采用回归模型（6-a）和模型（6-b）进行估计，回归结果见表6-9。在高管持股比例较高组，列（1）和列（2）中企业绿色投资效率（GIE）的估计系数均显著为负，分别为-2.634 0 和-1.216 3，均小于表6-5 的列（1）和列（2）中 GIE 的估计系数（分别为-1.995 7和-1.028 8）。与此相比，在高管持股比例较低组，列（3）和列（4）中 GIE 的估计系数均不显著。由此说明，当高管持股比例较高时，企业绿色投资效率越低，其环境信息的披露水平越高，存在更为显著的印象管理行为。在我国环境监管强度逐渐提升的背景下，中国证监会也大力加强了对企业环境信息披露的监管，社会各界也在呼吁强制披露企业的环境信息，因此，环境信息披露对于重污染企业来说也成为被关注的焦点问题之一。企业高管对此会调整环境信息披露策略，尤其是在持股比例较高的情况下，更倾向于通过提升环境信息透明度来为企业和自己赢得良好的声誉并降低绿色投资效率低下给企业带来的负面影响。可见，企业绿色投资效率与企业环境信息披露水平之间的负相关关系在高管持股比例较高的企业中更为显著，假设 H6-3 得到验证。

表 6-9 高管持股对企业绿色投资效率与环境信息披露的影响分析

变量	高管持股比例较高		高管持股比例较低	
	Y = Pollutants	Y = DScore	Y = Pollutants	Y = DScore
	（1）	（2）	（3）	（4）
GIE	-2.634 0**	-1.216 3***	-0.372 3	-0.652 7
	（-2.26）	（-2.88）	（-0.23）	（-0.80）
Size	0.549 1***	0.137 1*	-0.016 7	0.138 4*
	（3.07）	（1.68）	（-0.11）	（1.73）
SOE	-0.742 9*	-0.257 9	-0.566 7	-0.344 6*
	（-1.69）	（-1.33）	（-1.36）	（-1.67）
Leverage	-3.032 5**	-0.242 9	0.474 8	-0.238 2
	（-2.55）	（-0.49）	（0.54）	（-0.49）
ROA	0.448 0	1.491 9	-3.015 5	-0.782 9
	（0.12）	（0.75）	（-1.24）	（-0.86）
Growth	-1.148 6	-0.333 3	0.068 9	0.268 2
	（-1.59）	（-1.18）	（0.12）	（1.13）
LSR	-3.366 6**	-0.565 3	-0.513 0	-1.522 1**
	（-2.50）	（-1.15）	（-0.45）	（-2.45）
Duality	0.607 3*	0.204 0	0.589 0	-0.260 2
	（1.79）	（1.31）	（1.32）	（-1.26）
GIscale	-0.984 7	-1.145 1	5.605 0	-3.175 3
	（-0.11）	（-0.26）	（0.75）	（-1.16）
GRDD	-0.433 0	0.206 3	-1.682 1***	-0.404 4
	（-0.71）	（0.55）	（-2.84）	（-1.47）

表6-9(续)

变量	高管持股比例较高		高管持股比例较低	
	Y = Pollutants	Y = DScore	Y = Pollutants	Y = DScore
	（1）	（2）	（3）	（4）
GISD	−0.866 0**	−0.256 4	−0.776 0*	−0.027 9
	（−2.09）	（−1.20）	（−1.74）	（−0.12）
MDEI	−2.997 5**	−0.154 9	1.300 6**	0.639 2**
	（−2.21）	（−0.54）	（1.99）	（2.04）
ENrule	0.019 8	0.007 1	0.014 7	0.001 5
	（0.86）	（0.72）	（0.69）	（0.16）
EQRank	−0.003 7	0.000 3	−0.001 8	−0.000 1
	（−1.27）	（0.28）	（−0.60）	（−0.08）
PGDPrank	−0.011 1**	−0.005 9***	−0.005 3	−0.004 2*
	（−2.07）	（−2.83）	（−1.10）	（−1.78）
MINDEX	−0.237 0	−0.131 0**	−0.213 6	−0.098 5
	（−1.28）	（−2.00）	（−1.30）	（−1.17）
Constant		−0.816 7		−1.829 4
		（−0.41）		（−1.06）
Industry and Year fixed effects	YES	YES	YES	YES
Observations	165	165	166	166
LR chi2	43.82		33.58	
Pseudo R²	0.108 0		0.080 8	
F		2.98		2.08
Adjusted R²		0.100 6		0.071 2

注：列（1）和列（3）采用 ordered logit 估计，括号内是 z 值；列（2）和列（4）采用 OLS 估计并使用在公司层面进行聚类的聚类稳健标准误，括号内是 t 值；***、** 和 * 分别表示在 1%、5%和 10%的水平上显著。

6.5.4 企业价值对企业绿色投资效率与环境信息披露的影响

为了检验企业价值对于企业绿色投资效率与环境信息披露之间的关系是否具有调节效应，本节将样本公司按照企业价值（TobinQ）的样本中位数进行分组，并采用回归模型（6-a）和模型（6-b）分别进行估计。从表6-10的回归结果来看，在企业价值较高组，列（1）和列（2）中的企业绿色投资效率（GIE）的估计系数均显著为负。与此相比，在企业价值较低组，列（3）和列（4）中的 GIE 估计系数均不显著。可见，当企业价值较高时，企业会更加担心绿色投资对企业污染防治的低效给企业带来负面影响而造成企业价值下降，故选择通过较好的环境信息披露来进行印象管理，获得监管部门及投资者对企业环境责任履行的好印象。这些结果表明，企业绿色投资效率与企业环境信息披露水平之间的负相关关系在企业价值较高时更为显著，假设 H6-4 得到验证。

表 6-10　企业价值对企业绿色投资效率与环境信息披露的影响分析

变量	企业价值较高		企业价值较低	
	Y = Pollutants	Y = DScore	Y = Pollutants	Y = DScore
	(1)	(2)	(3)	(4)
GIE	−1.826 4*	−1.309 1***	−0.166 7	−0.972 8
	(−1.73)	(−2.97)	(−0.07)	(−1.00)
Size	0.366 2**	0.098 6	0.205 2	0.164 7**
	(2.09)	(1.38)	(1.27)	(2.04)
SOE	−0.339 3	−0.120 8	−0.984 9**	−0.561 5***
	(−0.88)	(−0.71)	(−2.38)	(−2.63)
Leverage	−1.852 7*	−0.043 8	0.119 6	−0.433 9
	(−1.67)	(−0.08)	(0.11)	(−0.76)
ROA	−1.411 7	1.417 0	−2.031 4	−5.462 0***
	(−0.55)	(1.44)	(−0.47)	(−3.11)
Growth	−0.177 0	−0.252 7	−0.392 9	0.417 3**
	(−0.31)	(−1.09)	(−0.55)	(2.07)
LSR	−2.191 9*	−1.358 7***	−1.425 8	−0.371 7
	(−1.88)	(−2.86)	(−1.20)	(−0.73)
Duality	−0.051 8	−0.122 2	1.024 2**	0.293 5
	(−0.15)	(−0.83)	(2.49)	(1.45)
GIscale	0.504 4	−2.040 9	5.102 2	−5.169 0
	(0.06)	(−0.71)	(0.61)	(−1.29)
GRDD	−2.161 8***	−0.402 0	−0.894 7*	−0.040 5
	(−2.75)	(−1.29)	(−1.76)	(−0.15)
GISD	−0.518 4	−0.145 0	−0.853 2*	−0.055 2
	(−1.27)	(−0.73)	(−1.90)	(−0.24)
MDEI	−0.357 9	0.282 6	2.202 3**	1.241 5***
	(−0.47)	(1.03)	(2.39)	(3.53)
ENrule	0.007 6	0.010 6	0.025 3	−0.001 0
	(0.32)	(1.24)	(1.18)	(−0.10)
EQRank	−0.000 7	−0.000 6	−0.001 6	0.000 6
	(−0.23)	(−0.53)	(−0.54)	(0.39)

表6-10(续)

变量	企业价值较高		企业价值较低	
	Y = Pollutants	Y = DScore	Y = Pollutants	Y = DScore
	（1）	（2）	（3）	（4）
PGDPrank	−0.015 6***	−0.005 4**	−0.002 3	−0.003 9
	（−3.09）	（−2.59）	（−0.42）	（−1.59）
MINDEX	−0.457 3***	−0.155 0**	−0.071 8	−0.032 6
	（−2.95）	（−2.48）	（−0.35）	（−0.33）
Constant		0.372 7		−3.822 8*
		（0.21）		（−1.95）
Industry and Year fixed effects	YES	YES	YES	YES
Observations	166	166	165	165
LR chi2	29.64		38.25	
Pseudo R²	0.071 3		0.093 0	
F		2.74		4.70
Adjusted R²		0.076 3		0.195 1

注：列（1）和列（3）采用 ordered logit 估计，括号内是 z 值；列（2）和列（4）采用 OLS 估计并使用在公司层面进行聚类的聚类稳健标准误，括号内是 t 值；*** 、 ** 和 * 分别表示在 1%、5%和10%的水平上显著。

6.6 稳健性检验

本节进行了一系列稳健性检验（结果见表6-11和表6-12），以确保前文的主体检验中对企业绿色投资效率与环境信息披露水平呈现显著负相关关系的研究结论是稳健的。

第一，采用被解释变量的其他度量方式。其一，在表6-11的列（1）中使用线性转换（Min-max Normalization，离差标准化）的方法对样本企业的环境信息披露水平总得分进行标准化（LDScore）后再运用模型（6-b）进行回归检验，发现企业绿色投资效率（GIE）的估计系数仍然在1%的水平上显著为负。其二，在表6-11的列（2）中，采用环境信息披露水平评级（Rating）作为被解释变量进行回归分析。具体而言，根据样本企业的环境信息披露水平总得分的四分位数做出企业环境信息披露水平的评级，具体分为"较差""一般""中等"和"良好"四个等级，再依次对其赋值为1分、2分、3分、

4分，即得到评级的离散变量，并采用排序 logit 回归进行分析。从回归结果来看，企业绿色投资效率与环境信息披露水平之间仍然呈现出显著的负相关关系，与前文的结论保持一致。

第二，在表6-11的列（3）和列（4）中加入更多的控制变量，以尽量避免遗漏变量的影响。首先，考虑到投资者关注也可能会影响企业的环境信息披露策略，为了控制该因素的影响，本节参考孔东民等（2013）的研究方法，用"百度指数"（http：//index. baidu. com/）来衡量投资者信息搜索次数（Investor），投资者搜索次数越多，则对企业越了解，从而使信息不对称程度降低。笔者在百度指数网页通过输入样本企业的股票简称并选择相应的时间段，手工整理得到了所有样本企业在每个样本年度的投资者信息搜索量。其次，考虑到董事会中性别差异，尤其是女性董事对企业的环境行为影响更大（Chelsea，2018），故本节设置了衡量董事会中女性董事的影响（Female）的虚拟变量来进行控制，即当董事会中有三名或三名以上的女性董事时取值为1，否则为0。最后，考虑到企业若在以前年度受过监管部门的环境处罚，可能会重视环境信息披露的规范性，本节再加入企业环境处罚（ENpenalty）作为控制变量，该数据来源于中国研究数据服务平台（CNRDS）。回归结果表明企业绿色投资效率与环境信息披露水平之间的负相关关系仍然显著，结论与前文一致。

表 6-11　稳健性检验（1）

变量	被解释变量的其他度量方式		加入更多控制变量	
	Y = LDScore	Y = Rating	Y = Pollutants	Y = DScore
	（1）	（2）	（3）	（4）
GIE	−0. 187 1 ***	−2. 028 8 **	−1. 829 6 **	−1. 028 8 ***
	（−3. 00）	（−2. 42）	（−2. 05）	（−2. 78）
Size	0. 020 4 **	0. 367 5 ***	0. 350 3 ***	0. 120 0 **
	（2. 38）	（3. 52）	（2. 87）	（2. 19）
SOE	−0. 044 2 *	−0. 475 7 *	−0. 662 3 **	−0. 272 8 **
	（−1. 91）	（−1. 88）	（−2. 48）	（−2. 08）
Leverage	−0. 006 2	−1. 403 7 **	−0. 675 1	−0. 262 6
	（−0. 11）	（−2. 10）	（−0. 99）	（−0. 79）
ROA	−0. 153 4	−0. 351 1	−1. 623 3	−0. 322 0
	（−0. 95）	（−0. 18）	（−0. 82）	（−0. 39）
Growth	−0. 009 1	−0. 069 7	−0. 387 7	0. 041 9
	（−0. 30）	（−0. 18）	（−0. 94）	（0. 24）
LSR	−0. 137 2 **	−2. 438 3 ***	−2. 273 6 ***	−1. 064 0 ***
	（−2. 22）	（−3. 22）	（−2. 82）	（−2. 86）

表6-11(续)

变量	被解释变量的其他度量方式		加入更多控制变量	
	Y = LDScore	Y = Rating	Y = Pollutants	Y = DScore
	（1）	（2）	（3）	（4）
Duality	−0.002 4	0.297 6	0.349 9	0.062 1
	(−0.12)	(1.20)	(1.39)	(0.53)
GIscale	−0.446 4	−4.153 8	3.583 5	−1.412 0
	(−1.24)	(−0.81)	(0.64)	(−0.62)
GRDD	0.001 7	−0.367 2	−1.096 4***	−0.125 1
	(0.04)	(−0.91)	(−2.71)	(−0.56)
GISD	−0.030 4	−0.254 2	−0.718 0**	−0.172 8
	(−1.11)	(−0.88)	(−2.43)	(−1.14)
MDEI	0.092 4**	1.009 1*	0.604 2	0.534 8**
	(2.16)	(1.85)	(1.05)	(2.06)
ENrule	0.002 3**	0.029 7**	0.025 4*	0.006 9
	(2.00)	(2.10)	(1.71)	(1.11)
EQRank	0.000 0	−0.000 3	−0.001 4	0.000 1
	(0.23)	(−0.16)	(−0.71)	(0.10)
PGDPrank	−0.000 6**	−0.009 9***	−0.006 5*	−0.005 0***
	(−2.31)	(−3.07)	(−1.90)	(−3.35)
MINDEX	−0.018 2**	−0.289 0***	−0.244 8**	−0.119 4**
	(−2.18)	(−2.68)	(−2.10)	(−2.33)
Investor			−0.058 3	0.023 5
			(−0.71)	(0.58)
Female			−0.363 3	−0.020 8
			(−1.25)	(−0.15)
ENpenalty			−0.536 4	−0.029 0
			(−1.06)	(−0.15)
Constant	0.236 4			−1.311 4
	(1.21)			(−1.08)
Industry and Year fixed effects	YES	YES	YES	YES
Observations	331	331	331	331
LR chi2		70.28	46.92	
Pseudo R²		0.078 8	0.056 7	
F	3.38			3.29
Adjusted R²	0.086 4			0.107 8

注：列（2）和列（3）采用 ordered logit 估计，括号内是 z 值；列（1）和列（4）采用 OLS 估计并使用在公司层面进行聚类的聚类稳健标准误，括号内是 t 值；***、** 和 * 分别表示在 1%、5% 和 10% 的水平上显著。

表 6-12　稳健性检验（2）

变量	替代性样本		删除自愿披露环境信息的样本	
	Y = Pollutants	Y = DScore	Y = Pollutants	Y = DScore
	（1）	（2）	（3）	（4）
GIE	−2.123 6 **	−1.210 7 ***	−2.084 3 **	−0.974 1 **
	(−2.15)	(−3.03)	(−2.28)	(−2.51)
Size	0.302 4 **	0.098 2 *	0.278 8 **	0.108 8 **
	(2.52)	(1.74)	(2.51)	(2.11)
SOE	−0.873 0 ***	−0.367 0 ***	−0.740 5 ***	−0.290 9 **
	(−3.03)	(−2.62)	(−2.72)	(−2.18)
Leverage	−0.883 0	0.065 8	−0.560 1	−0.141 4
	(−1.17)	(0.18)	(−0.80)	(−0.41)
ROA	−3.363 6	−0.276 7	−2.390 4	−0.408 5
	(−1.50)	(−0.30)	(−1.15)	(−0.46)
Growth	−0.000 8	0.073 2	−0.490 5	−0.025 0
	(−0.00)	(0.38)	(−1.18)	(−0.13)
LSR	−2.251 3 ***	−0.984 2 **	−1.848 7 **	−0.938 6 **
	(−2.58)	(−2.45)	(−2.29)	(−2.58)
Duality	0.171 4	−0.007 3	0.394 2	0.063 1
	(0.65)	(−0.06)	(1.55)	(0.54)
GIscale	2.702 9	−1.838 7	3.803 2	−1.504 0
	(0.46)	(−0.79)	(0.68)	(−0.66)
GRDD	−0.580 3	0.005 6	−0.904 6 **	0.022 5
	(−1.25)	(0.02)	(−2.18)	(0.10)
GISD	−0.676 7 **	−0.232 1	−0.747 3 **	−0.167 3
	(−2.18)	(−1.49)	(−2.49)	(−1.08)
MDEI	0.375 9	0.259 5		
	(0.54)	(0.93)		
ENrule	0.035 3 **	0.005 6	0.018 0	0.004 8
	(2.14)	(0.75)	(1.19)	(0.74)
EQRank	−0.000 9	0.000 4	−0.001 6	0.000 1
	(−0.42)	(0.39)	(−0.77)	(0.14)
PGDPrank	−0.005 8	−0.005 0 ***	−0.008 2 **	−0.004 9 ***
	(−1.62)	(−3.16)	(−2.38)	(−3.21)
MINDEX	−0.269 9 **	−0.118 4 **	−0.257 6 **	−0.104 5 **
	(−2.20)	(−2.20)	(−2.20)	(−2.02)
Constant		−0.243 5		−0.568 7
		(−0.19)		(−0.48)

表6-12(续)

变量	替代性样本		删除自愿披露环境信息的样本	
	Y = Pollutants	Y = DScore	Y = Pollutants	Y = DScore
	(1)	(2)	(3)	(4)
Industry and Year fixed effects	YES	YES	YES	YES
Observations	294	294	317	317
LR chi2	39.68		40.10	
Pseudo R^2	0.061 0		0.051 2	
F		2.96		2.93
Adjusted R^2		0.084 6		0.078 5

注：列（1）和列（3）采用 ordered logit 估计，括号内是 z 值；列（2）和列（4）采用 OLS 估计并使用在公司层面进行聚类的聚类稳健标准误，括号内是 t 值；***、** 和 * 分别表示在 1%、5%和10%的水平上显著。

第三，在表6-12的列（1）和列（2）中采用替代性样本进行检验。具体而言，本节选取了同时披露化学需氧量、氨氮、二氧化硫和氮氧化物排放量的企业作为样本，并采用第4章中的 SBM-DEA 模型（4-2）来计算企业绿色投资效率。在此基础上，本节同时采用模型（6-a）和模型（6-b）将企业绿色投资效率对企业环境信息披露水平进行回归。结果显示，企业绿色投资效率（GIE）的估计系数仍然显著为负，说明本章的结论并不受样本选择的限制。

第四，在表6-12的列（3）和列（4）中删除了自愿披露环境信息的样本。由于现阶段证监会并未要求所有企业都必须披露环境信息，因而属于强制披露的企业和属于自愿披露的企业受到证监会环境信息披露"新政"的影响是不同的，这可能会对企业的环境信息披露印象管理行为造成一定影响。鉴于此，为了剔除该因素带来的不确定干扰，本节删除了属于自愿披露环境信息的样本企业来进行回归。从结果来看，GIE 的估计系数仍然显著为负，说明前文的结论并不受是否强制披露环境信息的影响。

6.7　本章小结

建立完善的企业环境信息披露政策与制度是对环境污染进行有效治理的重要环节。随着我国近年来对环境信息披露的监管的日益严格，重污染行业上市公司的环境信息披露水平虽然整体而言仍然不高，但大部分公司已经有所改善，可见监管成效初显。但值得注意的是，由于我国目前对企业环境信息披露的规定主要是导向性的，缺乏细节性的指标体系以及对格式、内容的统一要求，因此企业披露的环境信息出现了参差不齐的现象，企业也有很大的空间来管理环境信息披露。企业绿色投资效率作为企业污染防治行为的一种真实反馈，是否能被客观公允地反映到企业的环境信息披露中呢？本章通过研究企业绿色投资效率与环境信息披露之间的关系，考察了重污染企业的绿色管理活动是否"言行一致"。研究发现，重污染企业的绿色投资效率与环境信息披露水平显著负相关，这说明企业在进行环境信息披露时存在印象管理，即通过提升排污信息透明度的方式来获得信息使用者对其环境责任履行的好印象，从而建立绿色企业形象和环境声誉。与国有企业相比，企业绿色投资效率对企业环境信息披露水平的负向影响在非国有企业中更为显著。进一步分析发现，企业绿色投资效率与环境信息披露水平之间的负相关关系在媒体关注度较高、高管持股比例较高、企业价值较高的企业中更为显著。

本章的研究结论表明，虽然加强企业环境信息披露监管是必要的环境治理措施，但是环境监管部门在评价企业的绿色绩效时不能只依赖于企业环境信息披露，除了监管"言"，更要监管"行"。本章的研究不仅拓展了企业非财务信息披露印象管理的研究内容，更为当前监管部门建立强制性环境信息披露制度提供了有益的参考。

7 提升企业绿色投资效率的
对策建议

本章分别从企业、政府和其他利益相关者的角度提出了提升企业绿色投资效率的对策建议。对企业而言，其需要重树企业价值观念、变革绿色管理模式、优化企业资源分配。对政府而言，其应该积极推进以绿色投资效率驱动的生态文明建设，加强差异化环境监管，引导重污染企业实施前瞻型环境战略，并构建多元共治的现代环境治理体系。对其他利益相关者而言，公益环保组织应该深度参与到环境监管中来，而媒体和公众则可以分别发挥舆论监督作用和社会监督作用。

7.1 企业角度

将环境因素纳入公司治理是现代企业实现可持续发展和构建环境治理框架体系的根本。企业绿色投资通过提升企业环境绩效能够给广大利益相关者带来社会福利和可持续价值，也是平衡传统财务目标与社会责任目标的关键。由此，本书对重污染企业提出以下建议：

7.1.1 企业价值观念需重树

（1）向社会价值创造型企业的方向发展。在当今强调可持续绿色发展的全球化经济背景下，企业若只着眼于传统的财务业绩，将无法满足广大利益相关者的需求。企业的绿色投资不能产生直接的经济利益，可以说是将企业有限的资源转移给了非股东的利益相关者。这类特殊的投资是否能为股东创造财富，其关键在于其是否能够提升企业绿色投资效率。重污染企业更需要转变自身的价值观念，以社会价值创造为发展方向，尽力提升企业绿色投资效率，以缓解企业短期盈利目标与长期可持续发展之间的矛盾，解决股东与广大非股东利益相关者之间的利益冲突。

（2）在"利己"和"利他"的目标之间找到平衡。根据我国《环境保护法》确立的"谁开发谁保护，谁污染谁治理"的环保原则，以及经济合作与发展组织（OECD）提倡的"污染者付费"原则，企业理应在关注自身经济效益和利润最大化目标的同时，承担起相应的社会责任与环境责任，发挥环境治理的最大主体作用。通过将经济、环境、社会的三重底线融进公司的理念、战略、价值观，积极优化企业的绿色投资效率，企业在绿色管理方面不会占用太多的企业资源或股东财富，同时又能够为广大利益相关者带去最大化的正外部性，这将有助于企业实现社会价值最大化。

7.1.2 企业绿色管理需变革

（1）从绿色投资驱动转向绿色投资效率驱动。企业在进行绿色管理时应当将企业的财务决策与环境治理有机结合起来，使企业的整体价值创造过程得到协调，从而为企业的长期绿色发展提供财务保障。同时，企业更应该关心的是做出绿色投资决策后，相应的投入项目是否达到了预设的环境目标，而不是盲目进行投入。重污染企业只有从绿色投资驱动转向绿色投资效率驱动，才能真正实现高质量的绿色管理。

（2）建立健全企业绿色投资滚动预算体系。预算是落实目标责任和战略规划的有效工具，能够作为企业绿色投资效率提升的重要依据。企业通过建立健全绿色投资滚动预算体系，能够实施以结果为导向的过程控制，及时调整资金在不同风险环节的配置，保障绿色投资的有效投入。这不仅能促进污染防治目标的完成，还能为绿色投资的最优配置提供改进依据，有助于切实提升企业绿色投资效率。

（3）建立并完善企业绿色管理内部控制体系，实施精准绿色管理。企业绿色投资效率的提升需要科学的评估与检测，在整个绿色管理的过程中建立内部控制体系，设立定期的绿色投资效率评估机制和反馈流程，及时调整绿色投资项目的投入重点，能够有效地识别出绿色管理中的薄弱环节，为企业锁定重要环境风险节点、确定改进方向和污染防治中的疑难领域，从而真正提升绿色投资效率水平。

（4）激发企业高管环境责任意识。高管的理念和风格对于企业的绿色管理成效有很大的影响。若高管有强烈的环境责任意识，则其会主动制定措施和战略来提升企业绿色投资效率；若高管缺乏环境责任意识，则其出于合规性要求进行绿色投资后将不会关注资金的具体使用效果，而只是满足于污染排放达标。因此，企业应该通过适当的激励措施，例如股权激励等，促使高管积极主动地承担企业环境责任而不是被动迎合政府监管，让高管意识到提升企业绿色投资效率的重要性。

7.1.3 企业资源分配需优化

（1）实现生态效益创造的资源分配。每个企业的资源都是有限的，而能够投入环境维度的资源则更加有限。为了使有限的资源发挥出最大的效益，重污染企业必须重视资源配置效率，对于资源的使用状况建立清晰的监督和评估程序，并将其追踪工作日常化，以确保更需要进行节能减排的污染物指标得到更多的财务资源分配，从而通过财务与非财务管理的相互平衡提升企业绿色竞争力，实现生态效益创造和正的社会外部性。

（2）积极实施前瞻型环境战略，发挥"创新补偿"效应。企业要在激烈的竞争中处理好环境污染问题并保持自身的竞争优势，必须将环境因素纳入企业的战略规划中，并将其视为建立差异化竞争优势的"机会"而非"威胁"。企业应该积极主动地采取措施预防或解决自身的环境污染问题，在企业生产的全过程中运用环境战略管理来识别并尽量减少有限资源的低价值分配活动，从而进行更加合理、有效的环境战略规划，以确保更需要进行防治的污染物指标得到更多的财务资源分配并同时减少不必要的投入冗余。与此同时，重污染企业应该在环境战略规划中注重对环保技术的研发投入或引进清洁生产技术的资源分配，将企业从污染末端治理转变为源头治理，从根本上减少污染的产生，由此建立企业的绿色竞争优势，提高生产效率和绿色投资效率。

（3）以良好的财务绩效作为企业绿色投资效率提升的保障，获得可持续绿色竞争优势。发展的问题需要用发展来解决，良好的财务绩效能够保障企业的绿色管理投入。因此，企业应该注重财务与非财务管理的相互平衡，合理规划企业的生产经营和污染防治所需的各项资源投入，并进行有效的整合与分配，发挥出资源的价值效应。这将能够提升企业的绿色竞争力，实现企业的可持续发展。

7.2 政府角度

7.2.1 推进以绿色投资效率驱动的生态文明建设

（1）将企业绿色投资效率纳入环境评价体系。我们通过数据包络分析能够将企业的绿色投资与环境绩效有机地结合起来，全面客观地对企业绿色投资效率水平进行评价。监管部门应该重视不同企业之间的绿色投资效率可比信息，而不应只关注企业环境信息披露的透明度等。因此，监管部门应当将企业绿色投资效率纳入环境评价体系，切实有效地了解并评估企业的环境治理水平，掌握不同企业在环境监管之中的薄弱环节，从而及时调整监管重点，以落实各项环保政策、变革环境监管方式，引导重污染企业将有限的资源投入发挥出帕累托最优效益。优化企业的绿色投资效率，能够推进我国生态文明建设取得高质量的突破。

（2）追踪企业绿色投资的资金去向以抑制投入冗余。在面临当下愈发严格的环境监管时，大多数污染企业都进行了绿色投资，但却未能真正有效的实现对污染物的减排。这表明大部分重污染企业仍然是迫于严格的环境监管而被动地进行了投资，且在投资后并未关注对污染物减排的效率，甚至造成了投入的冗余。因此，监管部门今后应该重点考虑如何驱动重污染企业主动提升自己的绿色投资效率，减少低价值的冗余绿色投资，使企业环境管理实现质的飞跃。

（3）制定环境会计准则或制度，促进企业客观评估企业绿色投资效率。由于我国现阶段尚无正式的环境会计准则或制度，因此企业对一些绿色投资项目或事项缺乏确认和计量的依据，从而导致企业无法系统地评估绿色投资带来的收益，尤其是大多数企业都认为环境维度的投资最终都是费用化支出。这不利于企业对绿色投资效率的分析和评估，也容易让企业忽视承担环境责任的必要性。因此，监管部门可以制定正式的环境会计准则或制度，规范企业对于绿色投资的计量和对环境信息的披露，这将能推动企业加强绿色管理内部控制建设并重视提升企业绿色投资效率。

7.2.2 维持中央环保督察的常态化

通过常态化中央环保督察促使地方政府严格执行环境规制。由于我国各地区的发展不平衡，地方政府对环境规制的执行力度呈现出了很大的异质性，且中央政府的环保目标与地方政府的经济发展目标之间也时常发生冲突，这进一步造成了一些国家级的环境规制难以在地方政府得到彻底的执行，导致了环境监管的地方"软约束"。但是，我国于2016—2017年完成了对全国范围环保督察的第一轮全覆盖，处理了十多万件督察案件并对相关人员进行了问责，环境污染治理取得了显著的成效。本书研究发现，我国目前开展的中央环保督察有利于促进地方政府环境规制执行对企业绿色投资效率的提升。因此，推动中央环保督察的常态化将能够有效解决地方政府环境规制执行不力的问题，并对环境问题的整改效果起到一定的保障作用，从而进一步促使企业提升绿色投资效率。

7.2.3　加强差异化环境监管

通过差异化的环境监管促进企业绿色投资效率的提升，避免监管方式的路径依赖。本书在研究地方政府环境规制执行对企业绿色投资效率的影响时，发现不同的行业特征、环境战略类型以及企业特质等将会影响地方政府环境规制执行对企业绿色投资效率的优化作用。此外，本书也发现了不同特征的企业在环境信息披露印象管理程度上也不同。所以，地方政府在开展环境监管时，绝对不能采取"一刀切"的粗放管制方式，否则会造成对一些企业监管不力，而对另一些企业却因为监管过度从而导致"过犹不及"。在具体的环境监管过程中，政府相关部门应该时刻关注企业所处行业的技术发展变化，并充分了解各个企业的实际情况，包括其财务绩效、高管持股、环境战略类型、媒体关注度、企业价值等，由此动态调整环境规制的执行力度，通过差异化的环境监管和反馈机制来及时发现企业环境治理的薄弱环节并调整监管重点，有针对性地促进企业绿色投资效率的提升。

7.2.4　引导重污染企业实施前瞻型环境战略

通过建立激励机制和提高环境违规成本等方式引导重污染企业积极实施前瞻型环境战略。本书研究发现，企业环境战略是地方政府环境规制执行影响企业绿色投资效率的作用机制，并且表现为相较于采取反应型环境战略的企业，实施前瞻型环境战略的企业的绿色投资效率受到地方政府环境规制执行的倒"U"形影响更为显著，这说明了引导企业实施前瞻型环境战略的必要性。具体来说，政府可以将一些采取前瞻型环境战略的企业的先进绿色管理经验和提升绿色投资效率的有效措施进行梳理，并树立模范企业或标杆企业，让其他重污染企业学习其成功经验。而对于这些标杆企业，政府则可以进行优惠补贴或发放奖励，以激励企业努力迈向模范行列。另外，政府应该同时提高环境违规成本。长期以来，由于我国企业的环境违规成本远远低于污染排放带来的经济利益，很多企业宁愿违规受罚也不愿意采取措施减少污染排放。因此，政府还应该在环境法律法规中提高企业的环境违规成本，以促使企业主动将环境因素纳入企业的环境战略规划中。

7.2.5　构建多元共治的现代环境治理体系

（1）制定详细的企业环境信息披露指南，强化环境信息审计或鉴证。现阶段，虽然监管部门已经加强了对企业环境信息披露的要求，并将逐渐强制要求所有企业披露环境信息。但是，由于缺乏具体的指南来规范企业披露的内容与格式，因此企业在环境信息披露中出现了一定的印象管理。所以，制定详细的企业环境信息披露指南将能够规范企业的环境信息披露。在此基础上，本书建议实施企业环境信息的强制性审计或鉴证，例如要求对企业披露的环境报告、可持续发展报告或社会责任报告开展强制性审计或鉴证，这能够对企业的环境信息披露印象管理行为起到限制作用。

（2）持续强化环境保护问责机制。对环境污染的治理应该通过"法治"进行规范。目前，我国已经实施了环境保护"党政同责、一岗双责"、建立"生态环境损害责任终身追究制"等举措，并在对领导干部的政绩考核中提升了环保因素所占的比例，这意味着我国已经初步建立起环境保护问责机制。进一步强化环境保护问责机制的实施与"落地"，能够提升地方政府官员的环境监管意识以及对生态环保工作职责的主动承担积极性，推动地方政府环境规制的有效执行，进而促进企业绿色投资效率的提升与优化。

（3）健全市场机制，运用经济手段治理环境污染。我国的《生态文明体制改革总体方案》明确提出，健全环境治理和生态保护体系的关键是市场机制。政府通过运用基于市场的经济手段，如环境税、可交易的排污许可证等环境政策工具，能够长久地激励企业进行污染减排、主动开展研发创新或运用环境友好的技术与材料。相较于直接的政府管制，在基于市场的经济工具下，企业可能会有更大的意愿将污染物的减排量提高到基本的达标要求以上，这能够极大地促进企业绿色投资效率的提高。

（4）鼓励重污染企业进行绿色研发创新。企业自主进行绿色技术的研发与创新是实现从源头上减少污染排放的关键，也是运用经济手段有效治理污染的要求。政府可以对进行清洁技术或绿色材料等研发的企业进行适当的补贴，并结合运用给予环境税优惠等措施，激励企业开展绿色研发和清洁技术改造，加速提升企业绿色投资效率的技术进步。

（5）与民间公益环保组织合作，充分发挥广大利益相关者的监督作用。目前，国内外已经涌现出了许多专业的公益环保组织，例如公众环境研究中心（IPE）、自然资源保护协会（NRDC）等，他们广泛收集了污染企业的各类污染源信息，并形成了许多专业报告，这为政府的环境监管提供了有益的参考。与此同时，这些公益环保组织对污染企业所开展的污染排放监测也对企业造成了很大的压力，因此，政府可以考虑和这些公益组织合作，开发更完善的企业污染源实时监测系统，尤其应该重点针对一些企业的夜间超标排放问题进行全面、彻底的整改。这将促使企业不得不重视污染防治管理，并采取措施提升其绿色投资效率。

（6）维护公众对于污染防治的知情权并加强公众参与。要构建多元共治的环境治理体系，必须有效发挥公众的社会监督作用，保证公众对于环境污染防治进程和现状的知情权。因此，政府必须继续加大环境信息公开力度，并提高环境信息质量，让公众强化环保意识并参与到环境监督中来，这有利于及时发现一些企业的环境违法行为，并让其承担相应的违规成本。由此才能形成包括政府调控、市场引导、公众参与在内的多元共治的环境治理体系。

7.3 其他利益相关者角度

7.3.1 公益环保组织深度参与环境监管

公益环保组织可以通过多种形式深度参与到环境监管中来。首先，公益环保组织可以更广泛地实施企业污染源监测，并形成专业的报告进行对外发布，这不但能对污染企业造成环境管理压力也能为政府提供决策有用的信息，有助于监管部门及时了解污染企业的减排情况。其次，公益环保组织可以积极参与环境公益诉讼，对一些环境违规企业发起公益诉讼，从而对污染企业产生极大的威慑力，并对其他企业起到警示作用，促使污染企业积极开展绿色管理，提升绿色投资效率。再次，公益环保组织之间也可以进行合作，通过整合资源，形成更专业的团队，并多维度地收集企业的污染信息和绿色投资信息，从独立第三方的角度对污染企业的绿色投资效率进行评价，并将评价结果形成报告发布，为监管部门提供企业之间的可比信息，这也有助于污染企业评估自身的绿色投资效率水平，进而找到改进的方向。

7.3.2　媒体发挥舆论监督作用

媒体应该充分发挥舆论导向作用和监督作用以督促企业提升绿色投资效率。在网络信息技术飞速发展的时代，媒体关注作为一种有效的外部治理机制能够通过舆论压力促使企业改进绿色治理状况。媒体通过发现并及时报道企业的环境违规行为、环境治理不到位或环境信息披露不达标等事件，能够迫使企业重视对环境责任的承担并采取措施进行污染防治。此外，媒体通过深入调查所了解到的环境信息还可以和公益环保组织及政府的环境监管部门进行共享，形成对污染企业环境监督的联动效应，从而督促企业积极进行绿色投资并有效降低污染物排放，提升企业的绿色投资效率。但与此同时，本书发现了企业绿色投资效率与企业环境信息披露水平之间的负相关关系在媒体关注度较高的企业中更为显著，故监管部门应该注意评估这些媒体关注度高的企业是否存在环境信息披露印象管理。

7.3.3　公众发挥社会监督作用

公众应该树立环保意识并积极发挥社会监督作用。本书研究发现公众的环境监督对于地方政府实施环境管制能够起到很好的补充作用。因此，公众应该积极参与到环境治理当中，有效发挥社会监督作用。就具体的方式而言，公众可以通过环境举报、环境信访等方式向监管部门及时反映污染企业的环境违规行为，还可以在中央环保督察组进驻时积极反馈当地企业的环境问题，从而与监管部门形成合力，督促企业开展污染防治并合理分配治污资源，切实提升企业绿色投资效率。

8 研究结论与研究展望

8.1 研究结论

"万物各得其和以生，各得其养以成"，我国将绿色发展作为新时期新发展理念之一，就是要追求一种以效率、和谐、持续为目标的经济增长和社会发展方式。企业作为实现绿色经济发展的基本细胞，其绿色投资效率在实现可持续发展和企业社会价值最大化方面发挥着主导作用。不同于以往研究更多讨论企业的绿色投资行为及决策，本书以"效率"作为切入视角，关注的是企业绿色投资的经济后果，即是否有效预防并且治理企业的环境污染排放。中国证监会要求属于环境保护部门公布的重点排污单位的上市公司从 2016 年起必须在其年报中披露详细的污染物排放信息。因此，本书得以从这些上市公司的年度报告、企业社会责任报告、企业可持续发展报告和企业环境报告中搜集到主要污染物的排放量数据，并进一步在财务报表附注中筛选出能够被划分为绿色投资的详细数据，通过运用数据包络分析将企业财务数据与环境数据相结合，实现对微观企业层级的绿色投资效率的量化。基于此，本书选取 2016—2017 年沪深两市 A 股重污染行业上市公司作为研究对象，以企业绿色投资效率作为研究主题，通过理论分析和实证分析相结合的研究方法，从度量、影响因素和印象管理三个方面展开系统的深入研究，得出了一系列有价值的研究结论：

（1）企业绿色投资效率的度量与评价。

第一，重污染行业上市公司的企业绿色投资效率总体偏低，且大部分企业的绿色投资效率都未达到行业平均水平。这表明企业在污染防治方面的资源配置与整合是低效的，管理者应该仔细审视企业在进行绿色管理时的资源分配与使用状况，从而识别并尽量减少有限资源的低价值分配。

第一，重污染企业的绿色投资效率偏低主要是由企业绿色投资存在投入冗余问题造成的。这说明在我国绿色投资总体规模不足的情况下未能充分利用绿色投入资源，也表明企业管理层在面对日益严格的环境监管时，只是粗放地对环境维度进行了投资，而没有考虑通过有效整合有限的资源来减少污染物排放，忽视了资源的合理配置与价值创造使用，在一定程度上造成了资源浪费。

第三，相较于污染物排放量，两种类型的企业绿色投资对于绿色投资效率值呈现出高度敏感性，尤其是治理型绿色投资的影响力最强。这说明重污染企业应该将今后的绿色管理重点放在对绿色投资的规划与控制上，杜绝盲目投资，真正将绿色投资分配到污染治理中的疑难领域，并持续关注资金的使用状况与使用效果。这不仅能够较快地提升企业绿色投资效率，更能有效避免资源浪费。

第四，大部分重污染企业的绿色投资效率从 2016 年到 2017 年实现了动态增长，并且主要是源自技术进步。这说明广泛应用清洁生产技术或环境友好的绿色技术来推动企业生产过程的绿色转型有利于提升企业的绿色投资效率，但与此同时，企业还需分析绿色管理中的薄弱环节并注重合理分配资源来提高污染防治水平。

（2）地方政府环境规制执行对企业绿色投资效率的影响。

第一，地方政府环境规制执行力度对企业绿色投资效率具有显著的倒"U"形影响。就我国的现状而言，地方政府环境规制的执行力度位于倒"U"形曲线的左边，这说明多数企业面临的地方政府环境规制执行力度较弱且企业绿色投资效率也偏低，但同时也表明，继续加强当前地方政府环境监管将有利于提升企业的绿色投资效率。进一步分析发现，根据污染排放强度的不同，企业绿色投资效率对于地方政府环境规制执行的反应存在差异，说明地方政府应该对不同污染强度的行业制定有针对性的环境政策和监管措施，通过"对症下药"来提升不同污染行业的企业绿色投资效率。

第二，企业环境战略是地方政府环境规制执行影响企业绿色投资效率的作用机制。研究发现，相较于采取反应型环境战略的企业，实施前瞻型环境战略的企业绿色投资效率受到地方政府环境规制执行的倒"U"形影响更为显著。因此，地方政府可以制定一些激励方案或措施，引导重污染企业积极实施前瞻型环境战略，从而建立绿色可持续竞争优势。

第三，企业外部因素会影响地方政府环境规制执行与企业绿色投资效率之间的关系。具体表现为，中央环保督察加强了地方政府环境规制执行与企业绿色投资效率之间的倒"U"形关系，而公众环保意识则对此产生了削弱作用。

这说明现阶段开展的中央环保督察有利于促进地方政府环境规制执行对企业绿色投资效率的提升，并且公众的环境监督对于地方政府实施环境管制能起到很好的补充作用。

第四，企业内部因素对地方政府环境规制执行与企业绿色投资效率之间的关系具有调节效应。具体而言，高管持股加强了地方政府环境规制执行与企业绿色投资效率之间的倒"U"形关系，而企业财务绩效则削弱这种关系。这表明地方政府在对企业开展环境监管的过程中，应该充分考虑不同企业的具体特质与实际情况，通过实施差异化的环境规制执行来优化企业绿色投资效率，从而避免监管方式的路径依赖和"一刀切"的粗放式管制。

第五，地方政府环境规制执行力度对企业绿色投资冗余具有显著的"U"形影响。目前我国的地方政府环境规制执行力度也位于该"U"形曲线的左边，说明越严格地执行地方政府环境规制，越能显著抑制污染企业的绿色投资冗余程度，而这也会进一步有利于企业提升其绿色投资效率。

（3）环境信息披露视角下的企业绿色投资效率印象管理。

第一，企业绿色投资效率与企业环境信息披露水平显著负相关。这说明企业在进行环境信息披露时存在印象管理，且主要采取的方式是提升排污信息透明度，由此来获得信息使用者对其环境责任履行的好印象，从而建立绿色企业形象和环境声誉。并且，与国有企业相比，企业绿色投资效率对企业环境信息披露水平的负向影响在非国有企业中更为显著。由此可见，虽然加强企业环境信息披露监管是必要的环境治理措施，但是环境监管部门在评价企业的绿色绩效时不能只依赖于企业环境信息披露，除了监管"言"，更要监管"行"。

第二，企业绿色投资效率与企业环境信息披露水平之间的负相关关系在媒体关注度较高的企业中更为显著。媒体关注带来的"盯住效应"会使企业成为各方关注的焦点并面对更大的舆论压力，若企业的绿色投资效率较低，则企业会更担心污染治理低效给企业形象和声誉带来不利影响，因此其会通过提高环境信息披露水平的方式来进行印象管理。这表明环境监管部门在对企业进行环境评价时，应特别注意媒体关注度较高的企业是否言行一致。

第三，高管持股对企业绿色投资效率与企业环境信息披露水平之间的负相关关系具有显著调节效应。具体而言，当高管持股比例较高时，绿色投资效率越低的企业，其环境信息披露水平越高。这说明除了合法性与声誉保险的动机而外，高管还会出于自利的动机来提升企业的环境信息披露水平以进行印象管理，从而赢得更多投资者的好感与青睐。所以，对于高管持股比例较高的重污染企业，监管部门应该重点考察其绿色投资效率水平而非仅依赖于环境信息披露的监管。

第四，企业价值会显著影响企业绿色投资效率与企业环境信息披露水平之间的负相关关系。具体表现为该负相关关系在企业价值较高的企业中更为显著。这说明为了避免低下的绿色投资效率对企业价值及股价造成不利影响，企业价值较高的污染企业往往会加大环境信息披露的印象管理程度。因此，监管部门在实施差异化环境监管的时候，还应注意重点考察企业价值较高的重污染企业的绿色投资效率水平。

8.2　研究局限与不足

本书的研究可能存在以下几个方面的局限与不足：

（1）对企业绿色投资效率的度量可能存在衡量误差。由于重污染行业上市公司从 2016 年起才开始披露排污信息，并且还有很多公司的披露不规范，因此本书的研究样本数量及样本期间都比较有限，这有可能造成在度量企业绿色投资效率时出现误差。此外，数据包络分析方法受到样本中特殊点的影响较大，且未能考虑系统中随机因素的影响，这也可能造成企业绿色投资效率的衡量误差。

（2）内生性问题。在本书第 5 章研究地方政府环境规制执行对企业绿色投资效率的影响时，地方政府有可能根据企业的污染防治效果来调整监管力度，这就形成了内生性问题。尽管本书采取了将地方政府环境规制执行力度进行滞后一期的处理，但仍有可能无法避免内生性的干扰。

（3）因果推断问题。在本书第 6 章研究企业绿色投资效率与环境信息披露水平之间的关系时，受限于计算企业绿色投资效率需要的污染物排放量的信息，研究样本相对于未披露排污信息的企业而言，都是披露水平较好的企业，因而无法使用双重差分或倾向匹配得分等因果识别策略，进而致使研究结论更多地停留在相关性的探讨，而不能进行有力的因果推断。

8.3　研究展望

本书尝试从度量、影响因素和印象管理三个方面对企业绿色投资效率进行研究，但仍处于起步阶段，还有许多值得深入挖掘的研究内容，以下是笔者提出的几个未来可能的研究方向：

第一，在越来越多的企业披露排污信息后，研究者将能得到更多的样本量与更长的样本期间，由此可以展开对企业绿色投资效率的时空演变分析，以更深入地挖掘不同企业间绿色投资效率产生差异的原因。

第二，探讨地方政府环境规制执行对企业绿色投资效率动态变化的影响。在样本期间足够长之后，研究者可以采用 Malmquist-Luenberger 指数来衡量企业绿色投资效率的动态增长，并从动态的视角研究地方政府环境规制执行与企业绿色投资效率动态增长率之间的关系，从而更全面、更丰富地探讨两者之间是否同样存在倒"U"形关系。

第三，在研究企业绿色投资效率与环境信息披露之间的关系时，研究者可以利用数据挖掘技术对企业披露的环境信息进行更深入的文本分析，例如语义分析或情感分析等，从而对企业环境信息披露的印象管理方式和策略有更全面、深入的探讨。

第四，从利益相关者的视角出发，研究企业绿色投资效率的提升对于社会正外部性的实现是否具有显著影响。由此，研究者可以深入剖析绿色投资的经济后果所具有的真实效应和实质影响，从而进一步拓展企业绿色投资效率研究的深度和广度。

参考文献

[1] И. A. 什米廖娃, 王冠军. 中国环境政策存在的问题和对策 [J]. 中国人口·资源与环境, 2011, 21 (S1): 340-342.

[2] 艾潇潇, 朱勇胜. 政策推动行业增长, 环境改善长路漫漫: 环保行业国际发展经验借鉴 [R]. 上海: 兴业经济研究咨询股份有限公司, 2017.

[3] 包群, 邵敏, 杨大利. 环境管制抑制了污染排放吗? [J]. 经济研究, 2013, 48 (12): 42-54.

[4] 毕茜, 于连超. 环境税的企业绿色投资效应研究: 基于面板分位数回归的实证研究 [J]. 中国人口·资源与环境, 2016, 26 (3): 76-82.

[5] 曹春辉, 席酉民, 曹碹玮. 企业节能减排的动因探析与策略选择 [J]. 管理评论, 2013, 25 (7): 3-10.

[6] 陈志国, 杨甜婕, 张弛. 养老基金绿色投资组合分析与投资策略 [J]. 保险研究, 2014 (6): 117-127.

[7] 成刚. 数据包络分析方法与 MaxDEA 软件 [M]. 北京: 知识产权出版社, 2014.

[8] 崔恺媛. 上市企业环保信息披露与股票投资者社会环境偏好 [J]. 中国人口·资源与环境, 2017, 27 (4): 136-143.

[9] 崔震宇. 企业绿色环境战略定位: 中国企业实施绿色战略的进程策略 [J]. 特区经济, 2008, 235 (8): 206-207.

[10] 董正信, 等. 绿色投资 [M]. 北京: 中国环境出版社, 2016.

[11] 范培华, 吴昀桥. 信号传递理论研究述评和未来展望 [J]. 上海管理科学, 2016 (3): 69-74.

[12] 方颖, 郭俊杰. 中国环境信息披露政策是否有效: 基于资本市场反应的研究 [J]. 经济研究, 2018, 53 (10): 158-174.

[13] 冯臻. 影响企业社会责任行为的路径：基于高层管理者的研究 [D]. 上海：复旦大学，2010.

[14] 傅超，吉利. 诉讼风险与公司慈善捐赠：基于"声誉保险"视角的解释 [J]. 南开管理评论，2017，20（2）：108-121.

[15] 傅京燕，李丽莎. 环境规制、要素禀赋与产业国际竞争力的实证研究：基于中国制造业的面板数据 [J]. 管理世界，2010（10）：87-98.

[16] 高汉祥. 公司治理与社会责任：被动回应还是主动嵌入 [J]. 会计研究，2012（4）：58-64.

[17] 何枫，祝丽云，马栋栋，等. 中国钢铁企业绿色技术效率研究 [J]. 中国工业经济，2015（7）：84-98.

[18] 何平林，石亚东，李涛. 环境绩效的数据包络分析方法：一项基于我国火力发电厂的案例研究 [J]. 会计研究，2012，20（2）：11-17.

[19] 何劲玥. 党的十八大以来中国环境政策新发展探析 [J]. 思想战线，2017，43（1）：93-100.

[20] 胡珺，宋献中，王红建. 非正式制度、家乡认同与企业环境治理 [J]. 管理世界，2017（3）：19.

[21] 胡曲应. 上市公司环境绩效与财务绩效的相关性研究 [J]. 中国人口·资源与环境，2012，22（6）：23-32.

[22] 黄静，王新刚，张司飞，等. 企业家违情与违法行为对品牌形象的影响 [J]. 管理世界，2010（5）：96-107.

[23] 黄艺翔，姚铮. 企业社会责任报告、印象管理与企业业绩 [J]. 经济管理，2016，38（1）：105-115.

[24] 吉利. 企业社会责任信息披露印象管理研究框架：动机、策略和经济后果 [J]. 郑州航空工业管理学院学报，2016，34（2）：76-84.

[25] 吉利，孟鑫. 印象管理视角下的企业社会责任信息披露可读性操纵：来自中国上市公司社会责任报告的经验证据："第十一届中国实证会计国际研讨会"论文集 [C]. 北京，2012.

[26] 吉利，苏朦. 企业环境成本内部化动因：合规还是利益：来自重污染行业上市公司的经验证据 [J]. 会计研究，2016（11）：7.

[27] 吉利，张丽，田静. 我国上市公司社会责任信息披露可读性研究：基于管理层权力与约束机制的视角 [J]. 会计与经济研究，2016（1）：21-33.

[28] 蒋亚朋. 上市公司盈余变动归因信息披露中的自利性倾向研究 [J]. 现代管理科学, 2008 (6): 117-119.

[29] 颉茂华, 刘向伟, 白牡丹. 环保投资效率实证与政策建议 [J]. 中国人口·资源与环境, 2010, 20 (4): 100-105.

[30] 金刚, 沈坤荣. 以邻为壑还是以邻为伴: 环境规制执行互动与城市生产率增长 [J]. 管理世界, 2018, 34 (12): 43-55.

[31] 金婧. 印象管理理论在企业战略管理中的应用: 回顾与展望 [J]. 管理学季刊, 2018, 3 (2): 31.

[32] 孔东民, 刘莎莎, 应千伟. 公司行为中的媒体角色: 激浊扬清还是推波助澜? [J]. 管理世界, 2013 (7): 145-162.

[33] 李斌, 彭星, 欧阳铭珂. 环境规制、绿色全要素生产率与中国工业发展方式转变: 基于 36 个工业行业数据的实证研究 [J]. 中国工业经济, 2013 (4): 56-68.

[34] 李玲, 陶锋. 污染密集型产业的绿色全要素生产率及影响因素: 基于 SBM 方向性距离函数的实证分析 [J]. 经济学家, 2011 (12): 32-39.

[35] 李玲, 陶锋. 中国制造业最优环境规制强度的选择: 基于绿色全要素生产率的视角 [J]. 中国工业经济, 2012 (5): 70-82.

[36] 李培功, 沈艺峰. 媒体的公司治理作用: 中国的经验证据 [J]. 经济研究, 2010 (4): 14-27.

[37] 李胜兰, 初善冰, 申晨. 地方政府竞争、环境规制与区域生态效率 [J]. 世界经济, 2014 (4): 88-110.

[38] 李树, 陈刚. 环境管制与生产率增长: 以 APPCL2000 的修订为例 [J]. 经济研究, 2013, 48 (1): 17-31.

[39] 李树, 翁卫国. 我国地方环境管制与全要素生产率增长: 基于地方立法和行政规章实际效率的实证分析 [J]. 财经研究, 2014, 40 (2): 19-29.

[40] 李永友, 沈坤荣. 我国污染控制政策的减排效果: 基于省际工业污染数据的实证分析 [J]. 管理世界, 2008 (7): 7-17.

[41] 刘锋, 叶强, 李一军. 媒体关注与投资者关注对股票收益的交互作用: 基于中国金融股的实证研究 [J]. 管理科学学报, 2014, 17 (1): 72-85.

[42] 刘瀚斌. 从对立走向融合: 改革开放 40 年的环保演进 [N]. 中国财经报, 2018-11-27 (7).

［43］刘磊.习近平新时代生态文明建设思想研究［J］.上海经济研究，2018（3）：2.

［44］刘亚军，陈国绪.对资源基础理论的再认识：几个基本概念的澄清及企业成长的新解释［J］.科技管理研究，2008，28（11）：167-170.

［45］龙文滨，李四海，丁绒.环境政策与中小企业环境表现：行政强制抑或经济激励［J］.南开经济研究，2018（3）：20-39.

［46］罗进辉.媒体报道的公司治理作用：双重代理成本视角［J］.金融研究，2012（10）：153-166.

［47］罗进辉.媒体报道对权益成本和债务成本的影响及其差异：来自中国上市公司的经验证据［J］.投资研究，2012（9）：95-112.

［48］罗进辉.媒体报道与高管薪酬契约有效性［J］.金融研究，2018（3）：190-206.

［49］罗进辉，杜兴强.媒体报道、制度环境与股价崩盘风险［J］.会计研究，2014（9）：53-59.

［50］马中东，马斌，陈莹.机会追求型环境战略对企业竞争力的影响［J］.经济纵横，2010（5）：95-97.

［51］孟耀.绿色投资问题研究［D］.大连：东北财经大学，2006.

［52］孟耀，张启阳.循环经济发展中绿色投资问题研究［J］.财经问题研究，2005（11）：21-25.

［53］乔清举，马啸东.改革开放以来我国生态文明建设［J］.前进，2019（2）：4.

［54］乔永波.企业环保投资效率评价指标体系的比较［J］.统计与决策，2014（11）：169-172.

［55］乔永波.企业环保投资效率评价指标体系构建研究［J］.科技管理研究，2015，35（18）：48-53.

［56］冉冉.中国地方环境政治：政策与执行之间的距离［M］.北京：中央编译出版社，2015.

［57］沈洪涛，冯杰.舆论监督、政府监管与企业环境信息披露［J］.会计研究，2012（2）：7.

［58］沈洪涛，黄珍，郭肪汝.告白还是辩白：企业环境表现与环境信息披露关系研究［J］.南开管理评论，2014，17（2）：56-63.

[59] 沈洪涛，游家兴，刘江宏. 再融资环保核查、环境信息披露与权益资本成本 [J]. 金融研究, 2010 (12): 159-172.

[60] 沈洪涛，周艳坤. 环境执法监督与企业环境绩效：来自环保约谈的准自然实验证据 [J]. 南开管理评论, 2017, 20 (6): 73-82.

[61] 沈能. 环境效率、行业异质性与最优规制强度：中国工业行业面板数据的非线性检验 [J]. 中国工业经济, 2012 (3): 56-68.

[62] 沈弋，徐光华，王正艳. "言行一致" 的企业社会责任信息披露：大数据环境下的演化框架 [J]. 会计研究, 2014 (9): 29-36.

[63] 宋献中，胡珺. 理论创新与实践引领：习近平生态文明思想研究 [J]. 暨南学报（哲学社会科学版）, 2018, 40 (1): 2-17.

[64] 宋献中，胡珺，李四海. 社会责任信息披露与股价崩盘风险：基于信息效应与声誉保险效应的路径分析 [J]. 金融研究, 2017 (4): 165-179.

[65] 孙冬煜. 环保投资增长规律及其模型研究 [J]. 四川环境, 2002, 21 (3): 29-32.

[66] 孙蔓莉. 论上市公司信息披露中的印象管理行为 [J]. 会计研究, 2004 (3): 40-45.

[67] 孙文营. 生态文明建设在 "五位一体" 总布局中的地位和作用 [J]. 山东社会科学, 2013 (8): 12-17.

[68] 孙岩. 社会责任信息披露的清晰性、第三方鉴证与个体投资者的投资决策：一项实验证据 [J]. 审计研究, 2012 (4): 97-104.

[69] 孙玉娟，葛伟，张素媛. 重污染企业环境会计信息披露问题 [J]. 河北联合大学学报（社会科学版）, 2010, 10 (4): 52-55.

[70] 覃家琦，邵新建. 中国交叉上市公司的投资效率与市场价值：绑定假说还是政府干预假说？[J]. 经济学（季刊）, 2016, 15 (3): 1137-1176.

[71] 汤亚莉，陈自力，刘星，等. 我国上市公司环境信息披露状况及影响因素的实证研究 [J]. 管理世界, 2006 (1): 158-159.

[72] 唐国平，李龙会. 股权结构、产权性质与企业环保投资：来自中国 A 股上市公司的经验证据 [J]. 财经问题研究, 2013 (3): 93-100.

[73] 唐国平，李龙会. 企业环保投资结构及其分布特征研究：来自 A 股上市公司 2008—2011 年的经验证据 [J]. 审计与经济研究, 2013, 28 (4): 94-103.

[74] 唐国平, 李龙会. 企业环保投资效率评价研究: 基于中国资本市场的经验证据 [M]. 大连: 东北财经大学出版社, 2017.

[75] 唐国平, 李龙会, 吴德军. 环境管制、行业属性与企业环保投资 [J]. 会计研究, 2013 (6): 7.

[76] 田高良, 封华, 于忠泊. 资本市场中媒体的公司治理角色研究 [J]. 会计研究, 2016 (6): 9.

[77] 汪秀琼, 吴小节, 蓝海林, 等. 企业战略管理研究新进展: 基于制度经济学和组织社会学制度理论的视角 [J]. 河北经贸大学学报, 2011, 32 (4): 16-21.

[78] 王兵, 吴延瑞, 颜鹏飞. 中国区域环境效率与环境全要素生产率增长 [J]. 经济研究, 2010 (5): 95-109.

[79] 王瑾. 绿色投资问题研究: 基于微观企业的视角 [J]. 经贸实践, 2017 (15): 27-28.

[80] 王京芳, 王露, 曾又其. 企业环境管理整合性架构研究 [J]. 软科学, 2008, 25 (1): 147-150.

[81] 王娜, 申俊亚, 周天乐. 基于三阶段 DEA 方法的绿色投资效率研究 [J]. 财经理论与实践, 2017, 38 (2): 42-47.

[82] 王恰. DEA 方法与资源配置问题研究 [M]. 北京: 中国社会科学出版社, 2017.

[83] 王小鲁, 樊纲, 余静文. 中国分省份市场化指数报告 (2016) [M]. 北京: 社会科学文献出版社, 2017.

[84] 魏权龄. 评价相对有效性的数据包络分析模型: DEA 和网络 DEA [M]. 北京: 中国人民大学出版社, 2012.

[85] 魏泽龙, 谷盟. 转型情景下企业合法性与绿色绩效的关系研究 [J]. 管理评论, 2015, 27 (4): 76-84.

[86] 徐晨阳, 王满, 马影. 债务契约与过度投资: "治理扭曲" 抑或 "帝国建造" [J]. 山西财经大学学报, 2018, 40 (6): 113-124.

[87] 徐建蓉. 企业环境改造战略模型研究 [J]. 生产力研究, 2008 (10): 117-119.

[88] 徐建中, 贯君, 林艳. 制度压力、高管环保意识与企业绿色创新实践: 基于新制度主义理论和高阶理论视角 [J]. 管理评论, 2017 (9): 72-83.

[89] 徐建中，贾君，林怡．基于 Meta 分析的企业环境绩效与财务绩效关系研究 [J]．管理学报，2018，15（2）：246-254.

[90] 阎达五，孙蔓莉．深市 B 股发行公司年度报告可读性特征研究 [J]．会计研究，2002（5）：10-17.

[91] 颜伟，唐德善．基于 DEA 模型的中国环保投入相对效率评价研究 [J]．生产力研究，2007（4）：21-22.

[92] 杨洁，郭立宏．声明还是缄默：负面报道后国企和民企印象管理行为差异研究 [J]．南开管理评论，2017，20（1）：83-95.

[93] 姚圣，杨洁，梁昊天．地理位置、环境规制空间异质性与环境信息选择性披露 [J]．管理评论，2016，28（6）：192-204.

[94] 叶陈刚，王孜，武剑锋，等．外部治理、环境信息披露与股权融资成本 [J]．南开管理评论，2015，18（5）：85-96.

[95] 俞海，任子平，张永亮，等．新常态下中国绿色增长：概念、行动与路径 [J]．环境与可持续发展，2015，40（1）：7-10.

[96] 袁明．环保项目投资效益的指数评价方法 [J]．中国审计，2004（17）：40-40.

[97] 袁明，周明山．投资建设项目审计关注点 [J]．中国审计，2007（16）：53-53.

[98] 张海洋，金则杨．中国工业 TFP 的新产品动能变化研究 [J]．经济研究，2017（9）：74-87.

[99] 张红军，王学军，刘岚君．中国环境保护投资效益和投资效益评价体系的建设 [J]．管理世界，1995（2）：202-207.

[100] 张华．地区间环境规制的策略互动研究：对环境规制非完全执行普遍性的解释 [J]．中国工业经济，2016（7）：74-90.

[101] 张济建，于连超，毕茜，等．媒体监督、环境规制与企业绿色投资 [J]．上海财经大学学报，2016，18（5）：91-103.

[102] 张继兰，虞崇胜．环境治理：权威主义还是民主主义？ [J]．学习与实践，2015（9）：7.

[103] 张坤民．中国环境保护事业 60 年 [J]．中国人口·资源与环境，2010，20（6）：1-5.

[104] 张璐晶，李永华，刘照普．中央肯定、地方支持、百姓点赞、成效显著 中央环保督察威力大 [J]．中国经济周刊，2017（43）：17-29，88.

[105] 张文彬，张理芃，张可云.中国环境规制强度省际竞争形态及其演变：基于两区制空间 Durbin 固定效应模型的分析 [J].管理世界，2010 (12)：34-44.

[106] 张晓.中国环境政策的总体评价 [J].中国社会科学，1999 (3)：88-99.

[107] 张星星.金融危机下上市公司年度报告可读性特征研究 [J].湖北工业大学学报，2010，25 (3)：77-79.

[108] 张亚斌，马晨，金培振.我国环境治理投资绩效评价及其影响因素：基于面板数据的 SBM-TOBIT 两阶段模型 [J].经济管理，2014，36(4)：170-179.

[109] 张友国等.环境经济学研究新进展：中国绿色发展战略与政策研究 [M].北京：中国社会科学出版社，2016.

[110] 张长江，温作民，徐晴.重污染行业上市公司环境绩效与财务绩效互动关系实证研究 [J].生态经济，2016，32 (11)：20-26.

[111] 张正勇，邱佳涛.企业会计稳健性与社会责任报告印象管理 [J].证券市场导报，2017 (3)：21-27.

[112] 赵领娣，巩天雷.浅谈企业环境战略制约因素 [J].中国标准化，2003 (12)：58-61.

[113] 赵龙凯，陆子昱，王致远.众里寻"股"千百度：股票收益率与百度搜索量关系的实证探究 [J].金融研究，2013 (4)：183-195.

[114] 赵敏.上市公司自愿性信息披露中的印象管理行为分析 [J].当代财经，2007 (3)：117-119.

[115] 朱浩，傅强，魏琪.地方政府环境保护支出效率核算及影响因素实证研究 [J].中国人口·资源与环境，2014，24 (6)：91-96.

[116] AKERLOF G A. The market for "Lemons"：quality uncertainty and the market mechanism [J]. The Quarterly Journal of Economics，1970，84 (3)：488-500.

[117] AL-TUWAIJRI S，CHRISTENSEN T E，HUGHES K E. The relations among environmental disclosure，environmental performance，and economic performance：a simultaneous equations approach [J]. Accounting Organisations and Society，2004，29 (5-6)：447-471.

[118] ANTLE J M，HEIDEBRINK G. Environment and development：theory and international evidence [J]. Economic Development & Cultural Change，1995，43 (3)：603-625.

[119] ANTONIETTI R, MARZUCCHI A. Green tangible investment strategies and export performance: a firm-level investigation [J]. Ecological Economics, 2014, 108 (1): 150-161.

[120] ARAGÓN-CORREA J A, MATÍAS-RECHE F, SENISE-BARRIO M A E. Managerial discretion and corporate commitment to the natural environment [J]. Journal of Business Research, 2004, 57 (9): 964-975.

[121] ATEŞ M A, BLOEMHOF J, VAN RAAIJ E M, et al. Proactive environmental strategy in a supply chain context: the mediating role of investments [J]. International Journal of Production Research, 2012, 50 (4): 1079-1095.

[122] BAHN O, CHESNEY M, GHEYSSENS J. The effect of proactive adaptation on green investment [J]. Environmental Science & Policy, 2012, 18 (4): 9-24.

[123] BAKER W E, SINKULA J M. Environmental marketing strategy and firm performance: effects on new product performance and market share [J]. Journal of the Academy of Marketing Science, 2005, 33 (4): 461-475.

[124] BANKER R D, CHARNES A, COOPER W W. Some models for estimating technical and scale inefficiencies in data envelopment analysis [J]. Management Science, 1984, 30 (9): 1078-1092.

[125] BANSAL P, CLELLAND I. Talking trash: legitimacy, impression management, and unsystematic risk in the context of the natural environment [J]. Academy of Management Journal, 2004, 47 (1): 93-103.

[126] BANSAL P, ROTH K. Why companies go green: a model of ecological responsivenessd [J]. Academy of Management Journal, 2000, 43 (4): 717-736.

[127] BARNEY J. Firm resources and sustained competitive advantage [J]. Journal of Management, 1991, 17 (1): 99-120.

[128] BARNEY J B. Strategic factor markets: expectations, luck, and business strategy [J]. Management Science, 1986, 32 (10): 1231-1241.

[129] BARTON J, MERCER M. To blame or not to blame: analysts' reactions to external explanations for poor financial performance [J]. Journal of Accounting and Economics, 2005, 39 (3): 509-533.

[130] BESLEY T, CASE A. Incumbent behavior: vote-seeking, tax-setting, and yardstick competition [J]. American Economic Review, 1995, 85 (1): 25-45.

[131] BETTMAN J R, WEITZ B A. Attributions in the board room: causal reasoning in corporate annual reports [J]. Administrative Science Quarterly, 1983, 28 (2): 165-183.

[132] BLOSSOM P. Modeling performance measurement: applications and implementation issues in DEA by Wade D. Cook; Joe Zhu [J]. Interfaces, 2005, 35 (6): 532-533.

[133] BOIRAL O. Accounting for the unaccountable: biodiversity reporting and impression management [J]. Journal of Business Ethics, 2016, 135 (4): 751-768.

[134] BOSTIAN M, FäRE R, GROSSKOPF S, et al. Environmental investment and firm performance: a network approach [J]. Energy Economics, 2016, 57: 243-255.

[135] BRUECKNER J K, SAAVEDRA L A. Do local governments engage in strategic property: tax competition? [J]. National Tax Journal, 2001, 54 (2): 203-229.

[136] BU M, LIU Z, WAGNER M, et al. Corporate social responsibility and the pollution haven hypothesis: evidence from multinationals' investment decision in China [J]. Asia-Pacific Journal of Accounting & Economics, 2013, 20 (1): 85-99.

[137] BURNETT R D, HANSEN D R. Ecoefficiency: defining a role for environmental cost management [J]. Accounting Organizations and Society, 2008, 33 (6): 551-581.

[138] BUSENBARK J R, LANGE D, CERTO S T. Foreshadowing as impression management: illuminating the path for security analysts [J]. Strategic Management Journal, 2017, 38 (12): 2486-2507.

[139] BUYSSE K, VERBEKE A. Proactive environmental strategies: a stakeholder management perspective [J]. Strategic Management Journal, 2003, 24 (5): 453-470.

[140] CARBERRY E J, KING B G. Defensive practice adoption in the face of organizational stigma: impression management and the diffusion of stock option expensing [J]. Journal of Management Studies, 2012, 49 (7): 1137-1167.

[141] CARPENTER M A, GOLDEN B R. Perceived managerial discretion: a study of cause and effect [J]. Strategic Management Journal, 1997, 18 (3): 187-206.

[142] CARROLL A B. A three-dimensional conceptual model of corporate performance [J]. Academy of Management Review, 1979, 4 (4): 497-505.

[143] CARROLL A B. The pyramid of corporate social responsibility: toward the moral management of organizational stakeholders [J]. Business Horizons, 1991, 34 (4): 39-48.

[144] CASE A C, ROSEN H S, HINES J R. Budget spillovers and fiscal policy interdependence: evidence from the states [J]. Journal of Public Economics, 1993, 52 (3): 285-307.

[145] CAVES R E. Industrial organization, corporate strategy and structure [J]. Journal of Economic Literature, 1980, 18 (1): 64-92.

[146] CHANG S J, WU B. Institutional barriers and industry dynamics [J]. Strategic Management Journal, 2014, 35 (8): 1103-1123.

[147] CHANG Y T, ZHANG N, DANAO D, et al. Environmental efficiency analysis of transportation system in China: a non-radial DEA approach [J]. Energy Policy, 2013, 58 (9): 277-283.

[148] CHARNES A, COOPER W W, LEWIN A Y, et al. Sensitivity and stability analysis in DEA [J]. Annals of Operations Research, 1984, 2 (1): 139-156.

[149] CHARNES A, COOPER W W, RHODES E. Measuring the efficiency of decision making units [J]. European Journal of Operational Research, 1978, 2 (6): 429-444.

[150] CHELSEA L. Are women greener? corporate gender diversity and environmental violations [J]. Journal of Corporate Finance, 2018, 52: 118-142.

[151] CHEN X P, YAO X, KOTHA S. Entrepreneur passion and preparedness in business plan presentations: a persuasion analysis of venture capitalists' funding decisions [J]. Academy of Management Journal, 2009, 52 (1): 199-214.

[152] CHO C H, GUIDRY R P, HAGEMAN A M, et al. Do actions speak louder than words? an empirical investigation of corporate environmental reputation [J]. Accounting Organizations and Society, 2012, 37 (1): 14-25.

[153] CHRISTMANN P. Effects of "Best Practices" of environmental management on cost advantage: the role of complementary assets [J]. The Academy of Management Journal, 2000, 43 (4): 663-680.

[154] CHUNG Y H, FäRE R, GROSSKOPF S. Productivity and undesirable outputs: a directional distance function approach [J]. Microeconomics, 1997, 51 (3): 229-240.

[155] CLAPHAM S E, SCHWENK C R. Self-serving attributions, managerial cognition, and company performance [J]. Strategic Management Journal, 2010, 12 (3): 219-229.

[156] CLARKSON M. A stakeholder framework for analyzing and evaluating corporate social performance [J]. The Academy of Management Review, 1995, 20 (1): 92-117.

[157] CLARKSON P M, LI Y, RICHARDSON G D, et al. Revisiting the relation between environmental performance and environmental disclosure: an empirical analysis [J]. Accounting Organizations and Society, 2008, 33 (4-5): 303-327.

[158] CLARKSON P M, OVERELL M B, CHAPPLE L. Environmental reporting and its relation to corporate environmental performance [J]. Abacus, 2011, 47 (1): 27-60.

[159] CLARKSON P M, YUE L, RICHARDSON G D, et al. Does it really pay to be green? determinants and consequences of proactive environmental strategies [J]. Journal of Accounting & Public Policy, 2011, 30 (2): 122-144.

[160] COASE R H. The problem of social cost [J]. The Journal of Law and Economics, 2013, 56 (4): 837-877.

[161] COLE M A, ELLIOTT R J R. Determining the trade-environment composition effect: the role of capital, labor and environmental regulations [J]. Journal of Environmental Economics and Management, 2003, 46 (3): 363-383.

[162] CONLON D E, MURRAY N M. Customer perceptions of corporate responses to product complaints: the role of explanations [J]. Academy of Management Journal, 1996, 39 (4): 1040-1056.

[163] COOKA W D. Data envelopment analysis (DEA) - thirty years on [J]. European Journal of Operational Research, 2009, 192 (1): 1-17.

[164] COOPER W W, LI S, SEIFORD L M, et al. Sensitivity and stability analysis in DEA: some recent developments [J]. Journal of Productivity Analysis, 2001, 15 (3): 217-246.

[165] COPELAND B R, TAYLOR M S. Trade, growth, and the environment [J]. Journal of Economic Literature, 2004, 42 (1): 7-71.

[166] CORTAZAR G, SCHWARTZ E S, SALINAS M. Evaluating environmental investments: a real options approach [J]. Management Science, 1998, 44 (44): 1059-1070.

[167] COSTA-CAMPI M T, GARCíA-QUEVEDO J, MARTíNEZ-ROS E. What are the determinants of investment in environmental R&D? [J]. Energy Policy, 2017, 104: 455-465.

[168] CULL R, XU L C, YANG X, et al. Market facilitation by local government and firm efficiency: evidence from China [J]. Journal of Corporate Finance, 2017, 42: 460-480.

[169] DAVIS K. Can business afford to ignore social responsibilities? [J]. California Management Review, 1960, 2 (3): 70-76.

[170] DAVIS K. Understanding the social responsibility puzzle [J]. Business Horizons, 1967, 10 (4): 45-50.

[171] DAVIS K. The case for and against business assumption of social responsibilities [J]. Academy of Management Journal, 1973, 16 (2): 312-322.

[172] DAWKINS C, FRAAS J W. Coming clean: the impact of environmental performance and visibility on corporate climate change disclosure [J]. Journal of Business Ethics, 2011, 100 (2): 303-322.

[173] DEEGAN C, RANKIN M, VOGHT P. Firms' disclosure reactions to major social incidents: australian evidence [J]. Accounting Forum, 2000, 24 (1): 101-130.

[174] DEEPHOUSE D L. Does isomorphism legitimate? [J]. The Academy of Management Journal, 1996, 39 (4): 1024-1039.

[175] DELMAS M, TOFFEL M W. Stakeholders and environmental management practices: an institutional framework [J]. Business Strategy and the Environment, 2004, 13 (4): 209-222.

[176] DELMAS M A. The diffusion of environmental management standards in Europe and in the United States: an institutional perspective [J]. Policy Sciences, 2002, 35 (1): 91-119.

[177] DELMAS M A, MONTES M J, MONTES-SANCHO M J. Voluntary agreements to improve environmental quality: are late joiners the free riders? [J]. Strategic Management Journal, 2010, 31 (6): 575-601.

[178] DESAI V M. Mass media and massive failures: determining organizational efforts to defend field legitimacy following crises [J]. The Academy of Management Journal, 2011, 54 (2): 263-278.

[179] DIMAGGIO P J, POWELL W W. The iron cage revisited: institutional isomorphism and collective rationality in organizational fields [J]. American Sociological Review, 1983, 48 (2): 147-160.

[180] DONALDSON T, DUNFEE T W. Integrative social contracts theory: a communitarian conception of economic ethics [J]. Economics and Philosophy, 1995, 11 (1): 85-112.

[181] DOVAL E, NEGULESCU O. A model of green investments approach [J]. Procedia Economics and Finance, 2014, 15: 847-852.

[182] DOWLING J, PFEFFER J. Organizational legitimacy: social values and organizational behavior [J]. Pacific Sociological Review, 1975, 18 (1): 122-136.

[183] EATON S, KOSTKA G. Authoritarian environmentalism undermined? local leaders' time horizons and environmental policy implementation in China [J]. The China Quarterly, 2014, 218: 359-380.

[184] EMROUZNEJAD A, YANG G L. A survey and analysis of the first 40 years of scholarly literature in DEA: 1978-2016 [J]. Socio-Economic Planning Sciences, 2018, 61 (1): 4-8.

[185] EYRAUD L, CLEMENTS B, WANE A. Green investment: trends and determinants [J]. Energy Policy, 2013, 60: 852-865.

[186] FARE R, GROSSKOPF S, LINDGREN B, et al. Productivity changes in Swedish pharamacies 1980-1989: a non-parametric Malmquist approach [J]. Journal of Productivity Analysis, 1992, 3 (1): 81-97.

[187] FARE R. Multilateral productivity comparisons when some outputs are undesirable: a nonparametric approach [J]. Review of Economics and Statistics, 1989, 71 (1): 90-98.

[188] FARE R, NORRIS G M. Productivity growth, technical progress, and efficiency change in industrialized countries: reply [J]. American Economic Review, 1997, 87 (5): 1040-1044.

[189] FARRELL M J. The measurement of productive efficiency [J]. Journal of the Royal Statistical Society Series A (General), 1957, 120 (3): 253-290.

[190] FIGGE F, HAHN T. Value drivers of corporate eco-efficiency: management accounting information for the efficient use of environmental resources [J]. Management Accounting Research, 2013, 24 (4): 387-400.

[191] FØRSUND F R, SARAFOGLOU N. On the origins of data envelopment analysis [J]. Journal of Productivity Analysis, 2002, 17 (1/2): 23-40.

[192] FREDRIKSSON P G, MILLIMET D L. Strategic interaction and the determination of environmental policy across U.S. States [J]. Journal of Urban Economics, 2002, 51 (1): 101-122.

[193] FREEMAN R E. Strategic management: a stakeholde approach [M]. Boston: Pitman, 1984.

[194] GARRETT D E, BRADFORD J L, MEYERS R A, et al. Issues management and organizational accounts: an analysis of corporate responses to accusations of unethical business practices [J]. Journal of Business Ethics, 1989, 8 (7): 507-520.

[195] GENCHEV S E. Reverse logistics program design: a company study [J]. Business Horizons, 2009, 52 (2): 139-148.

[196] GILLEY B. Authoritarian environmentalism and China's response to climate change [J]. Environmental Politics, 2012, 21 (2): 287-307.

[197] GOFFMAN E. The presentation of self in everyday life [M]. United States: Anchor Books, 1959.

[198] GRAFFIN S D, CARPENTER M A, BOIVIE S. What's all that (strategic) noise? anticipatory impression management in CEO succession [J]. Strategic Management Journal, 2011, 32 (7): 748-770.

[199] GRAFFIN S D, HALEBLIAN J, KILEY J T. Ready, AIM, acquire: impression offsetting and acquisitions [J]. Academy of Management Journal, 2016, 59 (1): 232-252.

[200] GUTHRIE J, PARKER L D. Corporate social disclosure practice: a comparative international analysis [J]. Advances in Public Interest Accounting, 1990: 159-175.

[201] HART S L. A natural-resource-based view of the firm [J]. Academy of Management Review, 1995, 20 (4): 986-1014.

［202］ HART S L. Beyond greening: strategies for a sustainable world ［J］. Harvard Business Review, 1997, 75 (1): 66-76.

［203］ HAWLEY A H. Human ecology: a theoretical essay ［M］. Chicago: University of Chicago Press, 1986.

［204］ HENDERSON D J, MILLIMET D L. Pollution abatement costs and foreign direct investment inflows to U.S. States: a nonparametric reassessment ［J］. Review of Economics & Statistics, 2007, 89 (1): 178-183.

［205］ HENRIQUES I, SADORSKY P. The determinants of an environmentally responsive firm: an empirical approach ［J］. Journal of Environmental Economics and Management, 1996, 30 (3): 381-395.

［206］ HENRIQUES I, SADORSKY P. The relationship between environmental commitment and managerial perceptions of stakeholder importa ［J］. Academy of Management Journal, 1999, 42 (1): 87-99.

［207］ HöH H, SCHOER K, SEIBEL S. Eco-efficiency indicators in German environmental economic accounting ［J］. Statistical Journal of the United Nations Economic Commission for Europe, 2002, 19: 41-52.

［208］ HOI C K, QIANG W, HAO Z. Is corporate social responsibility (CSR) associated with tax avoidance? evidence from irresponsible CSR activities ［J］. Accounting Review, 2013, 88 (6): 2025-2059.

［209］ HOOGHIEMSTRA R. Corporate communication and impression management - new perspectives why companies engage in corporate social reporting ［J］. Journal of Business Ethics, 2000, 27 (1/2): 55-68.

［210］ HUA Z, BIAN Y, LIANG L. Eco-efficiency analysis of paper mills along the Huai River: an extended DEA approach ［J］. Omega, 2007, 35 (5): 578-587.

［211］ HUANG X B, WATSON L. Corporate social responsibility research in accounting ［J］. Journal of Accounting Literature, 2015, 34: 1-16.

［212］ INDERST G, KAMINKER C, STEWART F. Defining and measuring green investments ［J］. Social Science Electronic Publishing, 2012, 24: 44.

［213］ JENSEN M C. Value maximization, stakeholder theory, and the corporate objective function ［J］. Business Ethics Quarterly, 2002, 12 (2): 235-256.

［214］ JIA R. Pollution for promotion ［J/OL］. 21st Century China Center Research Paper, 2017, 5: 2139 ［2021-01-26］. http://dx.doi.org/10.2139/ssrn.3029046.

[215] JIANG L, FOLMER H, BU M. Interaction between output efficiency and environmental efficiency: evidence from the textile industry in Jiangsu Province, China [J]. Journal of Cleaner Production, 2016, 113: 123-132.

[216] JOHNSTONE N, HASCIC I, POPP D. Renewable energy policies and technological innovation: evidence based on patent counts [J]. Environmental & Resource Economics, 2010, 45 (1): 133-155.

[217] KARASEK J, PAVLICA J. Green investment scheme: experience and results in the Czech Republic [J]. Energy Policy, 2016, 90: 121-130.

[218] KELLER W, LEVINSON A. Pollution abatement costs and foreign direct investment Inflows to U.S. States [J]. Review of Economics & Statistics, 2002, 84 (4): 691-703.

[219] KIM K T, LEE D J, PARK S J, et al. Measuring the efficiency of the investment for renewable energy in Korea using data envelopment analysis [J]. Renewable & Sustainable Energy Reviews, 2015, 47: 694-702.

[220] KIM P H, FERRIN D L, COOPER C D, et al. Removing the shadow of suspicion: the effects of apology versus denial for repairing competence- versus integrity-based trust violations [J]. Journal of Applied Psychology, 2004, 89 (1): 104-118.

[221] KITZMUELLER M, SHIMSHACK J. Economic perspectives on corporate social responsibility [J]. Journal of Economic Literature, 2012, 50 (1): 51-84.

[222] KONISKY D M. Regulatory competition and environmental enforcement: is there a race to the bottom? [J]. American Journal of Political Science, 2007, 51 (4): 853-872.

[223] LEARY M R, KOWALSKI R M. Impression management: a literature review and two-component model [J]. Psychological Bulletin, 1990 (1): 34.

[224] LEVINSON A. Environmental regulations and manufacturers' location choices: evidence from the census of manufactures [J]. Journal of Public Economics, 1996, 62 (1): 5-29.

[225] LI H, FANG K, YANG W, et al. Regional environmental efficiency evaluation in China: analysis based on the Super-SBM model with undesirable outputs [J]. Mathematical and Computer Modelling, 2013, 58 (5-6): 1018-1031.

[226] LIN JUSTIN Y, LIU Z. Fiscal decentralization and economic growth in China [J]. Economic Development and Cultural Change, 2000, 49 (1): 1-21.

[227] LINDBLOM C K. The implications of organizational legitimacy for corporate social performance and disclosure: proceedings of the critical perspectives on accounting conference [C]. New York: Routledge, 1993.

[228] LIU J S, LU L Y Y, LU W-M, et al. Data envelopment analysis 1978-2010: a citation-based literature survey [J]. Omega, 2013, 41 (1): 3-15.

[229] LO W H, FRYXELL G E, WONG W H. Effective regulations with little effect? the antecedents of the perceptions of environmental officials on enforcement effectiveness in China [J]. Environmental Management, 2006, 38 (3): 388-410.

[230] LUNDGREN T, ZHOU W. Firm performance and the role of environmental management [J]. Journal of Environmental Management, 2017, 203 (1): 330-341.

[231] MADSEN P M. Does corporate investment drive a "Race to the Bottom" in environmental protection? a reexamination of the effect of environmental regulation on investment [J]. Academy of Management Journal, 2009, 52 (6): 1297-1318.

[232] MAGGIONI D, SANTANGELO G D. Local environmental non-profit organizations and the green investment strategies of family firms [J]. Ecological Economics, 2017, 138: 126-138.

[233] MARCH J G, OLSEN J P. The new institutionalism: organizational factors in political life [J]. American Political Science Review, 1984, 78 (3): 734-749.

[234] MARSHALL A. Principles of economics [J]. Political Science Quarterly, 1961, 31 (77): 430-444.

[235] MARTIN P R, MOSER D V. Managers' green investment disclosures and investors' reaction [J]. Journal of Accounting and Economics, 2016, 61(1): 239-254.

[236] MAXWELL J W, DECKER C S. Voluntary environmental investment and responsive regulation [J]. Environmental and Resource Economics, 2006, 33 (4): 425-439.

[237] MCCOMBS M E, SHAW D L. The agenda-setting function of mass media [J]. The Public Opinion Quarterly, 1972, 36 (2): 176-187.

[238] MCDONNELL M-H, KING B. Keeping up appearances: reputational threat and impression management after social movement boycotts [J]. Administrative Science Quarterly, 2013, 58 (3): 387-419.

[239] MELLONI G, STACCHEZZINI R, LAI A. The tone of business model disclosure: an impression management analysis of the integrated reports [J]. Journal of Management & Governance, 2016, 20 (2): 295-320.

[240] MEYER J W, ROWAN B. Institutionalized organizations: formal structure as myth and ceremony [J]. American Journal of Sociology, 1977, 83 (2): 340-363.

[241] MITCHELL R K, AGLE B R, WOOD D J. Toward a theory of stakeholder identification and salience: defining the principle of who and what really counts [J]. The Academy of Management Review, 1997, 22 (4): 853-886.

[242] MORDUCH J, SICULAR T. Rethinking inequality decomposition, with evidence from rural China [J]. Economic Journal, 2010, 112 (476): 93-106.

[243] MOSER D V, MARTIN P R. A broader perspective on corporate social responsibility research in accounting [J]. Accounting Review, 2012, 87 (3): 797-806.

[244] MURILLO-LUNA J L, RIVERA-TORRES G A. Why do patterns of environmental response differ? a stakeholders' pressure approach [J]. Strategic Management Journal, 2008, 29 (11): 1225-1240.

[245] MURILLO-LUNA J L, GARCES-AYERBE C, RIVERA-TORRES P. Barriers to the adoption of proactive environmental strategies [J]. Journal of Cleaner Production, 2011, 19 (13): 1417-1425.

[246] NAGY B G, POLLACK J M, RUTHERFORD M W, et al. The influence of entrepreneurs' credentials and impression management behaviors on perceptions of new venture legitimacy [J]. Entrepreneurship Theory & Practice, 2012, 36 (5): 941-965.

[247] OH D-H. A global malmquist-luenberger productivity index [J]. Journal of Productivity Analysis, 2010, 34 (3): 183-197.

[248] PAN L, MCNAMARA G, LEE J J, et al. Give it to us straight (most of the time): top managers' use of concrete language and its effect on investor reactions [J]. Strategic Management Journal, 2018, 39 (8): 2204-2225.

[249] PARSONS T. Accounting and accountability: changes and challenges in corporate social and environmental reporting [M]. Glencoe: Free Press, 1960.

[250] PASTOR J T, LOVELL C A K. A global malmquist productivity index [J]. Economics Letters, 2005, 88 (2): 266-271.

[251] PATELLI L, PEDRINI M. Is the optimism in CEO's Letters to sharehold-ers sincere? impression management versus communicative action during the economic crisis [J]. Journal of Business Ethics, 2014, 124 (1): 19-34.

[252] PEARCE D W, MARKANDYA A, BARBIER E. Blueprint for a green e-conomy [M]. London: Routledge, 1989.

[253] PEIROSIGNES. Environmental's proactivity measurement tool design and validation [J]. International Business & Economics Research Journal, 2012, 11 (13): 1433-1438.

[254] PENROSE E T. The Theory of the growth of the firm [M]. Oxford: Ox-ford University Press, 1959.

[255] PETERAF M A, BERGEN M E. Scanning dynamic competitive land-scapes: a market-based and resource-based framework [J]. Strategic Management Journal, 2003, 24 (10): 1027-1041.

[256] PIGOU A C. The economics of welfare [M]. London: Palgrave Macmil-lan, 1920.

[257] PORTER M E, VAN DER LINDE C. Toward a new conception of the en-vironment-competitiveness relationship [J]. Journal of Economic Perspectives, 1995, 9 (4): 97-118.

[258] POST J. Corporate behavior and social change [M]. VA: Reston Pub-lishing Company, 1978.

[259] POST J. Research in business and society: current issues and approa-ches: AACSB conference on business environment/ public policy and the business school [C]. Berkeley: The Berkeley Electronic Press, 1981.

[260] PRESSMAN J L, WILDAVSKY A B. Implementation: how great expec-tations in washington are dashed in Oakland [M]. Berkeley: University of California Press, 1984.

[261] RAVASI D, SCHULTZ M. Responding to organizational identity threats: exploring the role of organizational culture [J]. Academy of Management Journal, 2006, 49 (3): 433-458.

[262] RICHARDSON S. Over-investment of free cash flow [J]. Review of Ac-counting Studies, 2006, 11 (2-3): 159-189.

[263] RISEN J L, THOMAS C. Target and observer differences in the acceptance of questionable apologies [J]. Journal of Personality & Social Psychology, 2007, 92 (3): 418.

[264] ROCKNESS J W. An assessment of the relationship between Us corporate environmental performance and disclosure [J]. Journal of Business Finance & Accounting, 1985, 12 (3): 339-354.

[265] RUMELT R P. How much does industry matter? [J]. Strategic Management Journal, 1991, 12 (3): 167-185.

[266] SARRICO C S. Data envelopment analysis: a comprehensive text with models, applications, references and DEA-solver software [J]. Journal of the Operational Research Society, 2001, 52 (12): 1408-1409.

[267] SCHAEFER A. Contrasting institutional and performance accounts of environmental management systems: three case studies in the UK water & sewerage industry [J]. Journal of Management Studies, 2007, 44 (4): 506-535.

[268] SCHALTENBRAND B, FOERSTL K, AZADEGAN A, et al. See what we want to see? the effects of managerial experience on corporate green investments [J]. Journal of Business Ethics, 2018, 150 (4): 1129-1150.

[269] SCOTT W R. Institutions and organizations [M]. California: Sage Publications, 1995.

[270] SEIFORD L M, ZHU J. Modeling undesirable factors in efficiency evaluation [J]. European Journal of Operational Research, 2002, 142 (1): 16-20.

[271] SHARFMAN M P, FERNANDO C S. Environmental risk management and the cost of capital [J]. Strategic Management Journal, 2008, 29 (6): 569-592.

[272] SHARMA S. Managerial interpretations and organizational context as predictors of corporate choice of environmental strategy [J]. The Academy of Management Journal, 2000, 43 (4): 681-697.

[273] SHARMA S, HENRIQUES I. Stakeholder influences on sustainability practices in the canadian forest products industry [J]. Strategic Management Journal, 2005, 26 (2): 159-180.

[274] SHARMA S, VREDENBURG H. Proactive corporate environmental strategy and the development of competitively valuable organizational capabilities [J]. Strategic Management Journal, 1998, 19 (8): 729-753.

[275] SHI H, ZHANG L. China's environmental governance of rapid industrialisation [J]. Environmental Politics, 2006, 15 (2): 271-292.

[276] MANISHA SINGAL. The link between firm financial performance and investment in sustainability initiatives [J]. Cornell Hospitality Quarterly, 2014, 55 (1): 19-30.

[277] SONG M, ZHOU Y. Quantitative analysis of foreign trade and environmental efficiency in China [J]. Emerging Markets Finance and Trade, 2016, 52 (7): 1647-1660.

[278] SPENCE M. Job Market Signaling [J]. The quarterly journal of economics, 1973, 87 (3): 355-374.

[279] STERN P C, DIETZ T, ABEL T, et al. A value-belief-norm theory of support for social movements: the case of environmentalism [J]. Human Ecology Review, 1999 (2): 81-97.

[280] STEVENS J M, STEENSMA H K, HARRISON D A, et al. Symbolic or substantive document? the influence of ethics codes on financial executives' decisions [J]. Strategic Management Journal, 2005, 26 (2): 181-195.

[281] TANG C P, TANG S Y. Democratization and capacity building for environmental governance: managing land subsidence in Taiwan [J]. Environment & Planning A, 2006, 38 (6): 1131-1147.

[282] THORNTON D, KAGAN R A, GUNNINGHAM N. Compliance costs, regulation, and environmental performance: controlling truck emissions in the US [J]. Regulation & Governance, 2010, 2 (3): 275-292.

[283] TONE K. Several algorithms to determine multipliers for use in cone-ratio envelopment approaches to efficiency evaluations in DEA [C]. Boston, MA: Springer, 1997: 91-109.

[284] TONE K. A slacks-based measure of efficiency in data envelopment analysis [J]. European Journal of Operational Research, 2001, 130 (3): 498-509.

[285] TUCKER J W, ZHANG X. Corporate disclosure and research opportunities in China [J]. China Journal of Accounting Studies, 2016: 1-14.

[286] VOGEL D. Trading up: consumer and environmental regulation in a global economy [J]. American Political Science Review, 1996, 90 (2): 322-473.

[287] VOICA M C, PANAIT M, RADULESCU I. Green investments—between necessity, fiscal constraints and profit [J]. Procedia Economics and Finance, 2015, 22: 72-79.

[288] WANG C, WU J, ZHANG B. Environmental regulation, emissions and productivity: evidence from chinese COD-emitting manufacturers [J]. Journal of Environmental Economics and Management, 2018, 92: 54-73.

[289] WANG D, LI S, SUEYOSHI T. DEA environmental assessment on U.S. Industrial sectors: investment for improvement in operational and environmental performance to attain corporate sustainability [J]. Energy Economics, 2014, 45: 254-267.

[290] WANG H, MAMINGI N, LAPLANTE B, et al. Incomplete enforcement of pollution regulation: bargaining power of chinese factories [J]. Environmental & Resource Economics, 2003, 24 (3): 245-262.

[291] WERNERFELT B. A resource-based view of the firm [J]. Strategic Management Journal, 1984, 5 (2): 171-180.

[292] WESTPHAL J D, GRAEBNER M E. A matter of appearances: how corporate leaders manage the impressions of financial analysts about the conduct of their boards [J]. Academy of Management Journal, 2010, 53 (1): 15-44.

[293] WHEELER D, MARIA S A. Including the stakeholders: the business case [J]. Long Range Planning, 1998, 31 (2): 201-210.

[294] WICKERT C, SCHERER A G, SPENCE L J. Walking and talking corporate social responsibility: implications of firm size and organizational cost [J]. Journal of Management Studies, 2016, 53 (7): 1169-1196.

[295] WINSLOW M. Is democracy good for the environment? [J]. Journal of Environmental Planning & Management, 2005, 48 (5): 771-783.

[296] WISEMAN J. An evaluation of environmental disclosures made in corporate annual reports [J]. Accounting Organizations and Society, 1982, 7 (1): 53-63.

[297] WOODS N D. Interstate competition and environmental regulation: a test of the race-to-the-bottom thesis [J]. Social Science Quarterly, 2006 (1): 174-189.

[298] XU X D, ZENG S X, ZOU H L, et al. The impact of corporate environmental violation on shareholders' wealth: a perspective taken from media coverage [J]. Business Strategy & the Environment (John Wiley & Sons, Inc), 2016, 25 (2): 73-91.

[299] YU Y, HUANG J, LUO N. Can more environmental information disclosure lead to higher eco-efficiency? evidence from China [J]. Sustainability, 2018, 10 (2): 528.

[300] ZAVYALOVA A, PFARRER M D, REGER R K, et al. Managing the message: the effects of firm actions and industry spillovers on media coverage following wrongdoing [J]. Academy of Management Journal, 2012, 55 (5): 1079-1101.

[301] ZHANG B, CHEN X, GUO H. Does central supervision enhance local environmental enforcement? quasi-experimental evidence from China [J]. Journal of Public Economics, 2018, 164: 70-90.

[302] ZHAO X, ZHAO Y, ZENG S, et al. Corporate behavior and competitiveness: impact of environmental regulation on Chinese firms [J]. Journal of Cleaner Production, 2015, 86: 311-322.

[303] ZHENG Y. De facto federalism in China: reforms and dynamics of central-local relations [M]. Singapore: World Scientific Publishing, 2007.

[304] ZHU Q, GENG Y. Drivers and barriers of extended supply chain practices for energy saving and emission reduction among Chinese manufacturers [J]. Journal of Cleaner Production, 2013, 40 (2): 6-12.

[305] ZIMMERMAN M A, ZEITZ G J. Beyond survival: achieving new venture growth by building legitimacy [J]. The Academy of Management Review, 2002, 27 (3): 414-431.

[306] ZUKIN S, DIMAGGIO P J. Structures of capital: the social organization of the economy [M]. Cambridge: Cambridge University Press, 1990.

附录

附录1 我国城市污染源监管信息公开指数评价得分明细

2015—2017 年度我国城市污染源监管信息公开指数评价得分明细见表 A1-1、表 A1-2。

表 A1-1　2015—2016 年度城市污染源监管信息公开指数（PITI）评价得分明细

| 城市 | PITI总分 | 环境日常监管（30分） | | | 污染源自行公开（26分） | | 互动回应（15分） | | 排放数据（14分） | | 环境影响评价信息公开（15分） |
		日常超标违规记录发布（23分）	企业环境行为评价（5分）	排污费公示（2分）	自动监测信息公开（20分）	重点排污单位信息公开（6分）	环境投诉举报（7分）	依申请公开（8分）	重点企业数据公开（12分）	清洁生产审核公示（2分）	
北京	77.1	21.4	1	1.6	18	4.8	6	8	4.8	0.7	10.8
天津	48.7	4.6	1	1.5	13	1.2	2.8	7.2	7.2	0	10.2
石家庄	54.4	9.2	0	1.7	18	0	3.8	6.8	7.2	0.7	7
唐山	54.1	9.2	0	1.8	18	0	2	5	7.2	0.7	10.2
秦皇岛	45.3	11.4	0	1.6	18	0	1.4	7.2	0	0.7	5
邯郸	54.5	13	0	1.6	18	0	1.4	6.8	4	0.7	9
保定	44.3	15.2	1	0	18	0	1.4	8	0	0.7	0
太原	47.9	13	0	1.1	14	0	6.2	1.4	5.2	0	7
大同	15.6	4.6	0	1.6	4	0	2.4	0.6	2.4	0	0
阳泉	30.4	18.4	0	1.6	4	0	0	1.2	5.2	0	0
长治	50.8	9.2	0	1.5	16	0	6	4.6	5.2	0.7	7.6
临汾	26.5	4.6	0	1.7	4	0	5.4	0.8	2.4	0	7.6
呼和浩特	46.4	9.2	2	1.7	10	0.4	5.6	4.6	7.2	0.7	5
包头	52.8	13.8	0	0.9	13	0.8	2.8	7	7.2	0.7	6.6

城市	PITI总分	环境日常监管(30分)			污染源自行公开(26分)		互动回应(15分)		排放数据(14分)		环境影响评价信息公开(15分)
		日常超标违规记录发布(23分)	企业环境行为评价(5分)	排污费公示(2分)	自动监测信息公开(20分)	重点排污单位信息公开(6分)	环境投诉举报(7分)	依申请公开(8分)	重点企业数据公开(12分)	清洁生产审核公示(2分)	
赤峰	57	18.4	0	1.3	13	0.4	3.8	7	4.8	0.7	7.6
鄂尔多斯	52.5	11.4	0	1.6	14	3.2	2.8	6.4	4	0.7	8.4
沈阳	62	18.4	1	1.6	16	3.6	1.4	7	4	1	8
大连	54.6	4.6	0	1.7	16	1.8	4.4	8	7.2	0.7	10.2
鞍山	45.6	13.8	0	1.7	12	2.4	1.4	6	0	0.7	7.6
抚顺	36.9	4.6	0	1.5	16	1.2	1.8	1	2.4	0.6	7.8
本溪	22.4	4.6	0	1.5	8	1.4	0	6.2	0	0.7	0
锦州	44.4	9.2	0	1.5	8	0	4.8	6.2	5.6	0.7	8.4
长春	44.1	4.6	0	1.6	14	2	3.8	7.2	7.2	0.7	3
吉林	51.2	9.2	0	1.7	13	3.2	1.4	7.2	7.2	0.7	7.6
牡丹江	34.2	13.8	0	1.7	4	0	0	8	0	0.7	6
哈尔滨	49.4	13.6	0	1.5	13	2.2	0	7	4.8	0.7	6.6
齐齐哈尔	39.7	9.2	0	1.6	13	0	1.4	5.8	4	0.7	4
大庆	28	4.6	0	1.2	10	1	1.4	5.8	4	0	0
上海	66.2	15.2	1	1.7	16	0.4	6	7.2	7.2	0.7	10.8
南京	55.7	11.4	1	1.6	18	0.8	6	7.2	2.4	0.7	9
无锡	54.5	15.2	2.6	1.6	18	0.4	3.8	5.4	2.4	0.7	4.4
徐州	54.5	13.8	2	1.6	18	2.4	0.6	8	2.4	0.7	5
常州	59.8	17.4	4.6	1.7	18	3.6	6.2	4.6	0	0.7	3
苏州	67.8	13.6	2.8	1.7	18	2.4	6	8	5.6	0.7	9
南通	58.3	12.2	3.6	1.6	18	2.4	5.6	6	0	0.7	8.2
连云港	48	12.2	2	1.7	18	1	2.8	1.4	0	0.7	8.2
扬州	57.8	12.2	1	1.7	18	3.4	6	7.2	0	0.7	7.6
镇江	52	8.4	1.8	1.5	18	0	6	7.2	0	0.7	8.4
盐城	47.7	11.4	2.6	0	18	0.8	3.8	1.4	0	0.7	9
杭州	75.9	18.4	3	1.6	18	5.6	7	6	7.2	0.7	8.4
宁波	72.8	18.4	1	1.9	18	4.4	6.6	7.2	6.4	0.7	8.2
温州	72.7	21.4	1	2	18	3.4	6.6	7	4	0.7	8.6
嘉兴	70.7	18.4	2.6	1.8	18	4.4	6.4	6.6	4	0.7	7.8
湖州	51.9	18.4	1	0	18	4.4	1.8	0.6	0	0.7	7
绍兴	68.8	18.4	2.8	1.9	18	4.4	5.6	7	4	0.7	6

城市	PITI 总分	环境日常监管（30分）			污染源自行公开（26分）		互动回应（15分）		排放数据（14分）		环境影响评价信息公开（15分）
		日常超标违规记录发布（23分）	企业环境行为评价（5分）	排污费公示（2分）	自动监测信息公开（20分）	重点排污单位信息公开（6分）	环境投诉举报（7分）	依申请公开（8分）	重点企业数据公开（12分）	清洁生产审核公示（2分）	
台州	67.7	15	2.8	0.2	18	5.6	4.8	7.8	4	0.7	8.8
合肥	53.2	4.6	1	1.7	18	0.8	6	7.2	5.6	0.7	7.6
芜湖	53.6	4.6	1	0.7	18	1.4	6.6	7.2	6.4	0.7	7
马鞍山	57.7	9.2	1	1.6	18	0	6	7.2	6.4	0.7	7.6
福州	51	16.2	0	1.3	13	0	6.2	6	0	0.7	7.6
厦门	67.6	23	1	1.7	13	3.4	6	8	0	0.7	10.8
泉州	47.1	9.2	0	0.2	13	4	5.8	6	0	0.7	8.2
南昌	56.4	16.8	0	1.6	18	3.6	2.8	7.2	0	0.6	5.8
九江	46.9	9.2	0	0	18	0	4.2	1.8	4.8	0.7	8.2
济南	69.3	18.4	0	1.6	20	3.6	5.6	6	6.4	0.7	7
青岛	74.8	21.4	0	1.7	20	4.8	5.6	7.2	6.4	0.7	7
淄博	60.9	13.8	0	1.4	20	4.8	4.8	1.4	6.4	0.7	7.6
枣庄	62.4	13	0	1.7	20	4.8	2.8	6	6.4	0.7	7
烟台	65.4	15.2	0	1.7	20	0	6.6	7.2	6.4	0.7	7.6
潍坊	57.7	13.8	0	1.6	20	0	5.4	6	4.8	0.7	5.4
济宁	57.7	11.4	0	1.6	20	0	1.4	7	8	0.7	7.6
泰安	48.7	4.6	0	1.6	20	0	6.6	7.2	8	0.7	0
日照	66.6	16.8	0	1.5	20	0	6.4	7.2	6.4	0.7	7.6
威海	59.2	9.2	0	1.7	20	0	6.4	7.2	6.4	0.7	7.6
郑州	56.2	9.2	0	1.7	18	3.6	5.4	6.8	4.8	0.7	6
开封	30.8	4.6	0	1.5	12	2.4	0	7.2	0	0.7	2.4
洛阳	45.9	9.2	0	0	18	2.4	3.8	7.8	4	0.7	0
平顶山	40.9	8.4	0	0	16	2.4	2.8	5.8	4.8	0.7	0
安阳	32.6	4.6	0	0.7	12	3.6	2.8	1.4	4.8	0.7	2
焦作	38.9	4.6	0	1.6	16	3.6	6.4	6	0	0.7	0
三门峡	40.2	4.6	0	1.7	16	2.4	1.4	0.4	4.8	0.7	8.2
武汉	51.3	10.6	0	1.8	13	3	6	4.8	4.4	0.7	7
宜昌	39.7	7.6	0	1.7	13	0.8	6.2	6	4.4	0	0
荆州	42.3	9.2	0	1.7	13	0.4	1.4	1.4	3.4	0	7
长沙	38.2	4.6	1	1.3	13	0.4	2.8	7.2	4.8	0.7	2.4
株洲	44.3	4.6	2	1.4	14	0	3.2	7.2	4.8	0.7	6.4

城市	PITI总分	环境日常监管(30分)			污染源自行公开(26分)		互动回应(15分)		排放数据(14分)		环境影响评价信息公开(15分)
		日常超标违规记录发布(23分)	企业环境行为评价(5分)	排污费公示(2分)	自动监测信息公开(20分)	重点排污单位信息公开(6分)	环境投诉举报(7分)	依申请公开(8分)	重点企业数据公开(12分)	清洁生产审核公示(2分)	
湘潭	41.6	4.6	2.8	0	14	0.8	5.8	1.4	4.8	0	7.4
岳阳	45.4	4.6	2	1	14	0	3.8	7.6	4.8	0	7.6
常德	50.4	9.2	2	1.2	14	0	4.4	7.2	6.4	0	6
张家界	33.8	4.6	2.6	0	13	0	0	7.2	4	0	2.4
广州	71.9	22.2	0	1.7	17	3.4	6.6	6.8	6.4	0	7.8
韶关	39.1	4.6	0	1	17	0	2.4	7	6.4	0.7	0
深圳	64	13	2.6	1.7	17	0.8	6.4	7.2	6.4	0.7	8.2
珠海	56.7	13.8	0	1.6	17	0	3.4	6.8	6.4	0.7	7
汕头	47.7	9.2	1	1.6	17	0.8	2.4	7	8	0.7	0
佛山	59.3	18.4	1	1.6	17	0.4	4.2	6	2.4	0.7	7.6
湛江	46.5	4.6	1	1.7	17	0.8	6	1.4	6.4	0	7.6
中山	67.4	13	2	1.7	17	3.4	6.4	7.2	6.4	0.7	9.6
东莞	55.6	9.2	1	1.7	17	1.2	6	7.2	4.8	0.7	6.8
南宁	44.4	9.2	0	1.7	14	0	6.2	1	4	0.7	7.6
柳州	42.9	7.6	0	1.7	17	0	1.4	1.4	4.8	1.4	7.6
桂林	57.3	9.2	0	1.6	17	0	6.2	7.8	6.4	1.5	7.6
北海	65.2	18.4	0	1.7	17	0.8	6.2	6.8	7.2	0.7	6.4
重庆	44	13.8	0	1.5	8	1.4	6	0.6	2.4	0.7	9.6
成都	57.2	12.2	1	0.7	14	3.6	6	7.2	4.2	0.7	7.6
自贡	52.5	13.6	1	1.4	14	0	2.8	7	4.4	0.7	7.6
攀枝花	30.7	4.6	1	1.6	14	0	1.4	1.4	0	0.7	6
泸州	34.4	4.6	0	1.3	14	0	1.4	6	3.4	0.7	3
德阳	43.1	4.6	0	1.7	14	3.6	1.4	6.6	4.2	0	7
绵阳	39	4.6	1	1.7	14	0	5.8	1.4	3.4	0.7	6.4
南充	29.6	7.6	0	1.1	14	1.2	0	0.6	4.4	0.7	0
宜宾	47.3	4.6	0	1.4	14	4.8	4.8	6.6	3.4	0.7	7
贵阳	55.8	13.8	0	1	18	0	2.8	7.2	4	0	9
遵义	53.5	13.8	0	1.3	18	0	6.2	7.2	4	0	3
昆明	43.4	4.6	0	0	17	0	5.4	4.6	4.2	0	7.6
曲靖	35.8	4.6	0	0	17	0	5	6.4	2.8	0	0
玉溪	38.2	4.6	0	0	17	0	0	6.8	3.4	0	6.4

城市	PITI 总分	环境日常监管（30分）			污染源自行公开（26分）		互动回应（15分）		排放数据（14分）		环境影响评价信息公开（15分）
		日常超标违规记录发布（23分）	企业环境行为评价（5分）	排污费公示（2分）	自动监测信息公开（20分）	重点排污单位信息公开（6分）	环境投诉举报（7分）	依申请公开（8分）	重点企业数据公开（12分）	清洁生产审核公示（2分）	
西安	41.3	9.2	0	0	17	0	6	1	2.4	0.7	5
铜川	41.9	7.6	0	1	17	0	4.2	1	3.4	0.7	7
宝鸡	46.4	4.6	1	0.7	17	3.4	6	7.2	4	0.7	1.8
咸阳	39.4	8.4	0	1.1	17	0	1.4	0	2.4	0.7	8.4
渭南	36.4	8.4	0	1.3	17	0	5.6	1	2.4	0.7	0
延安	34.5	7.6	0	0	17	2.4	1.4	1	0	0.7	4.4
兰州	38.4	6	1	1.7	15	0	2.2	1	2.4	0.7	8.4
金昌	36.9	9.2	0	1.6	10	0	0	6.6	2.4	0.7	6.4
西宁	34.6	10.6	0	1.4	17	0	1.4	4.2	0	0.7	0
银川	51.4	18.4	2	1.6	17	0	6	0	6.4	0	0
石嘴山	44.5	9.2	0	1.3	14	0.8	6.4	5	4.8	0	3
乌鲁木齐	47.8	16.8	0	1.3	17	0.4	1.4	4.6	5.6	0.7	0
克拉玛依	28.7	6	0	1.6	14	0	1.4	1	4	0.7	0
江门	71.9	18.4	0	1.4	17	5.2	6.4	7.2	9.6	0.7	6
舟山	71.8	15.2	3	1.7	17	4.4	7	8	7.2	0.7	7.6
衢州	64.1	12.2	0	1.7	17	0.8	6.6	7.2	9	0.6	1
肇庆	62.9	18.4	0.8	1.6	17	3.4	5.6	8	6.4	0.7	1
衡水	55.2	13	0	1.6	17	0	6.4	1.8	7.2	0	8.2
揭阳	54.9	9.2	0	1.7	17	2.4	6.6	7.2	2.4	0	8.4
清远	54.2	13	0	1.5	17	0	3.8	8	7.2	0.7	3
廊坊	51.6	13.6	0	1.7	14	0	2.8	8	4.8	0.7	6
十堰	50.8	13	0	0	16	0.4	5.6	7.8	8	0	0
许昌	49.9	16	2.8	1.4	16	3.6	1.4	7.2	0	1.5	0
邢台	48.1	9.2	0	1.6	17	0	6.6	0.8	7.2	0	5
沧州	47.8	13	0	1.6	17	0	4.2	1.8	7.2	0	3
襄阳	47	9.2	0	1.8	18	3.6	6.4	1.6	6.4	0	0
六盘水	46.2	9.2	0	1.6	19	0.8	4.2	1.4	2.4	0	7.6
营口	46	9.2	0	0	19	3.2	4.2	6.4	4	0	0
惠州	45.7	12.8	0	0.2	17	0	6.4	1.4	7.2	0.7	0
乐山	45	4.6	0	1.6	8	3.6	6.4	7.2	5.2	0	8.4
梅州	44	9.2	0	1.3	14	4.4	2.6	1.2	5.6	0.7	5

城市	PITI总分	环境日常监管（30分）			污染源自行公开（26分）		互动回应（15分）		排放数据（14分）		环境影响评价信息公开（15分）
		日常超标违规记录发布（23分）	企业环境行为评价（5分）	排污费公示（2分）	自动监测信息公开（20分）	重点排污单位信息公开（6分）	环境投诉举报（7分）	依申请公开（8分）	重点企业数据公开（12分）	清洁生产审核公示（2分）	
海口	42.5	19	1	0.7	12	0.8	4.2	0.8	4	0	0
鄂州	40.8	16.8	0	1.2	18	0.8	0	1.6	2.4	0	0
辽阳	40.4	8.4	0	1.6	12	0	1.4	4.6	4	0	8.4
眉山	39.9	4.6	0	1.3	0	0	5.6	6.8	4.6	0.6	8.4
通辽	35.3	7.6	0	1.6	12	0.4	0	7	0	0.7	6
潮州	30.9	4.6	0	1.7	17	0.4	3.4	1.4	2.4	0	0
朔州	30.5	9	0	0.8	0	0	1.4	6.2	4.8	0.7	7.6

（数据来源：根据公众环境研究中心 IPE 和自然资源保护协会 NRDC 发布的 120 个环保重点城市 PITI 指数报告和南京大学发布的 25 个非环保重点城市 PITI 指数报告手工整理）

表 A1-2　2016—2017 年度城市污染源监管信息公开指数（PITI）评价得分明细

城市	PITI总分	环境日常监管（30分）			污染源自行公开（26分）		互动回应（15分）		排放数据（14分）		环境影响评价信息公开（15分）	附加分（1分）
		日常超标违规记录发布（23分）	企业环境行为评价（5分）	排污费公示（2分）	自动监测信息公开（20分）	重点排污单位信息公开（6分）	环境投诉举报（7分）	依申请公开（8分）	重点企业数据公开（12分）	清洁生产审核公示（2分）		
北京	75.7	21.4	1	1.7	16	5.4	3.8	7.2	8	0.6	9.6	1
天津	59.2	4.6	1	1.6	18	2.4	6	7	8	0	9.6	1
石家庄	56.6	9.2	1	1.7	17	1.2	6.4	6	6.4	0.7	6	1
唐山	43	4.6	1	1.8	14	1.2	5.6	7.4	6.4	0	0	1
秦皇岛	54.3	9.2	1.8	1.6	17	1.2	1.4	6	6.4	0.7	7	1
邯郸	65.4	13.8	1	1.7	17	1.2	6.4	7.8	5.6	0.7	9.2	1
保定	55.5	9.2	1	1.6	17	1.2	3.6	7.8	6.4	0.7	6	1
太原	38.1	9.2	0	1.3	5	0	6.4	0.6	6.2	0	8.4	1
大同	24.2	4.6	0	1.6	0	0	2.8	0.8	6.4	0	7	1
阳泉	34.4	18.4	0	1.6	5	0	0	0.8	0	0.6	7	1
长治	43.5	9.2	0	1.5	9	0	4.8	1.2	0.6	0	9.8	1
临汾	23.6	9.2	0	1.8	5	0	3.4	0.8	0	0	2.4	1
呼和浩特	63.7	18.4	1	1.7	14	1.2	3.8	6.8	7.2	0.4	7	1
包头	49.3	13.8	0	1.6	13	0	3.8	7.2	7.2	0.7	5	1
赤峰	51.4	16.8	0	1.6	13	0	5.6	7	6.4	0	0	1

城市	PITI总分	环境日常监管(30分) 日常超标违规记录发布(23分)	企业环境行为评价(5分)	排污费公示(2分)	污染源自行公开(26分) 自动监测信息公开(20分)	重点排污单位信息公开(6分)	互动回应(15分) 环境投诉举报(7分)	依申请公开(8分)	排放数据(14分) 重点企业数据公开(12分)	清洁生产审核公示(2分)	环境影响评价信息公开(15分)	附加分(1分)
鄂尔多斯	36.6	9.2	1	0	13	1.2	0	0.6	4	0	6.6	1
沈阳	74.8	18.4	3.6	1.7	16	2	4.2	7	10.4	1.3	9.2	1
大连	66.9	18.4	0	1.7	16	0.8	6.6	8	4.8	0	9.6	1
鞍山	43.4	13.8	0	1.7	12	1.2	1.4	0.8	2.4	0.7	8.4	1
抚顺	40.7	4.6	0	1.2	16	1.2	2.2	6	0	0.7	7.8	1
吉林	46.1	9.2	0	1.6	14	1.2	2.4	2.6	6.4	0.7	7	1
本溪	31.5	4.6	0	0.9	8	0.8	1.4	6.2	0	1.6	7	1
锦州	32.2	4.6	0	1.5	16	0	0	6.8	1.6	0.7	0	1
长春	56.5	12.2	0	1.6	14	1.2	6.4	6.8	5.6	0.7	7	1
哈尔滨	41.7	9.2	2.4	1.6	13	2.8	0	7	4	0.7		1
齐齐哈尔	40.8	4.6	0	1.7	13	1.2	1.4	7.2	2.4	0.7	7.6	1
大庆	32.8	4.6	0	1.5	13	1.2	0	6.8	4	0.7	0	1
牡丹江	29	13.8	0	1.7	4	0.8	0	7	0	0.7		1
上海	71.6	19	0	1.7	17	1.2	6.2	8	6.4	0.7	10.4	1
南京	63.6	18.4	1	1.7	18	1.2	6.2	7	0	0.7	8.4	1
无锡	59.3	15.2	2.6	1	18	1.2	4.2	7	0	0.7	8.4	1
徐州	62.7	13.8	2	1	18	1.2	2.4	7.2	5.6	0.7	9.8	1
常州	63	18.4	2	1.7	18	1.2	4	5.6	0	0.7	8.4	1
苏州	72.2	18.4	2.8	1.7	18	1.2	5.6	7.2	7.2	0.7	8.4	1
南通	61.6	18.4	3.6	1.5	18	1.2	2.4	1	7.8	0.7	6	1
连云港	64.8	13.8	2.8	1.7	18	3.6	2.8	7.2	5.6	0.7	7.6	1
扬州	51.4	13.8	2	1.3	18	1.2	6.4	1	0	0.7	6	1
镇江	52.4	13.8	2	1.7	18	1.2	4.2	0.8	4	0.7	5	1
盐城	63.9	18.4	1	1.6	18	3.6	2.8	6.8	2.4	0.7	7.6	1
杭州	72.5	20.6	1	1.5	18	1.2	6	7	7.2	0.6	8.4	1
宁波	70	18.4	1	1.9	18	1.2	6.6	7.2	7.2	0.7	6.8	1
温州	78.1	21.4	2	1.8	18	3.4	6.2	8	7.2	0.7	8.4	1
嘉兴	69.9	18.4	1	1.8	18	3.4	2.2	7.2	8.6	0.7	7.6	1
湖州	60.2	15.2	1	0	18	1.2	0	7	8.6	0.6	7.6	1
绍兴	70.7	18.4	0	1.9	18	2.4	5.6	7.8	7.2	0.6	7.8	1
台州	66.5	18.4	2	1.4	18	2.4	4.8	7	4	0.7	6.8	1

城市	PITI总分	环境日常监管（30分）			污染源自行公开（26分）		互动回应（15分）		排放数据（14分）		环境影响评价信息公开（15分）	附加分（1分）
		日常超标违规记录发布（23分）	企业环境行为评价（5分）	排污费公示（2分）	自动监测信息公开（20分）	重点排污单位信息公开（6分）	环境投诉举报（7分）	依申请公开（8分）	重点企业数据公开（12分）	清洁生产审核公示（2分）		
合肥	67.3	13.8	1.8	1.3	19	2.4	5.6	7	7.2	0.6	7.6	1
芜湖	56.4	4.6	1.8	1.3	19	1.2	6.6	7	5.6	0.7	7.6	1
马鞍山	53.8	4.6	1	1.5	19	0	5.6	7.2	5.6	0.7	7.6	1
福州	57.6	9.2	0	1.7	13	2.2	6.2	7.2	8	0.7	8.4	1
厦门	73.3	23	1	1.3	13	3	6.2	8	6.4	0.6	9.8	1
泉州	53.1	13.8	0	0.2	13	1.2	6.2	6	5.6	0.7	5.4	1
南昌	61	13.8	0	1.7	19	2	1.4	7.2	6.4	0.7	7.8	1
九江	51.1	9.2	0	0	19	1.2	4.2	1	6.4	0.7	8.4	1
济南	72.6	18.4	0	1.7	20	3.6	6	7.2	6.4	0.7	7.6	1
青岛	75.1	19.8	1	1.6	20	3.6	6.2	7.2	6.4	0.7	7.6	1
淄博	67	13.8	0	1.7	20	3.6	6.2	6.8	5.6	0.7	7.6	1
枣庄	58.6	9.2	0	1.7	20	2.4	4	7	5.6	0.7	7	1
泰安	63.9	13.8	0	1.6	20	3.6	6.6	7.2	6.4	0.7	3	1
烟台	66	13.8	0	1.7	20	0.8	5.6	7.8	6.4	0.7	8.2	1
潍坊	59.2	9.2	0	1.7	20	1.2	4.8	7.2	6.4	0.7	7	1
济宁	60.4	12.2	0	1.7	20	0	6.6	7.2	8	0.7	3	1
日照	66.2	18.4	0	1.3	20	1.2	4.8	7.2	4	0.7	7.6	1
威海	55.2	4.6	0	1.7	20	1.2	6.4	7.2	4.8	0.7	7.6	1
开封	32.6	4.6	0	1.5	18	1.2	0	0.8	2.4	0.7	2.4	1
郑州	51.2	4.6	0	1.7	16	1.2	2.4	6.8	6.4	0.7	10.4	1
洛阳	48	9.2	0	1.1	18	1.2	4.8	7.2	4.8	0.7	0	1
平顶山	41	4.6	0	1.3	18	1	0	6.6	4.8	0.7	3	1
安阳	35.3	4.6	0	1.6	12	1.2	4.4	2.4	2.4	0.7	5	1
焦作	36.7	4.6	0	1.6	18	1.2	2.4	7.2	0	0.7	0	1
三门峡	42.6	4.6	0	1.7	18	1.2	1.4	0.2	6.4	0.7	7.4	1
武汉	60.3	13.8	2	1.8	13	1.2	6.6	7.8	4	0.7	8.4	1
宜昌	38.6	9.2	2.6	1.3	13	1.2	0	7.2	2.4	0.7	0	1
荆州	41	4.6	2.6	1.7	13	0	6.4	7	4	0.7	0	1
长沙	47.6	4.6	2	1.3	13	2.2	6.2	5	4	0.7	7.6	1
株洲	44.7	4.6	1	1.4	13	0	4.8	7.2	5.6	0.7	5.4	1
湘潭	49	4.6	2	0	13	1.2	6.2	7	5.6	0	8.4	1

城市	PITI总分	环境日常监管（30分）			污染源自行公开（26分）		互动回应（15分）		排放数据（14分）		环境影响评价信息公开（15分）	附加分（1分）
		日常超标违规记录发布（23分）	企业环境行为评价（5分）	排污费公示（2分）	自动监测信息公开（20分）	重点排污单位信息公开（6分）	环境投诉举报（7分）	依申请公开（8分）	重点企业数据公开（12分）	清洁生产审核公示（2分）		
岳阳	45.2	4.6	1	1.6	13	0	4.8	7	4	0	8.2	1
常德	45.5	9.2	2	1.5	13	1.2	0	6	5.6	0.6	5.4	1
张家界	33.6	4.6	1	0	13	0	0	6.8	5.6	0	1.6	1
广州	76.9	22.2	2	1.6	17	3.4	6.6	5.6	9.8	0.7	7	1
韶关	47.8	11.4	1	1	17	1.2	2.6	4.6	8	0	0	1
深圳	69	18.4	1	1.7	17	4.4	6.6	2.8	6.4	0.7	9	1
珠海	62.1	13.8	1	1.7	17	0	4.8	5.6	8	0.7	9.2	1
汕头	55	9.2	1	1.7	17	1.2	2.4	6.8	8	0.7	6	1
佛山	69.8	23	2	0	17	1.2	6.4	6	4.8	0	8.4	1
湛江	55.1	4.6	1	1.7	17	1.6	6	5.8	8	0	8.4	1
中山	73.4	18.4	3.6	1.7	17	0	6.6	6	8	0.7	10.4	1
东莞	70.2	18.4	2	1.7	17	1.2	6	7.2	8	0.7	7	1
南宁	48.6	9.2	0	1.6	14	1.2	5.6	2.8	5.6	0	7.6	1
柳州	56.9	13.8	0	1.7	18	1.2	1.4	5	6.4	0	8.4	1
桂林	49.8	9.2	1	1.8	18	1.2	0	4.4	4.8	0	8.4	1
北海	58.5	13.8	0	1.9	18	0	2.8	6.8	6.4	0	7.8	1
重庆	50.1	13.8	0	1.6	7	0	6	6.8	4.8	0.7	8.4	1
成都	65.7	18.4	1	1.6	13	1.2	6	7.2	7.2	0.7	8.4	1
自贡	44.6	13.8	1	1	13	0	5.6	0.6	5.6	0	3	1
攀枝花	41.9	8.4	2	1.7	10	0	4.2	1.4	5.6	0	7.6	1
泸州	48.1	4.6	0	1.7	14	2.2	2.8	7	7.2	0	7.6	1
德阳	38.9	4.6	0	1.3	13	0	1.4	3.6	5.6	0	8.4	1
绵阳	42.9	4.6	2	1.7	13	0	6	1.4	5.6	0	7.6	1
南充	44.7	9.2	0	1.3	14	0.8	4	0.4	5.6	0	8.4	1
宜宾	48	4.6	0	1.6	13	1.2	4.2	6.8	7.2	0	8.4	1
贵阳	41.7	9.2	1	1.6	7	0	6	7.2	5.6	0.7	8.4	1
遵义	43.4	9.2	1	0	7	0	5.6	7.2	5.6	0	6.8	1
昆明	48.7	4.6	0	0	18	0	6	6.2	4.8	0.7	7.4	1
曲靖	46.9	4.6	0	0	18	0	3.8	5.4	5.6	0.7	7.8	1
玉溪	42.3	4.6	0	1.5	18	0	0	7	4	0	6.2	1
西安	55.7	9.2	0	0	17	0	6	7	6.4	0.7	8.4	1

城市	PITI 总分	环境日常监管 (30分)			污染源自行公开 (26分)		互动回应 (15分)		排放数据 (14分)		环境影响评价信息公开 (15分)	附加分 (1分)
		日常超标违规记录发布 (23分)	企业环境行为评价 (5分)	排污费公示 (2分)	自动监测信息公开 (20分)	重点排污单位信息公开 (6分)	环境投诉举报 (7分)	依申请公开 (8分)	重点企业数据公开 (12分)	清洁生产审核公示 (2分)		
铜川	44.8	9.2	0	1.3	17	0	2.4	1.4	5.6	0.7	6.2	1
宝鸡	45.1	9.2	0	1.6	17	0	6	4	5.6	0.7	0	1
咸阳	38.8	9.2	0	1.3	17	0	0	4	5.6	0.7	0	1
渭南	39.4	9.2	0	1.7	17	0	2.8	1.4	5.6	0.7	0	1
延安	35.7	13	0	0	17	0	1.4	2.6	0	0.7	0	1
兰州	33	4.6	0	0.7	14	0.8	0	6.4	4.8	0.7	0	1
金昌	33.7	4.6	1	1.6	11	0.4	1.4	7.2	4.8	0.7	0	1
西宁	42	4.6	1.8	0	18	0	4.2	2.4	2.4	0	7.6	1
银川	48.2	9.2	0	1.7	17	1.2	6	5	6.4	0.7	0	1
石嘴山	47.9	12.2	0	0.2	17	0	6.4	0.4	4	0.7	6	1
乌鲁木齐	52.1	13.8	0	1.7	17	0	5.8	6.4	6.4	0.7	0	1
克拉玛依	30	1.4	0	1.6	14	1.2	1.4	3.8	5.6	0	0	1
江门	67.7	18.4	2.8	1.5	16	0	6.6	7.2	10.6	0	4.6	–
舟山	67.2	18.4	3	1.6	17	3.4	0.6	7	8	0.6	7.6	–
海口	64.9	23	0	1.6	18	2	5.6	5.8	7.2	0.7	0	–
衡水	64.2	19	0	1.6	18	0	3.8	7.8	8	0	6	–
营口	63.1	22.2	1	1	16	1.8	2.8	7.2	2.4	1.7	7	–
揭阳	61.8	13.8	0	1.7	16	0.8	6.6	6.4	8	0.7	7.8	–
辽阳	60.4	21.4	1.6	1.3	16	0	2.8	7.2	4	0.1	6	–
衢州	58.7	4.6	0	1.7	18	3.4	6.4	7	9.4	0.6	7.6	–
十堰	58.2	16.8	2	1.4	17	1.2	5.6	7	5.6	1.6	0	–
邢台	54.6	18.4	1	1	18	0	6.4	1.8	8	0	0	–
廊坊	54	17.4	0	0	14	0	5.2	1.2	8	0	8.2	–
肇庆	53.6	9.2	2.8	1.7	16	0.8	5.6	7.2	9.6	0.7	0	–
眉山	51.2	4.6	0	1.7	17	0	6.4	6.8	6.2	0.7	7.8	–
惠州	50.9	18.4	3	0.2	16	0	3.4	4.8	6.4	0.7	0	–
沧州	50.5	16	1	1.7	18	0	1.4	1.8	6.4	0	4.2	–
潮州	50.3	8.4	0	1.3	16	0	5.6	6.4	5.6	0	7	–
六盘水	48.5	13.8	0	1.7	14	1.2	2.8	7	2.4	0	5.6	–
清远	47.4	4.6	2.8	0.2	16	1.4	2.6	7.2	7.2	0	5.4	–
乐山	46.6	12.2	0	1.6	12	1.2	4.2	1.6	6.2	0	7.6	–

| 城市 | PITI 总分 | 环境日常监管（30 分） | | | 污染源自行公开（26 分） | | 互动回应（15 分） | | 排放数据（14 分） | | 环境影响评价信息公开（15 分） | 附加分（1 分） |
		日常超标违规记录发布（23 分）	企业环境行为评价（5 分）	排污费公示（2 分）	自动监测信息公开（20 分）	重点排污单位信息公开（6 分）	环境投诉举报（7 分）	依申请公开（8 分）	重点企业数据公开（12 分）	清洁生产审核公示（2 分）		
许昌	43.1	8.4	3.4	1.6	18	0.4	1.4	1	2.4	1.1	5.4	—
襄阳	41.1	4.6	1.8	1.5	17	0	6.8	4.8	4	0.6	0	—
梅州	40.2	4.6	0	1.7	16	0	0.6	7.2	4	0.7	5.4	—
鄂州	37.1	13.6	0	0.4	14	1.2	1.4	5.8	0	0.7	0	—
通辽	34.8	4.6	0	1.6	16	0	1.4	1.2	2.4	0	7.6	—
朔州	27	18.4	0	1.1	0	0	1.4	0.8	0	0.7	4.6	—

（数据来源：根据公众环境研究中心 IPE 和自然资源保护协会 NRDC 发布的 120 个环保重点城市 PITI 指数报告和南京大学发布的 25 个非环保重点城市 PITI 指数报告手工整理。注：由于生态环境部于 2016 年 5 月发布了《关于进一步做好环保违法违规建设项目清理工作的通知》，并要求各地区于 2016 年 6 月 10 日前公开排查信息，11 月 30 日前公开清理结果，故 IPE 和 NRDC 对 120 个环保重点城市在 2016 年的 PITI 指数进行评价时考虑了此次清理排查的影响，对有效做出违规建设项目清理公开的城市额外增加 1 分作为附加分。）

附录2　企业环境信息披露案例

附录2.1　南岭民爆2016年度环境信息披露

下面列示的是南岭民爆（002096.SZ）2016年度披露环境信息的相关内容（摘自该公司2016年年度报告）。

公司始终坚持履行社会责任与促进转型创新、改革发展相结合的原则，坚持为客户、员工和股东、社会提供良好回报的经营理念，把履行社会责任作为企业使命，实现公司与员工、公司与社会、公司与环境的和谐发展。主要体现在七个方面：一是坚持依法经营诚实守信，模范遵守法律法规和社会公德、商业道德以及行业规则；二是不断提高持续盈利能力，增强市场竞争力；三是切实提高产品质量和服务水平，为客户创造价值；四是加强资源节约和环境保护，坚持走低投入、低消耗、低排放和高效率的绿色发展道路；五是保障生产安全，确保公司重大安全生产事故为零；六是维护职工合法权益，切实为职工排忧解难；七是参与社会公益事业，为慈善、公益、福利事业积极提供财力、物力和人力等方面的支持和援助。

2016年，公司环保投入资金584.5万元，建设项目环保"三同时"执行率100%，环保设施与主体工程同时设计，同时施工，同时投入使用，环保设备设施运行率100%。各生产点污染物全部实现达标排放。污染物排放量分别为：化学需氧量4.091t/a，氨氮0.536t/a；氮氧化物15.099t/a，二氧化硫63.9t/a，烟尘8.09t/a。都在当地环保部门下达的控制指标范围内。各生产点编制了突发环境污染事故应急预案。

附录2.2　山西汾酒2017年度环境信息披露

下面列示的是山西汾酒（600809.SH）2017年度披露环境信息的相关内容（摘自该公司2017年年度报告）。

2017年，是全面深化改革的攻坚之年，也是我们进一步创新践行社会责任工作、推动公司可持续发展的战略布局之年。我们把社会责任全面融入公司规划、重大决策、日常运营、业绩考核、供应链管理等，形成全新的责任引领下的管理模式，着力加强运营管理、风险管控、创新发展、价值创造、责任履行等能力建设，携手各利益相关方，推动公司与经济、环境、社会共同实现可持续发展。

环境保护方面：公司坚信企业发展与环境保护和谐发展，经济效益与环境效益共赢是企业发展的必由之路，可以推动污染减排和环境保护工作，优化绿色产业结构，推动管理与创新相结合，将绿色理念融入企业发展战略和企业文化中，坚持低碳节能原则，推进绿色发展、循环发展。

节能减排方面：公司通过系统思考、过程控制、提高能源利用效率，打造绿色节能环保企业。按照国家节能减排计划，公司通过不断完善能源管理制度，持续推进节能项目改造和节能新技术的应用，加快能源计量器具的配置和升级改造，强化对生产单位的能源考核激励力度。报告期内，产品节能量累计923.9tce，综合节能量同比下降 3.26%，节约天然气 68 000m³，节约蒸汽 1 000 多吨，吨耗天然气同比下降 0.21m³/t。

公司环保概况：

（1）主要污染物：废水、废气、固体废物。

（2）特征污染物的名称：化学需氧量、氨氮、氮氧化物、一氧化碳、二氧化硫。

（3）排放总量和浓度。

2017 年统计排放总量为：化学需氧量（COD）3.045 吨、氨氮 0.138 吨、氮氧化物 45.765 吨、一氧化碳 487 吨、二氧化硫 0.348 吨。

（4）执行的污染物排放标准。

废水排放执行《发酵酒精和白酒工业水污染物排放标准》（GB27631-2011）（见表 A2-1）。

表 A2-1　发酵酒精和白酒工业水污染物排放标准

单位：mg/L（除 PH、色度外）

项目	COD	氨氮	总磷	总氮
标准值	100	10	1.0	20

第三方检测机构山西绿源检测有限公司 2017 年第四季度比对报告显示公司情况如表 A2-2 所示：

表 A2-2　山西绿源检测有限公司 2017 年第四季度比对报告

单位：mg/L

项目	COD	氨氮	总磷	总氮
浓度	7	0.932	0.264	3.31

（5）排放口数量和分布情况：排放口一个，即山西省环境保护厅《排放污染物许可证》（14118215120226-1100）批准的 1 号排污口，地点在杏花村

附近的孙家庄村外，公司废水为达标排放，受纳水体为文峪河。

（6）排放方式：处理后间歇式排放。

（7）超标排放情况：无超标排放。

（8）三废处理情况。

废水：公司产生的废水主要来自居民生活用水、酿酒用具清洗及成装车间洗瓶水。废水进入公司环境保护站，采用活性污泥法进行处理，处理后的水进入中水回用。公司中水主要用于生产辅助用水、冲厕、洗车、绿化用水等，每年中水回用 200 万吨左右。

废气：主要是锅炉的烟气。公司 2011 年投资 4 400 余万元将燃煤锅炉全部改换为天然气锅炉并正式投入使用，彻底消除了燃煤带来的污染，实现了清洁生产。

固体废物：公司属于有机生产，无废渣排放。生产副产品酒糟销售给周边地区养殖户饲养牲畜。生活垃圾由公司后勤保障部送运汾阳中科渊昌再生能源有限公司发电厂处理。

（9）防治污染设施的建设和运行情况。

A. 公司于 2012 年安装 COD、氨氮在线监测仪，防污设施正常运行，情况良好。

B. 公司 2016 年对氨氮在线监测仪进行更换，并于 2017 年 1 月通过环保部门的验收，防污设施正常运行，情况良好。

C. 公司于 2017 年安装总磷、总氮在线检测仪，并于同年通过环保部门的验收，防污设施正常运行，情况良好。

（10）保健酒扩建项目于 2015 年 12 月通过专家评审，取得《关于山西杏花村汾酒厂股份有限公司保健酒（竹叶青）扩建项目环境影响报告书的批复》。

（11）为提高公司应对涉及公共危机的突发环境事件处理能力，防范公司突发环境事件的发生，维护社会稳定，公司制定了《突发环境应急预案》，形成了健全的突发环境事件应急机制，建立了以总经理为组长的突发环境事件应急领导组，并成立了专家组、现场指挥组、应急办公室及各专业应急组，规范了相应的人员及职责。

在日常经营中，公司不断完善应急反应机制，强化人力、物力、财力贮备，增强应急处理能力，依靠科学，加强科研指导，规范业务操作，实现应急工作的科学化、规范化。通过加强对环境事件危险源的监测、监控并实施监督管理，建立环境事件风险防范体系，积极做好应对突发性环境事件的思想准备、物资准备、技术准备、工作准备。此外，加强培训演练，积极预防、及时控制、消除隐患，提高突发性环境事件防范和处理能力，尽可能地避免或减少突发环境事件的发生。

在面对突发环境问题时，公司按照"先控制后处置"的原则进行处理：迅速查明原因，提出切实可行的污染控制方案，防止污染原扩散，减小扩散范围；针对不同污染源所造成的环境污染的特点，实行分类管理，充分发挥部门专业优势，使采取的措施与突发环境事件造成的危害范围和社会影响相适应；坚持平战结合，专兼结合，充分利用现有资源；加强企业各部门之间协同与合作，提高快速反应能力，并积极接受政府环保部门的指导，使企业的突发性环境事件应急系统成为区域系统的有机组成部分，切实保障了公众生命健康和财产安全，保护环境，促进社会全面、协调、可持续发展。

（12）公司已制定自行监测方案，包括手工监测方案、自动监测方案和委托监测方案，手工监测内容包括公司废水和厂界噪音，自动监测针对废水，委托第三方山西绿源检测有限公司提供废水月测及季度比对的环境检测技术服务。公司将自行监测信息填入吕梁重点监测企业自行监测实时发布平台，公布内容包括公司基本信息、自行监测方案、自行监测结果等。

附录 2.3 科伦药业 2017 年度环境信息披露

下面列示的是科伦药业（002422.SZ）2017 年度披露环境信息的相关内容（摘自该公司 2017 年年度报告）。

上市公司及其子公司是否属于环境保护部门公布的重点排污单位：是

排污信息（见表 A2-3）：

表 A2-3　科伦药业 2017 年度环境信息披露

公司或子公司名称	主要污染物及特征污染物的名称	排放方式	排放口数量	排放口分布情况	排放浓度	执行的污染物排放标准	排放总量	核定的排放总量	超标排放情况
广安分公司	COD	间歇排放	1	厂区后西南侧污水处理站旁	23.05 mg/L	《混装制剂类制药工业水污染物排放标准》（GB21908-2008）	3.19t	18.34t	未超标
广安分公司	氨氮	间歇排放	1	厂区后西南侧污水处理站旁	0.29 mg/L	《混装制剂类制药工业水污染物排放标准》（GB21908-2008）	0.40t	3.06t	未超标
广安分公司	颗粒物	间歇排放	1	厂区后西南侧	76.2 mg/m³	《锅炉大气污染物排放标准》（GB13271-2014）表 1 燃煤锅炉标准	6.32t	140t	未超标

公司或子公司名称	主要污染物及特征污染物的名称	排放方式	排放口数量	排放口分布情况	排放浓度	执行的污染物排放标准	排放总量	核定的排放总量	超标排放情况
广安分公司	SO₂	间歇排放	1	厂区后西南侧	173 mg/m³	《锅炉大气污染物排放标准》(GB13271-2014)表1燃煤锅炉标准	14.35t	/	未超标
广安分公司	NOX	间歇排放	1	厂区后西南侧	63 mg/m³	《锅炉大气污染物排放标准》(GB13271-2014)表1燃煤锅炉标准	5.23t	/	未超标
伊犁川宁	COD	连续排放	11	厂界西南	17.41 mg/l	《发酵类制药工业水污染物排放标准》(GB21903-2008)表3特别排放限值	38.1t	153.2t	未超标
伊犁川宁	氨氮	连续排放	11	厂界西南	1.8 mg/l	《发酵类制药工业水污染物排放标准》(GB21903-2008)表3特别排放限值	3.8t	7.7t	未超标
伊犁川宁	颗粒物	连续排放	2	厂界西侧1#	12.92 mg/m³	《火电厂大气污染物排放标准》GB13223-2011表1新建火电厂标准	55.374t	216.7t	未超标
伊犁川宁	颗粒物	连续排放	2	厂界西侧2#	5.71 mg/m³	《火电厂大气污染物排放标准》GB13223-2011表1新建火电厂标准	9.146t	216.7t	未超标
伊犁川宁	SO₂	连续排放	2	厂界西侧1#	19.16 mg/m³	《火电厂大气污染物排放标准》GB13223-2011表1新建火电厂标准	87.218t	450.4t	未超标
伊犁川宁	SO₂	连续排放	2	厂界西侧2#	12.55 mg/m³	《火电厂大气污染物排放标准》GB13223-2011表1新建火电厂标准	20.444t	450.4t	未超标
伊犁川宁	NOX	连续排放	2	厂界西侧1#	49.28 mg/m³	《火电厂大气污染物排放标准》GB13223-2011表1新建火电厂标准	213.516t	834.04t	未超标
伊犁川宁	NOX	连续排放	2	厂界西侧2#	24.9 mg/m³	《火电厂大气污染物排放标准》GB13223-2011表1新建火电厂标准	41.391t	834.04t	未超标
四川科伦药业股份有限公司	COD	连续排放	1	厂区北门总排口	139.5 mg/L	《污水综合排放标准》GB8978-1996Ⅱ时段三级	29.67t	/	未超标
四川科伦药业股份有限公司	氨氮	连续排放	1	厂区北门总排口	6.57 mg/L		1.41t	/	未超标
四川科伦药业股份有限公司	颗粒物	连续排放	7	厂区北门总排口	3.6675 mg/m³	《锅炉大气污染物排放标准》(GB13271-2014)表1	0.48t	3.2t	未超标
四川科伦药业股份有限公司	SO₂	连续排放	7	厂区北门总排口	11.765 mg/m³		1.63t	10.12t	未超标

公司或子公司名称	主要污染物及特征污染物的名称	排放方式	排放口数量	排放口分布情况	排放浓度	执行的污染物排放标准	排放总量	核定的排放总量	超标排放情况
四川科伦药业股份有限公司	NOX	连续排放	7	厂区北门总排口	88.72 mg/m³		11.47 t	22.81t	未超标
崇州君健塑胶有限公司	COD	间歇排放	1	厂区南侧	117.875 mg/L	《污水综合排放标准》(GB8978-1996) 表4中三级标准	20.39t	23.847t	未超标
崇州君健塑胶有限公司	氨氮	间歇排放	1	厂区南侧	2.617 mg/L		0.453t	1.5822t	未超标
崇州君健塑胶有限公司	颗粒物	有组织排放	1	厂区北侧	14.8 mg/m³	《锅炉大气污染物排放标准》GB13271-2014 表3大气污染物特别排放限值	0.16t	/	未超标
崇州君健塑胶有限公司	SO₂	有组织排放	1	厂区北侧	25.2 mg/m³		0.27t	/	未超标
崇州君健塑胶有限公司	NOX	有组织排放	1	厂区北侧	129.5 mg/m³		1.40t	/	未超标
四川科伦药业股份有限公司安岳分公司	COD	间歇排放	1	厂区西南侧污水处理站旁	35.74 mg/L	《混装制剂类制药工业水污染物排放标准》(GB21908-2008)《中药类制药工业水污染物排放标准》(GB21906-2008)《提取类制药工业水污染物排放标准》(GB21905-2008)	0.2784t	1.35t	未超标
四川科伦药业股份有限公司安岳分公司	氨氮	间歇排放	1	厂区西南侧污水处理站旁	4.08 mg/L		0.032t	0.18t	未超标
四川科伦药业股份有限公司安岳分公司	颗粒物	间歇排放	1	厂区后西北侧	59.8 mg/m³	《锅炉大气污染物排放标准》(GB13271-2014) 表1燃煤锅炉标准	1.2t	/	未超标
四川科伦药业股份有限公司安岳分公司	SO₂	间歇排放	1	厂区后西北侧	195.9 mg/m³		3.92t	26.3t	未超标
四川科伦药业股份有限公司安岳分公司	颗粒物	间歇排放	1	制剂一车间屋面	15.9 mg/m³	《大气污染物综合排放标准》(GB16297-1996)	0.08268t	8.1t	未超标
四川科伦药业股份有限公司安岳分公司	颗粒物	间歇排放	1	制剂一车间屋面	19.7 mg/m³		0.08514t		未超标

公司或子公司名称	主要污染物及特征污染物的名称	排放方式	排放口数量	排放口分布情况	排放浓度	执行的污染物排放标准	排放总量	核定的排放总量	超标排放情况
四川科伦药业股份有限公司安岳分公司	颗粒物	间歇排放	1	软胶囊车间屋面	11.6 mg/m³		0.02204t		未超标
四川新开元制药有限公司	COD	间歇排放	1	厂区内东南方	70.60 mg/L	《化学合成类制药工业水污染物排放标准》GB21904-2008 表 2 排放限值	5.19t	6t	未超标
四川新开元制药有限公司	氨氮	间歇排放	1	厂区内东南方	2.3 mg/L		0.168t	0.8t	未超标
四川新开元制药有限公司	颗粒物	间歇排放	2	厂区内东南方	7.4 mg/m³	《锅炉大气污染物排放标准》(GB13271-2014) 2t锅炉执行表 1 排放限值，4t锅炉执行表 2 排放限值	/	/	/
四川新开元制药有限公司	SO₂	间歇排放	2	厂区内东南方	27.76 mg/m³		0.662t	2.0t	未超标
四川新开元制药有限公司	NOX	间歇排放	2	厂区内东南方	76.8 mg/m³		1.832t	2.36t	未超标
湖北科伦药业有限公司	COD	间歇排放	1	厂区西南侧排污口	68 mg/L	《污水综合排放标准》(GB8978-96) 三级标准	3.8090t	18t	未超标
湖北科伦药业有限公司	氨氮	间歇排放	1	厂区西南侧排污口	3.0135 mg/L		0.1688t	2.93t	未超标
湖北科伦药业有限公司	颗粒物	间歇排放	1	厂区西侧	11.35 mg/m³	《锅炉大气污染物排放标准》(GB13271-2001) 燃煤锅炉二类区Ⅱ时段标准	/	/	未超标
湖北科伦药业有限公司	SO₂	间歇排放	1	厂区西侧	23 mg/m³		0.1297t	28.08t	未超标
湖北科伦药业有限公司	NOX	间歇排放	1	厂区西侧	108.9 mg/m³		1.1266t	28.08t	未超标
江西科伦药业有限公司	COD	间歇排放	1	厂区后西南侧污水处理站旁	42 mg/L	《混装制剂类制药工业水污染物排放标准》(GB21908-2008)	6.804t	11.961t	未超标
江西科伦药业有限公司	氨氮	间歇排放	1	厂区后西南侧污水处理站旁	0.2775 mg/L		0.044t	7.994t	未超标
江西科伦药业有限公司	颗粒物	间歇排放	1	厂区后西南侧	57 mg/m³	《锅炉大气污染物排放标准》(GB13271-2014) 表 1 燃煤锅炉标准	3.17t	/	未超标
江西科伦药业有限公司	SO₂	间歇排放	1	厂区后西南侧	117.33 mg/m³		6.89t	34.32t	未超标

公司或子公司名称	主要污染物及特征污染物的名称	排放方式	排放口数量	排放口分布情况	排放浓度	执行的污染物排放标准	排放总量	核定的排放总量	超标排放情况
江西科伦药业有限公司	NOX	间歇排放	1	厂区后西南侧	137.67 mg/m³		8.74t	14.55t	未超标
山东科伦药业有限公司	COD	间歇排放	1	厂区后西南侧污水处理站旁	81 mg/L	《污水排入城镇下水道水质标准》(GB/T31962-2015)	3.61t	/	未超标
山东科伦药业有限公司	氨氮	间歇排放	1	厂区后西南侧污水处理站旁	1.3 mg/L		0.0935t	/	未超标
河南科伦药业有限公司	COD	连续排放	1	厂区西北侧污水处理站旁	19.7 mg/L	《省辖海河流域水污染物排放标准》(DB41/777-2013)	1.7816t	5.9t	未超标
河南科伦药业有限公司	氨氮	连续排放	1	厂区西北侧污水处理站旁	0.6 mg/L		0.06982t	0.81t	未超标
河南科伦药业有限公司	颗粒物	间歇排放	1	厂区西侧	7.1 mg/m³	《锅炉大气污染物排放标准》(GB13271-2014)表2燃气锅炉标准	0.508t	/	未超标
河南科伦药业有限公司	SO₂	间歇排放	1	厂区西侧	0 mg/m³		0t	119.1t	未超标
河南科伦药业有限公司	NOX	间歇排放	1	厂区西侧	155 mg/m³		5.1t	119.75t	未超标
浙江国镜药业有限公司	COD	间歇排放	1	厂区北侧污水处理站旁	154 mg/L	《污水排入城镇下水道水质标准》(CJ343-2010)中B等级标准	15.492t	17.99t	未超标
浙江国镜药业有限公司	氨氮	间歇排放	1	厂区北侧污水处理站旁	0.781 mg/L		0.08035t	0.77t	未超标
浙江国镜药业有限公司	颗粒物	间歇排放	1	厂区后东南侧	45.78 mg/m³	《锅炉大气污染物排放标准》(GB13271-2014)表1燃煤锅炉标准	1.796t	/	未超标
浙江国镜药业有限公司	SO₂	间歇排放	1	厂区后东南侧	82.5 mg/m³		3.236t	31.78t	未超标
浙江国镜药业有限公司	NOX	间歇排放	1	厂区后东南侧	109.95 mg/m³		4.311t	9.53t	未超标
四川新迪医药化工有限公司	COD	间歇排放	1	厂区西南污水处理站旁	112.3 mg/L	《污水排入城镇下水道水质标准》(CJ343-2010,B级标准)	1.29t	7.7t	未超标
四川新迪医药化工有限公司	氨氮	间歇排放	1	厂区西南污水处理站旁	3.71 mg/L		0.29t	0.76t	未超标

表A2-3(续)

公司或子公司名称	主要污染物及特征污染物的名称	排放方式	排放口数量	排放口分布情况	排放浓度	执行的污染物排放标准	排放总量	核定的排放总量	超标排放情况
四川新迪医药化工有限公司	颗粒物	间歇排放	1	厂区中部偏西侧	6.6 mg/m³	《锅炉大气污染物排放标准》(GB13271-2014) 表1燃气锅炉标准	0.313t	/	未超标
四川新迪医药化工有限公司	SO₂	间歇排放	1	厂区中部偏西侧	3.75 mg/m³		0.0705t	6.768t	未超标
四川新迪医药化工有限公司	NOX	间歇排放	1	厂区中部偏西侧	106 mg/m³		1.895t	18.54t	未超标

防治污染设施的建设和运行情况：

废气方面：公司积极推行使用天然气作为锅炉燃料，减少二氧化硫的排放；锅炉废气大多采用钠钙双碱法及陶瓷多管除尘器、袋式除尘器、水膜除尘等工艺进行脱硫除尘，确保锅炉废气达标排放；热电锅炉烟气采用"氨法脱硫"和"低氮燃烧+SNCR脱硝"工艺进行除尘及脱硫脱硝处理，除尘、脱硫、脱硝效率及氨回收率均保持在同行业先进水平；生产车间工艺废气采用"多级喷淋洗涤+活性炭/分子筛吸附"等工艺处理VOCs；车间粉尘通过布袋除尘器截留大部分药尘后，经排气筒达标排放；厂区内栽植大量绿色植物，有效吸附无组织排放颗粒物及气体，降低对环境的污染。

废水方面：公司将COD消减量作为绩效指标纳入年度考核中，各子（分）公司通过源头控制能源消耗、调控生产车间污染物排放、强化末端治理、加强过程监管等方式调控污染物排放量，污染物减排效果显著。2017年，COD万元产值排放量同比降低18.7%，氨氮同比降低16.9%。公司各子（分）公司也根据自身生产特点，采用反渗透浓缩、MVR工艺、陶瓷膜再生、盐回收膜再生、高温树脂软化等技术实现废水的回收和重复使用，提高资源利用效率。2017年，各子（分）公司循环用水量达到933万余吨，占全部用水量的48%。

四川科伦药业股份有限公司广安分公司：

废水：厂区配套建设污水处理系统（规模为：1 000t/d，工艺为：铁碳反应器+UASB+水解酸化池+生物接触氧化池），运行情况为间歇运行。

伊犁川宁生物技术有限公司：

废水：厂区配套建设污水处理系统（规模为：45 000t/d，工艺为：生化处理+MVR深度处理），运行情况为连续运行。

热电锅炉废气：通过"SNCR脱硝+布袋除尘、氨法脱硫"处理后达标排放，运行情况为连续运行。

四川科伦药业股份有限公司：

废水：厂区配套建设污水处理系统（规模为：1 000t/d，工艺为：厌氧水解酸化），运行情况为连续运行。

崇州君健塑胶有限公司：

废水：厂区配套建设污水处理设施化粪池（230m³）、隔油池、中和池，运行情况为连续运行。

废气：厂区工艺废气经"低温等离子+活性炭吸附"后达标排放，运行情况为连续运行。

四川科伦药业股份有限公司安岳分公司：

废水：厂区配套建设污水处理系统（规模为：500t/d，工艺为：水解酸化+生物接触氧化），运行情况为连续运行。

废气：厂区配套建设废气处理系统（规模为：12 000Nm³/h，工艺为：旋风除尘器+麻石水幕除尘脱硫塔），运行情况为连续运行。其他单机设备均安装布袋除尘设备，长期连续运行。

四川新开元制药有限公司：

废水：厂区配套建设污水处理系统（规模为：400t/d，工艺为：多微电解+三级厌氧+水解酸化+CASS池+混凝沉淀），运行情况为连续运行。

湖北科伦药业有限公司：

废水：厂区配套建设污水处理系统（规模为：1 000t/d，工艺为：沉淀+中和），运行情况为连续运行。

废气：厂区配套建设废气处理系统（规模为：24 520Nm³/h，工艺为：文丘里+水膜除尘+钠钙双碱法），运行情况为连续运行。

江西科伦药业有限公司：

废水：厂区配套建设污水处理系统（规模为：900t/d，工艺为：水解酸化+生物接触氧化），运行情况为连续运行。

废气：厂区配套建设锅炉烟气除尘脱硫系统（规模为：78 000Nm³/h，工艺为：旋风除尘器+钙钠双碱湿法烟气脱硫），运行情况为连续运行。

山东科伦药业有限公司：

废水：厂区配套建设污水处理系统（规模为：1 500t/d，工艺为：高效气浮+水解酸化），运行情况为连续运行。

河南科伦药业有限公司：

废水：厂区配套建设污水处理系统（规模为：1 200t/d，工艺为：水解酸化+生物接触氧化），运行情况为连续运行。

浙江国镜药业有限公司：

废水：厂区配套建设污水处理系统（规模为：500t/d，工艺为：水解酸化+

生物接触氧化），运行情况为连续运行。

废气：厂区配套建设锅炉烟气除尘脱硫系统（规模为：100 000Nm^3/h，工艺为：旋风除尘器+酸碱中和脱硫除尘塔），运行情况为连续运行。

四川新迪医药化工有限公司：

废水：厂区配套建设污水处理系统（规模为：900t/d，工艺为：微电解+预处理+厌氧+CASS），运行情况为连续运行。

废气：厂区配套建设焚烧废气处理系统（规模为：30 000Nm^3/h，工艺为：SNCR脱硝+活性炭喷射+布袋除尘+洗涤脱酸），运行情况为连续运行。

建设项目环境影响评价及其他环境保护行政许可情况如表A2-4所示。

表 A2-4　建设项目环境影响评价及其他环境保护行政许可情况

公司或子公司名称	行政许可名称	项目文件名称	制作或审批单位	批复文号（备案编号）
四川科伦药业股份有限公司广安分公司	环境影响报告	1. 年产5 000万瓶塑料大输液生产项目	编制单位：西南交通大学环境与工程学院	编制时间：2004年12月
		2. 扩建年产3 000万瓶塑料大输液生产线项目		编制时间：2007年12月
		3. 四川科伦药业广安分公司第四期工程项目	编制单位：岳池县环境保护局	编制时间：2009年11月
		4. 四川科伦药业股份有限公司广安分公司扩建塑料瓶输液生产线项目	编制单位：南充市环境科学研究院	编制时间：2010年4月
		5. PP软袋及可立袋（二期）项目		编制时间：2012年6月
	环评报告批复	1. 关于四川岳池金诚实业有限公司年产5 000万瓶大输液生产项目环境影响报告表的批复	广安市环境保护局	广市环【2005】11号
		2. 关于四川科伦药业股份有限公司广安分公司扩建年产3 000万瓶塑料大输液生产线项目环境影响报告表的批复		岳环建【2008】6号
		3. 关于对四川科伦药业广安分公司第四期工程项目环境影响登记表的批复	岳池县环境保护局	岳环建函【2009】88号
		4. 关于四川科伦药业股份有限公司广安分公司扩建塑料瓶输液生产线项目环境影响报告书的批复		岳环发【2010】161号
		5. 关于四川科伦药业股份有限公司广安分公司PP软袋及可立袋（二期）项目环境影响报告书的批复		岳环发【2012】52号
	竣工环境保护验收批复	1. 四川科伦药业股份有限公司广安分公司年产5 000万塑料大输液生产项目行政主管部门审批意见	广安市环境保护局	广安环验【2006】2号
		2. 关于关于四川科伦药业股份有限公司广安分公司扩建年产3 000万瓶塑料大输液生产线项目污染治理设施通过环保验收的批复		岳环发【2008】29号
		3. 关于四川科伦药业股份有限公司广安分公司扩建塑料瓶输液生产线项目竣工环境保护验收的批复	岳池县环境保护局	岳环发【2011】85号
		4. 关于四川科伦药业股份有限公司广安分公司PP软袋及可立袋（二期）项目竣工环境保护验收的批复		岳环发【2013】127号
	排污许可证	排放污染物许可证	岳池县环境保护局	川环许 X50001

公司或子公司名称	行政许可名称	项目文件名称	制作或审批单位	批复文号(备案编号)
伊犁川宁生物技术有限公司	项目环评报告	1. 伊犁川宁生物技术有限公司万吨抗生素中间体建设项目环境影响报告书	编制单位:新疆化工设计研究院有限责任公司	编制时间:2011年5月
		2. 伊犁川宁生物技术有限公司万吨抗生素中间体项目环评补充材料报告书		编制时间:2012年11月
		3. 伊犁川宁生物技术有限公司能万吨抗生素中间体建设项目升级改造环境影响报告书		编制时间:2015年6月
		4. 伊犁川宁生物技术有限公司18万吨/年玉米淀粉原料车间建设项目环境影响报告书		编制时间:2016年9月
		5. 伊犁川宁生物技术有限公司万吨抗生素中间体建设项目升级改造环境影响报告书变更说明		编制时间:2017年6月
	环评报告批复文件	1. 关于伊犁川宁生物技术有限公司万吨抗生素中间体建设项目环境影响报告书的批复	伊犁哈萨克自治州环境保护局	伊州环监发【2011】21号
		2. 关于伊犁川宁生物技术有限公司万吨抗生素中间体建设项目环评补充材料报告书的批复		伊州环评发【2012】47号
		3. 关于伊犁川宁生物技术有限公司万吨抗生素中间体建设项目升级改造环境影响报告书的批复		伊州环评发【2015】21号
		4. 关于伊犁川宁生物技术有限公司18万吨/年玉米淀粉原料车间建设项目环境影响报告书意见的函		伊州环评函【2017】64号
		5. 关于伊犁川宁生物技术有限公司万吨抗生素中间体建设项目升级改造环境影响报告书变更说明有关问题的复函		伊州环评函【2017】63号
	竣工环境保护验收批复	关于伊犁川宁生物技术有限公司万吨抗生素中间体建设项目一期进行竣工环境保护验收申请的批复	伊犁哈萨克自治州环境保护局	伊州环监验【2014】3号
	排污许可证	排放污染物许可证	伊犁哈萨克自治州环境保护局	91654002564379263N001P
	污染物总量分配计划指标文件	关于伊犁川宁生物技术有限公司万吨抗生素中间体建设项目主要污染物总量控制指标的批复	伊犁哈萨克自治州环境保护局	伊州环控发【2011】18号

　　根据《中华人民共和国环境影响评价法》《中华人民共和国环境保护法》《建设项目环境保护管理条例》及有关法律法规要求,公司及上述各子(分)公司依据环保法规要求在建设项目实施前均进行了环境影响评价,在建设项目完成后办理了项目环保竣工验收。除了山东科伦药业有限公司因当地环保部门暂停排污许可证办理以外(有当地环保部门出具证明),公司及上述各子(分)公司向当地环保部门申请,取得了排污许可证。

突发环境事件应急预案如表 A2-5 所示。

表 A2-5　突发环境事件应急预案

四川科伦药业股份有限公司广安分公司	突发环境事件应急预案	编制《四川科伦药业股份有限公司广安分公司突发环境事件应急预案》；2017 年 4 月 5 日在岳池县环境保护局予以备案；备案号：511621-2017-004-L
	环境风险评估情况	已制定《四川科伦药业股份有限公司广安分公司企业突发环境事件风险评估报告》，并于 2017 年 4 月 5 日上报岳池县环境保护局备案
	环境风险防范工作开展情况	公司 2017 年 5 月份组织一次防洪防汛应急演练、11 月份组织危险化学品和锅炉烟气环境污染应急演练各一次，由公司 EHS 部统一组织，编制应急预案，明确参演单位、人员计内容等，应急小组协助演练，公司部分员工参加演练
	突发环境事件发生及处置情况	无环境突发事件发生
伊犁川宁生物技术有限公司	突发环境事件应急预案	1. 2015 年 12 月 5 日编制《伊犁川宁生物技术有限公司突发环境事件专项应急预案》，12 月 15 日伊犁哈萨克自治州环境保护局予以备案； 2. 2017 年 5 月 1 日编制完成《伊犁川宁生物技术有限公司危险废物突发环境事件应急预案》并备案
	环境风险评估情况	2015 年 12 月 5 日编制完成《伊犁川宁生物技术有限公司环境风险评估报告》
	环境风险防范工作开展情况	2017 年 5 月 22 日，就危险废物突发环境事件进行了应急演练。
	突发环境事件发生及处置情况	无环境突发事件发生

公司及上述各子（分）公司依据环保法规要求均建有完善的环境污染事故应急处理机制，从各个方面保障事故应急处理能力。公司及上述各子（分）公司均编制有《突发环境事件应急预案》，经专家评审通过后在当地环境保护部门备案；配备了相应的应急处理物资，组织员工定期开展突发环境事故演练，提高对突发环境事故的应急处理能力。

环境自行监测方案（见表 A2-6、表 A2-7）：

1. 四川科伦药业股份有限公司广安分公司

表 A2-6　四川科伦药业股份有限公司广安分公司环境自行监测方案

一、企业基本情况			
企业名称	四川科伦药业股份有限公司广安分公司	地址	广安市岳池县工业园区科伦路 1 号
所属行业	医药制造	生产周期	—

自行监测方式	□√ 自动监测 □√ 委托监测		
污染处理设施情况			

1. 燃煤锅炉设备（岗位）配备有脱硫除尘设备
2. 注射用水制备、锅炉、洗衣岗位、食堂产生的废水全部经污水管网排至污水处理站

二、监测点位

监测点位	废水排放口	排口编号	WS-511621003
	废气排放口		FQ-511621004

三、监测项目及频次

项目名称	排放限值	执行排放标准	监测频次
COD	COD≤60mg/	《混装制剂类制药工业水污染物排放标准》（GB21908-2008）	自动监测：1次/2小时 委托监测：1次/月
氨氮	氨氮≤10mg/L		
颗粒物	颗粒物≤80mg/m³	《锅炉大气污染物排放标准》（GB13271-2014）表1燃煤锅炉标准	委托监测：1次/季
SO_2	SO_2≤550mg/m³		
NOX	NOX≤400mg/m³		
林格曼黑度	≤1		

2. 伊犁川宁生物技术有限公司

表 A2-7　伊犁川宁生物技术有限公司环境自行监测方案

一、企业基本情况			
企业名称	伊犁川宁生物技术有限公司	地址	伊宁市英也尔乡阿拉木图亚村516号
所属行业	化学药品原药制造	生产周期	168h
自行监测方式	□√ 自动监测 □√ 委托监测		
污染处理设施情况			

一、废水治理设施情况

1. 一期工程废水处理系统采用"水解酸化 + 厌氧 +H/O 好氧+气浮"处理工艺，用于处理硫红生产线生产及生活废水。

2. 二期工程废水处理系统采用"厌氧+一级好氧+二级 A/O+气浮+ MVR 深度处理"，用于处理头孢、GCLE 中间体生产线生产及生活废水；MVR396t/h 机组同时处理一期生化处理后废水。

3. 经生化处理后的废水进入 MVR 深度处理系统处理后回用于生产工艺系统、循环冷却系统及热电锅炉系统。脱盐水站制水将 MVR 系统产出的回用水作为水源,采用"多介质过滤器+自清洗过滤器+超滤+反渗透+混床"处理工艺,产生的清净下水经过物化处理池处理后达标排放。

二、废气治理设施情况

1. 动力车间 1 台 240t/h 和 2 台 410t/h 循环流化床锅炉,采用"低氮燃烧+SNCR 法脱硝、电袋除尘器除尘、氨法脱硫"烟气处理工艺,除尘效率 99.9%,脱硫效率 97%,脱硝效率 80%,烟气经排气筒(120m)达标排放。

2. 硫红、头孢、GCLE 中间体发酵及提取前段工艺尾气经"密闭管道收集+臭氧高级氧化+一级碱洗+二级水洗+分子筛"净化处理后汇总至工艺尾气排气筒(120m)达标排放。

3. 环保污水处理系统产生的废气采用"负压密闭收集+臭氧高级氧化+一级碱洗+二级水洗涤"净化处理后,送入动力车间厂锅炉高温热氧化燃烧并依托锅炉废气净化处理设施处理后,最终经热电厂锅炉 120m 排气筒达标排放。

4. 喷干废气经"布袋除尘器+水膜除尘+酸碱两级喷淋洗涤+活性炭吸附"处理后,净化气体引入 120m 高环保废气烟囱排放。活性炭解析气体送入动力车间高温热氧化燃烧并依托锅炉废气处理设施处理后,经动力车间 120m 排气筒达标排放。

5. 原料车间工艺废气经负压密闭收集后进入碱洗塔进行喷淋洗涤去除尾气中的酸性污染物,并对尾气进行初步净化后进入水洗塔喷淋洗涤去除剩余的水溶性污染物,净化处理后尾气进入车间集中排气筒达标排放。

6. 无组织废气主要为各生产车间的空间置换排气、煤场、灰渣库无组织排放的颗粒物和无组织逸散的氨、硫化氢等,动力车间干煤棚为全封闭式。车间空间无组织气体通过引风机负压收集后并入车间尾气处理系统集中净化处理后经有组织工艺尾气排放口达标排放。

二、监测点位			
监测点位	废水排放口	排口编号	WS-4000938
	废气排放口 1#		FQ-4000939
	废气排放口 2#		FQ-4000951

三、监测项目及频次

项目名称	排放限值	执行排放标准	监测频次
COD	COD≤50mg/	《发酵类制药工业水污染物排放标准》(GB21903-2008)表3特别排放限值	自动监测:1次/2小时 委托监测:1次/月
氨氮	氨氮≤5mg/L		
颗粒物	颗粒物≤30mg/m³	《火电厂大气污染物排放标准》GB13223-2011表1新建火电厂标准	自动监测:1次/1小时 委托监测:1次/季
SO₂	SO₂≤100mg/m³		
NOₓ	NOₓ≤100mg/m³		

公司及上述各子（分）公司依据综合环评报告及当地环境保护部门要求，制定了自行监测方案，通过在线监测与委托有资质的第三方监测的方式，定期对排放的污染物进行监测。其中，四川科伦药业股份有限公司、四川科伦药业股份有限公司安岳分公司、四川新开元制药有限公司、湖北科伦药业有限公司、山东科伦药业有限公司、浙江国镜药业有限公司、四川新迪医药化工有限公司均按要求在污水总排口安装了在线监测设备，按规定与环境保护部门联网。

其他应当公开的环境信息见表 A2-8。

表 A2-8　其他应当公开的环境信息

四川科伦药业股份有限公司广安分公司	参加环境污染责任保险情况	2017 年 6 月 21 日参加环境污染责任保险
	缴纳排污费（税）情况	每季度按时申报并足额缴纳
	履行社会责任情况	社会责任履行情况每年合并进入科伦药业《社会责任报告》中进行披露
	年度资源消耗总量	水 33 万吨/年，电 2 700 万度/年，煤炭 7 700 吨/年
	年度环境违法情况	无
	年度环境奖励情况	2017 年被四川省环保厅评为"四川省环保良好企业"
伊犁川宁生物技术有限公司	企业环保方针	环保优先，永续发展
	企业主要环保绩效	1. 公司申报的"生物发酵抗生素生产尾气处理技术集成及应用"科技成果被鉴定为国际先进水平，荣获新疆维吾尔自治区 2016 年度科技进步一等奖。 2. 向环保部申报"国家环境保护抗生素菌渣无害化处理与资源化利用工程技术中心"，以川宁生物为平台，以清华大学、中国环境科学研究院、新疆大学、哈尔滨工业大学等科研院所为技术支撑。拟解决抗生素生产企业菌渣无害化处理及资源化综合应用问题，获得批准。 3.《伊犁川宁生物技术有限公司循环经济发展实施方案》通过自治区经信委组织的评审答辩，川宁生物获批成为新疆维吾尔自治区第四批工业经济领域循环经济试点企业。 4. 2017 年 4 月，公司牵头申报的自治区"十三五"重大科技专项——"制药企业大宗固体废弃物菌（药）渣无害化处理及资源化综合利用"项目通过自治区科技厅组织的专家评审，并于 2017 年 5 月份通过自治区科技厅项目审定委员会审定，予以项目 1 000 万元政府财政资金支持。执行周期为：2017—2020 年，共 48 个月。 5. 2016 年 10 月 25 日，在召开的全国轻工业科技工作会议上，川宁生物凭借科技不断创新、环保升级改造与行业影响力等，荣获"十二五"全国轻工业科技创新先进集体称号

2017 年，四川科伦药业股份有限公司、浙江国镜药业有限公司持续开展了 ISO14001 环境管理体系认证，并获得了相关资质单位颁发的"环境管理体系认证证书"。

2017 年，四川科伦药业股份有限公司、崇州君健塑胶有限公司、四川新开元制药有限公司、江西科伦药业有限公司、河南科伦药业有限公司、浙江国镜药业有限公司持续开展并通过了清洁生产审核。

在 2017 年公布的企业环境信用等级评价中，四川科伦药业股份有限公司、湖北科伦药业有限公司、浙江国镜药业有限公司被评为"环保诚信企业"；四川科伦药业股份有限公司安岳分公司、四川新开元制药有限公司被评为"环保良好企业"；河南科伦药业有限公司被评为"环保先进单位"。

其他环保相关信息：

（1）公司环境方针及环境保护发展战略

科伦药业的环境方针为：严格执行国家环境保护政策法规、牢固树立"环保优先、永续发展"的理念、建立健全环保管理规章制度、持续实施环保科技创新、推行清洁生产和绿色循环经济、积极参与环保公益事业、主动接受社会监督。以此方针为指导，科伦药业制定了环境保护发展战略：坚持以科学发展观为指导，将环境保护、绿色低碳和可持续发展的理念贯穿于企业的生产经营全过程，以推进管理和技术两大领域的创新为切入点，积极推动从以末端治理为主的污染控制措施向以源头削减为主的清洁生产方式转变，努力实现环境质量和环境绩效整体提升，促进经济效益、社会效益和环境效益深度融合和相互协调，加快构建资源节约型和环境友好型企业。

（2）公司环保体制及措施

公司环保管理工作实行分级管理，公司总部设有 EHS 监管部，配备环保专员，负责指导、检查并监督各子（分）公司的环保管理工作；各子（分）公司均设有 EHS 部，由子（分）公司总经理直属领导，负责子（分）公司具体环保管理工作。

为保证各子（分）公司及时掌握国家最新环保政策法规及典型环境违法案例，公司每月收集各类环保信息，整理解读后分享给各子（分）公司，各子（分）公司定期组织学习和培训，以提高环保法律法规意识。公司每年开展环保审计工作，对各子（分）公司环境保护制度建设、环境保护工作体系、建设项目环境影响评价、排污申报与排污费缴纳、总量控制与减排、环境监测、废弃物管理、污染治理设施建设与管理、环境应急预案及演练、环保教育与培训等多个方面的工作进行检查，检查结果纳入年度考核中。每季度及年终均会召开集团 EHS 工作总结会，对上一阶段的主要工作进行回顾，梳理分析存在的问题，提出下一阶段的重点工作，并邀请优秀的环保专员分享工作经验，为各子（分）公司的环保工作给予指导和借鉴。公司每年制定环保教育培训计划，各子（分）公司也相应建立了完善的环保教育培训制度，并制定环保培训计划，按计划开展环保教育培训和宣传工作，保证公司管理层及员工均能了解环保法律法规，做到知法、懂法、守法。

（3）公司环保目标及完成情况

科伦药业 2017 年度环境保护目标为：

排放污染物达标率 100%；

污染物总量排放达标率 100%；

环境事故 0 起；

新改扩建项目环评编制及三同时执行率 100%；

年度例行环保现场审计严重隐患问题整改率 100%。

2017 年度，科伦药业严格遵守国家环保法律法规，环保管理工作紧密围绕环保目标有序进行。为实现年度目标，公司制定了更加系统化的环保工作计划，通过源头控制能源消耗、调控生产车间污染物排放、强化末端治理、加强审计监管等方式开展环保工作。报告期内，各子（分）公司均实现了公司制定的年度环保目标。

致谢

　　本书是在我的博士学位论文的基础上修改完成的。在漫长而艰辛的研究与写作过程中，我经历了思路的混沌、方法的瓶颈、时间的压力，体验过研究毫无进展时的焦虑、手工搜集数据时的枯燥以及研究思路豁然开阔时的喜悦，这无疑是一次磨炼心性、锻炼意志的旅程，让我能够沉下心来思考问题、探索未知。这让我不禁回想起在西南财经大学会计学院度过的美好的本、硕、博年华。时光的河入海流，十年树木，感慨良多，更怀着一颗感恩的心，来回首这些充满着努力、奋斗的成长岁月。

　　衷心感谢我的硕士及博士导师冯建教授。"学高为师，身正为范"，冯老师学识渊博、治学严谨，对待很多研究问题的真知灼见常常能给予我启发，并在我遇到研究瓶颈时给予鼓励和支持，让我逐步建立起严密的科研逻辑思维，深刻影响了我对于"做学问"的态度。从确立博士学位论文的初步研究方向、确定具体研究问题、形成阶段性研究成果，到学位论文的结构安排、逻辑梳理、写作表达，冯老师都倾注了极大的心血并反复斟酌，总是及时地给予细致的指导，耐心地和我讨论，使得我的论文能够更加严谨和完整。从冯老师的身上，我深刻感受到了"为人师者"应该怎样"传道、授业、解惑"。冯老师师德高尚、宽厚谦和，在生活中真诚待人、和蔼可亲，更是我"做人""做事"的楷模。"一日为师，终身为父"，感谢冯老师在我硕士及博士的六年期间给予的悉心教导和无微不至的关怀；感谢冯老师鼓励我出国学习交流，让我极大地开阔了学术视野并丰富了人生阅历；感谢冯老师在我的成长之路上如灯塔一般的指引，让我的未来规划更加清晰。同时，也要感谢师母刘伟林老师一直以来对我的关心和勉励。

特别感谢美国佛罗里达大学 Fisher 会计学院的 Jennifer Tucker 教授在我公派留学期间给予的学术指导与生活关怀。至今回想起来，仍然觉得 Tucker 教授能点开我的申请邮件是我极大的荣幸。在美国的一年时间里，Tucker 教授对待科研的热情与热爱，以及严谨细致、一丝不苟的敬业精神深深感染了我，不仅使我的科研能力和逻辑思维得到了极大的提升，让我的博士论文研究思路更为清晰和深入，更是影响了我的性格养成，让我获益良多。同时，也要感谢佛罗里达大学 Warrington 商学院的 Jay R. Ritter 教授让我参与公司金融课程的学习，感谢佛罗里达大学 Fisher 会计学院的 W. Robert Knechel 教授、Joost Impink 教授让我旁听他们的研讨会，感谢纽约大学的 Ilan Guttman 教授让我参与分析式财务会计研究的学习。这些经历让我进一步夯实了理论基础、扩展了研究视野，并接触了更多的前沿话题和研究方法。此外，还要感谢佛罗里达大学的博士生 Jeffery Piao、Terri Xu、Nick Cicone、Diana Weng、Nick Krupa、Hyun Jong Park、Lijuan Su 对我在学术上与生活中的帮助。感谢佛罗里达大学 Fisher 会计学院的全体教师对我的热情关怀与真诚善意。

我还要感谢西南财经大学吉利教授、余海宗教授、罗宏教授、陈旭东教授、步丹璐教授、陈磊教授，重庆大学辛清泉教授，暨南大学江伟教授，四川大学干胜道教授所提出的宝贵意见和有效建议。这些建议让本研究能够更好地开展并不断完善。

另外，我也要感谢我的同窗好友们曾经的相伴与充满正能量的相互鼓励，感谢我的挚友任巧丽在研究工作最艰辛的阶段鼓舞我保持乐观的心态，感谢我的好朋友黄静芸、王爽爽、程雯琳在关键时刻激励我不断努力前行。

最后要特别感谢我的父母、先生在本书写作过程中所给予的最大支持与无私付出。你们让我一直成长在充满爱与温暖的幸福家庭中，总是能够无条件包容我、理解我，让我能够按照自己的想法勇敢前进，并不断成为更好的自己，也让本书得以顺利完成。

科研是艰苦不懈的探索，我将脚踏实地，不惮前行。

陈羽桃

2021 年 12 月于贵阳